本书系上海市教育发展基金会和上海市教育委员会"晨光计划"资助
（项目号：20CG68）

国际海底区域生物多样性
法律规制问题研究

吴惟予◎著

Guoji Haidi Quyu Shengwu Duoyangxing

Falü Guizhi Wenti Yanjiu

中国政法大学出版社

2022·北京

图书在版编目（ＣＩＰ）数据

国际海底区域生物多样性法律规制问题研究/吴惟予著. —北京：中国政法大学出版社，
2022.6

　　ISBN 978-7-5764-0494-4

　　Ⅰ.①国… Ⅱ.①吴… Ⅲ.①海洋生物－生物多样性－环境保护法－研究－世界
Ⅳ.①D912.604

　　中国版本图书馆 CIP 数据核字 (2022) 第 113796 号

出 版 者　　中国政法大学出版社

地　　址　　北京市海淀区西土城路 25 号

邮寄地址　　北京 100088 信箱 8034 分箱　邮编 100088

网　　址　　http://www.cuplpress.com (网络实名：中国政法大学出版社)

电　　话　　010-58908285(总编室) 58908433（编辑部）58908334(邮购部)

承　　印　　固安华明印业有限公司

开　　本　　720mm×960mm　1/16

印　　张　　14.25

字　　数　　230 千字

版　　次　　2022 年 6 月第 1 版

印　　次　　2022 年 6 月第 1 次印刷

定　　价　　68.00 元

序

深海、极地、外空等战略新疆域的治理关乎人类的未来命运。过去，人们对探索神秘而未知的深海海底充满着无限的好奇与渴望。如今，随着海洋科技与装备的飞速发展，这座蕴藏着巨量自然资源的洋底大宝库已逐渐展现在世人面前。作为占全球海洋面积约 49% 的地球最大政治地理单元，国际海底区域贮藏着远超陆地已探明储量的矿产元素资源，如钴、铜、锰、镍、稀土等，而且在以深海热液喷口为代表的化能合成生态系统（chemosynthetic ecosystem）的作用下，国际海底区域孕育着丰富且独特的生物资源，形成了奇特的生物多样性景观。当前，国际海底区域内的自然资源已成为各国竞相争夺的对象，国际社会正在积极推动制定《国际海底区域矿产资源开发规章》和"国家管辖范围以外区域海洋生物多样性养护和可持续利用问题（BBNJ）的新协定"等重要海洋治理规则。在此背景下，国际海底区域的治理体系正处于深刻变化时期，有关国际海底区域生物多样性的相关议题也逐渐成为构建人类命运共同体的重点领域。

国际海底区域生物多样性议题是 BBNJ 之下备受国际社会关注的问题，也是全球深海治理领域的热点。近些年，各国对国际海底区域的探索程度不断攀升，开发意愿强烈。然而，人类在国际海底区域日趋频繁的活动将不可避免地影响此处生物多样性的健康程度，甚至可能对其造成不可修复的永久损害。至今为止，尚无直接针对国际海底区域生物多样性的国际法律规范，这也使得国际海底区域生物多样性愈发面临着来自人类活动的侵扰和威胁。中国是该问题的利益攸关国。一方面，开发利用国际海底区域自然资源对于增加我国战略资源储备、培育深海采矿和深海生物基因利用等新兴产业具有重要的现实意义；另一方面，积极围绕国际海底区域生物多样性法律治理规则展开研究，深度参与包括 BBNJ 新协定谈判在内的各项国际工作，对于提升我国在全球海洋治理领域的国际话语权和塑造负责任的大国形象意义重大。

自 2004 年 BBNJ 议题被正式纳入联合国议程后，国际上针对国际海底区域生物多样性问题的讨论也愈发热烈。但是，受制于国家之间政治、经济等方面的利益博弈与意见分歧，针对上述问题所取得的共识和成果并没有人们原本想象得那样丰满，特别是发达国家与发展中国家长期以来在全球治理中累积的偏见和矛盾阻碍了该领域新制度体系的构建。中国作为崛起中的海洋大国，同时也是国际海底区域的利益攸关国，在处理该问题时应当同应对气候变化、新冠疫情、数字化转型等国际治理议题一样，充分展现出自身负责任的态度和强大的行动力。吴惟予博士的这本专著很敏锐地关注到了这些会影响未来国际海底区域生物多样性国际规则制定走向的关键问题，并且深入讨论和分析了这些问题的产生背景及深层次原因。书中基于最新的数据资料从国际海底区域生物多样性的保护与开发利用两个方面，深入且有重点地对国际海底区域生物多样性的法律问题作了探讨。同时，他在书中还针对困扰国际规则谈判进程的核心问题——国际海底区域生物资源的法律属性，提出了自己的独到看法，进一步丰富了该领域的理论研究成果。本书结合我国当下的处境和立场，提出了具有较高实践价值的中国因应之策，为我国今后更好地参与相关议题的国际谈判与制度规则设计提供了更加多元的思路。

在本书即将付梓之际，作为吴惟予攻读博士学位期间的导师，我很高兴看到这位年轻学者的成长，本书的出版其实也反映了近些年他在深海生物多样性保护领域所做的努力和积累的学术成果。希望吴惟予博士今后能够保持初心、继续努力，在该领域取得更多、更好的高质量研究成果！

是为序。

张梓太

二〇二二年六月三十日

摘要 ABSTRACT

国际海底区域生物多样性的保护与利用是 30 余年前《联合国海洋法公约》（UNCLOS）所遗留下来的历史问题。近十几年来，科技的快速发展与进步促使人类不断向国际海底区域开拓，诸如深海海底采矿、油气资源开发、海底生物资源勘探与采集等活动，已经愈发对该区域充满未知的生物多样性造成了威胁与不利影响。导致这一局面的根源是长期以来人类在处理和对待国际海底区域问题（特别是资源开发与生物多样性保护相关议题）时富有争议性的路径选择。国际海底区域生物多样性所蕴含的巨大物质产出与生态系统服务价值对于维持人类未来生存与福祉具有重大意义和难以估量的潜在价值，许多国家因此将国际海底区域提升到战略安全利益的高度并且争相获取此处利益。

在此背景下，一方面是国际海底区域资源利益的人类获取需求，一方面是保护国际海底区域生物多样性的迫切需要，而围绕两者展开的却是看似数量众多且与国际海底区域生物多样性保护具有一定关联性，但又不以之作为核心目标且相互之间缺少协作性的国际法律规则与政策。从历史的维度看，以《联合国海洋法公约》和《生物多样性公约》（CBD）为核心所构建的国际海底区域相关规则体系经历了一个从无到有、逐渐成熟的发展过程，以至于国际社会现今也只能在《联合国海洋法公约》之下制定新的文书以解决上述生物多样性问题。通过分析国际海底区域生物多样性保护与利用的法律规制现状可以发现，很明显，由于缺少系统的、明确的国际法律框架，相关国际规则之间存在缺少衔接与连贯、机构/组织合作与协调不畅，以及规制手段与保障不足等现象，国际社会现阶段为国际海底区域生物多样性提供的法律规制存在较大的局限性，难以避免国际海底区域生物多样性受到人类活动的不利影响。

保护与开发利用作为国际海底区域生物多样性议题中的两个方面，是法律规制体系设计的关键入口。开发利用方面主要涉及国际海底区域海洋遗传资源的获取与惠益分享，以及未来对该区域独特物种潜在价值和独特生态系统服务的再认识。其中，首先需要解决国际海底区域生物资源法律属性如何界定的问题，这也是决定后续国际法律规制如何设计的前置条件之一。鉴于国际社会在该问题上的巨大利益分歧，在公海自由原则与人类共同继承遗产原则之间寻求调适，采取分阶段的原则适用方法是较现实的途径，而且，国际海底区域海洋遗传资源获取与惠益分享机制的设计均须围绕该设定展开。有关国际海底区域生物多样性保护的法律规制体系则应基于对此处自然和科学特性的充分认识，形成以生态系统方法、预防方法（原则）、环境影响评价等为代表的规则管理工具和以"具有特别环境意义的区域"、海洋保护区、海洋空间规划等为代表的划区管理工具两大主要规制类型。同时，这些规制的实施需要合理选择规制机构与设计协调机制。

目前，国际上对于构建系统的、有效的国际海底区域生物多样性法律文书已经达成共识，并正朝此目标努力。中国作为"负责任的利益攸关者"（responsible stakeholder），未来在该领域的重点方向是进一步参与国际海底区域生物多样性相关国际事务，充分利用我国在国际海底区域生物多样性和深海研究中取得的成果，发挥既有的角色优势，促进海洋法新领域相关国际规则和机制的变迁与进步。必须注意的是，中国古代富有哲理思考的海洋观与新时代人类命运共同体理念可为全球贡献属于中国的独特智慧。中国在具体应对与参与国际海底区域生物多样性法律规制过程中，需要明确国家利益诉求，克服客观存在的国际挑战。在此基础上，找准自身国际定位与角色，积极参与国际海底区域生物多样性国际规则体系的制定，透过内生制度创新、引领和推动国际海底区域生物多样性规则发展，正确处理科技与法律规制的关系并探索多样化的替代解决机制。

目 录 /CONTENTS

"不以伟大的自然规律为依据的人类计划，只会带来灾难"

——马克思《马克思致恩格斯的信》，1866 年

"生态文明：共建地球生命共同体"

——《生物多样性公约》COP15 大会主题，2021 年·中国

INTRODUCTION

引　论

一、研究背景与意义

国际海底区域[1]生物多样性是自 20 世纪后期产生的新兴议题。随着科技的进步和对自然认知的驱动，人类逐渐有能力对国际海底区域的矿产、油气、生物等资源进行科学研究、勘探与开发活动，这些活动带来了一系列涉及国际海底区域的利益纷争、环境保护和法律规制等问题，并在 21 世纪初引起了国际社会的极大关注。

长期以来，相比在国际海底区域资源利用方面取得的进展而言，人类在保护国际海底区域生物多样性领域所做的努力却尤显不及。现阶段关涉国际海底区域生物多样性的国际条约、区域协定以及单项规则等，尚不能有效搭建起一张针对该领域问题的法律规制网，难以调和利用国际海底区域资源与养护生物多样性之间的矛盾。本书欲就国际海底区域生物多样性法律规制的理论基础、国际法律规制的完善和中国的应对策略展开分析与研究，为保护

---

〔1〕 国际海底区域是指国家管辖范围以外的海床和洋底及其底土，其与公海一并被称为国家管辖范围外的海域，但分别适用不同的管理制度。参见《联合国海洋法公约》第 1 条，第七部分，第十一部分。

国际海底区域生物多样性以及我国参与国际海底区域竞争、争端的谈判和维护国家权益提供法律支撑。

（一）研究背景

1. 国际海底区域生物多样性议题日益受到全球关注

国际海底区域作为人类在地球上可能的最后未知之地，正随着海洋科技的迅猛发展与各国对战略资源需求的升温而日渐成为新一轮全球海洋开发竞争的中心。十年前尚处于试验阶段但如今即将变为现实的深海海底矿产、油气等资源开采项目，[1]以及正在进行的海底拖网捕鱼、生物技术研究等人类活动，已给目前仍旧缺乏足够科学认识且敏感脆弱的国际海底区域生物多样性带来了前所未有的压力。[2]

2. 国际海底区域生物多样性法律规制的现实需求

由于认识到国际海底区域生物多样性对于维系海洋资源可持续利用与保护，以及保持全球生态系统健康等方面的重要性，国际上已经制定了一定数量的公约、区域性协定，甚至有相关国家已运用国内法来规制人类在国际海底区域的开发行为；相关国际规制机构也不在少数，如联合国大陆架界限委员会、联合国国际海底管理局、联合国海洋事务和海洋法司等。但受国际海底区域资源法律属性模糊和深海空间（资源）竞争的影响，国际社会对国际海底区域生物多样性议题的主流讨论似乎直接跳过了应否对相关生物或非生物资源进行开发利用的问题，而是直接转向如何实现国际海底区域生物多样性的保护与可持续利用。同时，这些现有国际法规范和国际机构所形成的"规制网"却存在诸多漏洞，呈现出碎片化的管理模式，国际海底区域生物多

---

〔1〕 按照加拿大鹦鹉螺矿业（Nautilus Minerals Inc.）的安排，其原本预计将于2019年底在巴布亚新几内亚大陆架1500米至2000米深处的深水中开采富含矿物质的硫化物。如成功，其将成为世界上首个实现在海底商业开采的矿业公司。但由于自身资金运营困难和技术等原因，该项目可能就此搁浅。See H. Gazette, "Seabed Mining Project in PNG Appears Dead in the Water", *Papua New Guinea Mine Watch*（March 26, 2019）, https://ramumine.wordpress.com/2019/03/28/seabed-mining-project-in-png-appears-dead-in-the-water/. Retrieved May 5, 2019.

〔2〕 据估测，深海中物种可能有50万~1亿种不等，其中大部分未知，尤其是小型生命体和原生动物。经过科学勘探的深海底仅占总面积的0.0001%；而现有科学证据已能够证明人类活动会对深海栖息地和生态系统造成严重威胁和损害。See S. van den Hove, et al., *Deep-Sea Biodiversity and Ecosystems: A Scoping Report on their Socio-Economy, Management and Governance*, UNEP World Conservation Monitoring Center, 2007, pp. 9-10.

样性相关问题缺乏一套系统的、科学的全球法律规制体系。中国作为发展中的海洋大国[1]和"一带一路"倡议的发起国,以及《联合国海洋法公约》和《生物多样性公约》等国际条约的缔约国,在过去十余年里一直积极参与包括国际海底区域生物多样性在内的"国家管辖范围之外海域生物多样性养护与可持续利用问题"(以下简称"BBNJ")的国际讨论。2019年9月19日~31日,"BBNJ政府间谈判第三次会议"(IGC-3)在联合国总部召开,虽然各国代表关于利益分享、国际海底区域资源法律属性等核心议题的分歧仍然未能弥合,但会上讨论了首份关于BBNJ的全球协定案文草案,相关步骤正在向前推进。对此,各海洋大国均希望能够引导该领域有关制度规则的发展走向,深度参与新时期全球海洋治理,在国际海底区域生物多样性保护与可持续利用这项涉及各国实际利益和国际海洋生态环境安全的议题上发挥关键作用。值得注意的是,规则构建的核心在于法律制度的完善,即为国际海底区域生物多样性的保护与可持续利用引入必要的法律规制。

3. 国际海底区域生物多样性法律规制的基础研究亟待深入

国际社会围绕国际海底区域生物多样性议题展开的谈判存在诸多分歧难以弥合,且现有机制与工具无法形成全面、有效规制的关键原因在于:

(1)利益冲突直接制约规则形成。蕴藏在国际海底区域中丰富的生物与非生物资源是未来人类内部争夺的重要战略利益,各国就此问题进行的谈判与合作均无法离开对本国利益的考量,而不同的利益主体间能否寻得平衡,直接决定了国际规则与国内规则的走向。此时,支撑利益博弈的相关理论研究显得尤为重要。

(2)科学的未知与不确定性。人类当前对国际海底区域生物多样性的科学认知尚处于起步阶段,包括物种、栖息地、人类活动影响等在内的大量数据仍有待进一步地调查和收集。然而,日益膨胀的资源需求和不断推进的深海海底开发产业使得人类无法在原地等待有关国际海底区域的科学认识完全明晰后再采取行动。尽管当下亟需通过制定法律规则、建立管理机制、实施规制手段等方式对国际海底区域生物多样性相关问题进行调整,但受限于科

---

[1] 当前,中国正努力实现由海洋大国向海洋强国的转变。中国共产党第十八次全国代表大会指出,要"提高海洋资源开发能力,发展海洋经济,保护海洋生态环境,坚决维护国家海洋权益,建设海洋强国";中国共产党第十九次全国代表大会指出,今后将"积极参与全球治理体系改革和建设,不断贡献中国智慧和力量"。

学认知的不完全与不确定，客观上又具有相当的挑战性。

（3）基础理论研究的滞后。除科学上的不确定外，国际海底区域生物多样性议题在法律上的许多不甚明确之处是造成利益争端、国际合作效率受限等客观问题的深层次因素，如国际海底区域生物资源的法律属性、海洋遗传资源获取与惠益分享原则的不明确等。上述理论的缺失极大地限制了国际立法、规制体系构建等实践工作的展开，因此亟需扎实的基础理论研究提供论证与支持，为相关法律规制实践提供理论指导。

（二）研究意义

在上述背景下，本书通过整理与国际海底区域生物多样性有关的规制需求，明晰了当前国际发展态势，重点研究了与之相关的法律规则及实践问题，以期为国际海底区域生物多样性相关国际立法提供建议，为中国深入参与该领域法律治理提供重要参考。

1. 解释国际海底区域生物多样性法律规制的理论基础

国际海底区域生物多样性的状况不但存在科学上的不确定性问题，而且现有国际文书也未对国际海底区域生物多样性或生物资源的法律属性作出规定，这使得国际社会在进行相关法律规制设计时面临着理论供给不足的窘境。本书通过探讨与分析现有理论与实践情况，试图找到能够适用于国际海底区域生物多样性法律规制的基础理论。

2. 供给中国有效应对国际海底区域生物多样性法律规制的策略

国际海底区域生物多样性保护是当前全球海洋公共治理的热点问题，国际社会正围绕该议题进行紧张磋商。中国是发展中的海洋大国和资源利用大国，深入参与这项综合议题对于提升我国的国际形象与海洋国际话语权具有极为重要的意义。因此，本书最终落脚于中国今后应当如何更好地参与国际海底区域生物多样性国际法律规制体系构建，以及如何从中获得开发和分配国际海底区域资源利益的主动权，并为此给出了相应的策略与路径选择。

二、现有研究概况

生物多样性是具有跨学科特征的综合性复杂研究，[1]法学作为生物多样性保护事业中最重要的支撑学科之一，承担着机制设计、规范构建的任务，但现阶段针对国际海底区域生物多样性法律规制展开的系统研究并不多见。纵观该领域国内外相关研究成果，其虽在一定程度上起到了推动问题解决的作用，但仍有相当的局限性，而这些已有研究的不足正是本书所欲填补的。

（一）文献总体定量分析

在中国知网（CNKI）的学术期刊与硕博学位论文库分别使用"国际海底区域""深海海底""国家管辖范围外（区域/海域）"作为关键词进行检索，同时人工筛选出与生物多样性及其保护相关的主题论文，[2]截至 2020 年 1 月，在法学学科之下有关国际海底区域生物多样性专题的论文数量统计如下：中文期刊 41 篇，硕博学位论文 24 篇（其中博士学位论文共两篇，占学位论文总数的 8%，分别完成于 2011 年和 2014 年；硕士论文中，讨论国际海底区域遗传资源主题的论文占大多数）。从统计数据中可见，以国际海底区域生物多样性为主题的法学研究成果在 2016 年之前数量很少，年份之间的变动不大；此后该主题在国内学界受关注度不断上升，尤其是近三年升幅较大。（见图 1）从上述文献研究内容看，大多涉及国际海底区域资源利用和环境保护。值得注意的是，图 1 所示的文献统计仅限于专题探讨国际海底区域生物多样性议题，并不包括间接论及国际海底区域生物多样性及与其具有一定关联度的研究成果，例如，关于设立公海保护区、国际海底区域矿产资源开发中的环境保护措施等议题的研究。

---

[1]　有观点认为，即便是最简单的生物多样性保护行动，也涉及如生物学、生态学、生理学、水文学、动物学、植物学、气象（候）学、地理学、土壤学、地貌学、经济学、社会学、法学等学科知识。参见张风春、刘文慧："生物多样性保护多方利益相关者参与现状与机制构建研究"，载《环境保护》2015 年第 5 期。

[2]　关于数据库检索的说明：（1）通常，"国家管辖范围外地区海洋"或"国家管辖范围外海域"包括公海和国际海底区域，此处也将使用上述地理范围限定的生物多样性法学研究成果纳入统计；（2）由于围绕国际海底区域生物多样性问题的文献在关键词选择上较为丰富，例如使用遗传资源为关键词时亦属于生物多样性研究范畴之内，因此本书统计数据可能会存在一定程度的误差，主要目的在于反映大致的研究发展趋势。

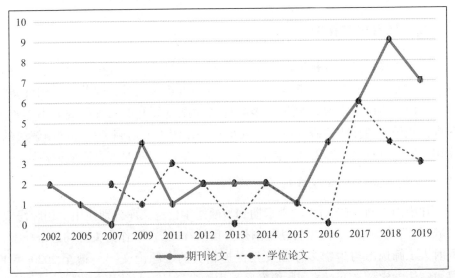

图 1   国际海底区域生物多样性相关主题法学研究论文发表总体趋势（2002 年~2019 年/篇数）

（二）国内研究概况

国内法学界对国际海底区域生物多样性问题的研究首先由国际海底制度的介绍而起，高之国（1984）结合当时国际动向较早地对国际海底区域的法律地位、开发制度和管理机构进行了探讨。随着与国际海底区域生物多样性最密切相连的《生物多样性公约》[1]、《联合国海洋法公约》及《关于执行1982 年 12 月 10 日〈联合国海洋法公约〉第十一部分的协定》[2]在 20 世纪 80年代~90 年代相继通过，这一阶段的研究成果主要集中于阐述包括国际海底区域环境保护与资源开发法律制度在内的相关国际立法最新动态及其未来走向（文伯屏，1992；魏国君，1997）。正是由于上述公约与协定都未对国际海底区域生物多样性问题作出明确规定，很长一段时间内国内法学学者在该领域的研究均属于间接性探索。近些年，随着国际海洋开发利用形势的变化，学界对该议题的关注也逐渐升温，重点围绕以下三方面展开：

首先，国际海底区域资源及其开发制度（主要是海底矿产资源）。该类研

---

〔1〕 1992 年通过，并于 1993 年底正式生效，以下简称"CBD"。

〔2〕《联合国海洋法公约》1982 年制定，并于 1994 年正式生效；《关于执行 1982 年 12 月 10 日〈联合国海洋法公约〉第十一部分的协定》1994 年制定通过，以下简称《1994 年协定》。

究基于有关公约及其协定的文本内容，分析国际海底区域矿产资源开发的国际法律制度，其中讨论较多的是国家担保制度（张辉，2014；王岚，2016）和勘探开发制度（张丹，2014）。及至当下，这一问题亦为学者的重点研究方向之一，尤其是在2016年出台《中华人民共和国深海海底区域资源勘探开发法》（以下简称《深海法》）后，围绕该立法及其后续完善的成果不在少数（张梓太，2016；沈灏，2017；张丹、吴继陆，2016；刘画洁，2019），这些研究既包含对中国深海法的系统评述，也涉及从国家担保义务、环境保护制度等多个角度探讨国际海底区域矿产开发相关法律制度的构建与完善问题。

其次，深海环境保护制度。由于国际海底区域资源开发可能造成相应的环境破坏问题，国内学者针对深海环境保护的研究总体偏向宏观，虽然已认识到了开发活动对国际海底区域生物及其生境的现实损害或潜在损害，但相关探讨受客观条件和视野的限制，在国际规则之外并未有太多创新（江伟钰，1995/2002；王斌，2005）。沈灏（2017）结合深海海底矿产勘探开发背景和有关国际规则，立足中国实际情况，较为系统地就中国应当如何采取海底环境保护措施以及如何进行制度设计提出了建议。

最后，我国学者对国际海底区域生物多样性保护的规制研究是近十年才逐渐出现的。起初，学者多从宏观角度关注国际海底区域生物多样性问题，如金建才（2005）较早地提出了深海海底生物多样性国际规制问题，以及相关基因资源管理问题；徐冰冰等（2009）总结了国家管辖内海域深海生物多样性所受威胁的因素，并提出诸如开展科学考察、实施深海资源管理、建设海洋保护区等一些保护措施。虽然，其间有部分学者对国际海底区域生物多样性保护的专门规制做过系统研究，但相关成果已经不能满足如今快速变化的国际海底区域生物多样性议题。纪晓昕（2011）从深海底生物多样性的法律属性入手，基于人类共同继承遗产原则的前提，论述了如何实现其利益共享与责任共担；张善宝（2014）通过分析国际海底区域生物资源所面临的法律机制缺失问题，提出了构建国际海底区域生物资源获取与惠益分享制度、完善其保护制度的具体设想和实现路径。除此之外，与国际海底区域生物多样性相关联的公海遗传资源问题，亦有部分学者涉足（王勇，2011；张弛，2009）。

然而，随着BBNJ国际谈判的不断推进，相关法律规制问题及其背景于近五年已经发生了巨大变化，有关国家管辖范围外海域生物多样性的研究热度迅速升温，一时间出现了颇多介绍有关国际动态与谈判进展的成果（郑苗壮等，2017；刘海江，2018；金永明，2018），亦有许多学者围绕与之相关的具体内容进行了专项研究，并产出了许多有价值的研究成果，（1）公海划区管理工具与海洋保护区（何志鹏，2016；张磊，2017；邢望望，2019）；（2）遗传资源惠益获取与分享规则、知识产权与技术转让（张湘兰等，2017；徐靖等，2016；张磊，2018；袁雪、廖宇程，2019）；（3）国际海底区域生物资源的法律地位与管理规制（许健，2017；李志文，2017）等。同时，也有学者对国际海底区域自然资源开发利用与生物多样性保护的关系处理方面进行了一些实质性研究，如任秋娟、马凤成（2016）从生物多样性补偿路径的角度入手，探讨如何通过海洋空间规划、建立信托基金、强化国际海底管理局职能等措施实现对海底生物多样性的生境补偿。此外，中国常驻国际海底管理局代表处、中国大洋协会等机构亦对国际海底区域生物多样性议题进行了一系列介绍性研究，为后续研究提供了相关资料。

可见，目前国内学界偏向于对国际立法的现状跟踪，以及简单的对策分析等实证层面的研究，这些研究主要集中于吸收借鉴国外学者已有的研究成果，难以有效回应当前海洋治理中有关国际海底区域生物多样性全球管理框架、规则设计的实际问题。虽然近期在局部问题上部分学者已有深入迹象，如公海保护区设计（王勇，2019；廖建基等，2019）、海洋遗传资源法律属性（张磊，2018）等，但针对国际海底区域生物多样性议题仍然缺乏基于最新国际动向和中国国情而展开的系统性法律规制理论研究和能够解决现实问题的关键策略探索，因此需要进一步地展开深入研究。

（三）国外研究概况

对比中国的研究进展而言，国外自然科学较早地对国际海底区域生物多样性及其相关问题开展研究，研究工作更加具体，现阶段成果也相对丰富且细致。

美国学者 John L. Mero（1952）首次提出深海锰结核是一种潜在的资源，此后，人类商业开发深海海底资源的设想被提上技术议程。在《联合国海洋法公约》正式颁布前夕，Barkenbus（1979）出版了著作 *Deep Seabed Resource：Politics and Technology*，对国际社会以及美国有关深海海底资源的政策、法律与技术观点进行了较为全面的总结，也指出在梅洛提出商业化深海采矿设想与实践的 20 世纪 50 年代~60 年代，人们对于这些开发活动可能对生物多样性造成的威胁几乎没有认知。在此后很长一段时间内，由于科学的不确定性的限制，围绕深海海底生物多样性展开的专门法学研究几乎未见，部分学者将其作为讨论国际环境法、海洋法和国际政策问题时提及的一个方面，如Caldwell（1972）在讨论国际政治变局时指出了当时国际社会在深海生物多样性保护问题上存在的争论；Schneider（1988）分析了第三次海洋法大会上有关环境条款编撰的过程，将深海海底生物多样性列为议题之一。直至 20 世纪 90 年代，围绕海洋生物多样性的法学研究才逐渐增多，Iudicello & Lytle（1994）对可适用于海洋生物多样性保护的国际文书和机构进行了梳理；Joyner（1995）较为系统地介绍了现行国际海洋法体系下海洋生物多样性保护的成败、缺陷以及未来的完善路径；Glowka（1996/1999）、Cicin - Sain（1996）等以国际海底区域生物遗传资源为主题，论述了其法律属性与相关科研活动的法律状态；Teclaff（1997）则专门介绍了如何保护深海物种，重点分析并论述了现有人类活动的环境影响、沿岸国的相关法律政策等。可以说，这一时期有关国际海底区域生物多样性的法学研究尚不系统，针对性有限，问题分析也偏向宏观。

自 2000 年开始，国外学者就国际海底区域生物多样性问题兴起了又一轮研究热潮，尤其是生物科技和深海矿产开发技术的进步使国际社会更加清醒地认识到国际海底区域生物多样性的重要性，一系列研究成果陆续产出，而近五年随着 BBNJ 谈判的深入更是达到了阶段性高峰。这些研究主题主要包括以下方面：其一，针对深海采矿、生物勘探、深海遗传资源利用等新兴国际海底区域人类活动展开的法律与政策研究（Wedding, et al., 2014; Lehmann, 2007; Shen, 2017; Van Dover, 2018; Miller, et al., 2018; Humphries, 2017; Broggiato, 2008）；其二，系统性论述深海海底或国际海底区域生物多样性问题，包括介绍该议题的最新国际动态等，如 BBNJ 谈判等（UNEP, WCMC, 2007; Natalie, et al., 2014; Gjerde, et al., 2019）；其三，从环境影响评价、能力建设、划区管理工具等国际海底区域生物多样性具体治理专题的角度所展开的法律研究（Santo, et al., 2018; Jones, et al., 2019; Clark, et al., 2018; Durden, et al., 2018; Harden-Davies, et al., 2019）；其四，有关国际海底区域生物多样性适用的法律原则、理论基础的研究，如国际海底区域生物资源的法律属性（Guntrip, 2003; Joyner, 2019; Marciniak, 2017）。

综合观之，现阶段国际社会对国际海底区域生物多样性主题的研究热度很高，既有不同学科的自主研究，又有跨学科的交叉研究；具体研究内容也愈发朝精细化方向发展，重点探讨大议题下的实际问题；而且从发文趋势上看，在 BBNJ 谈判结束之前，围绕该问题所展开的研究热度仍将继续升温。由于议题本身仍处于不断发展中，而上述文献对国际海底区域生物多样性的法律研究尚且有限，因此还存在较大的研究空间。

三、本体概念、分析框架和主要创新

（一）本体概念界定

本书主题系跨学科问题，涉及诸多法学以外其他学科的基本概念，这些概念对于框定研究本体和研究范围十分重要，故在此列出予以探讨。

1. 国际海底区域、深海海底与国家管辖范围之外地区

关于深海的界定有多种，例如，有观点指出，深海（其海水深度大于 200 米的区域）覆盖着地球表面约 3.6 亿平方公里的地方（约 50%），占据了整个地球生物圈总共可居住体积的 95%（Thistle，2003；Smith，et al.，2009；Danovaro，et al.，2014），根据该定义，不少处于国家主权管辖内的地区亦会被划入。为此，本书采取另一国际上较为通行的定义，即将水深 1000 米及大于 1000 米的区域定义为深海。作为海洋系统的关键构成之一，深海主要包含了平原（海底）、海山、海沟、深渊、热液和冷泉等多种复杂环境（李新正，2019），这也是深海海底的主要地理、地貌表现形态。

国际海底区域作为一项法律概念，根据《联合国海洋法公约》（以下简称"UNCLOS"）第 1 条规定，它指的是"国家管辖范围以外的海床和洋底及其底土"（图 2）。

为了保持专业性和学术连贯性，"深海海底"与"国际海底区域"将分别作为自然科学与法学语境下经常使用的两个概念同时出现在本书之中。按照 UNCLOS 及大陆架界限委员会关于 200 海里以外大陆架界限的规定，国家可以对超过 200 海里的延伸大陆架主张管辖权，国际海底区域应全部属于深海海底的组成部分。虽然，两者在学理上存在一定的差异，尤其是水深定义部分，但本书将它们作为近似概念使用，且在文中具有共同的特征指向，即处于国家管辖范围之外地区。此外，按照 UNCLOS 的规定，所谓国家管辖范

围之外地区包括公海与国际海底区域两个部分，其中前者是后者的上覆水域。

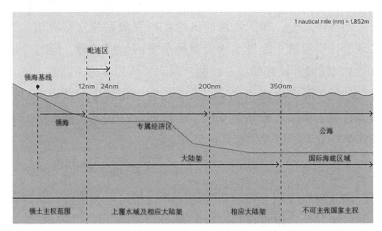

图 2　海域管辖划分示意图

2. 生物多样性、生物资源、遗传资源

生物多样性（biodiversity）：根据 CBD 相关条款，是指各种生物之间的差异性，其中也包括海洋生态系统（含本书涉及的国际海底区域生态系统，如冷泉、热液生态系统），以及生态系统中各组成部分之间多样化的生态过程。这种多样性包括种内、种间和生态系统多样性。按照不同的层次，生物多样性可以分为遗传多样性、物种多样性和生态系统多样性。其中，遗传多样性是指一个物种的基因组成中有关遗传特征的多样性；物种多样性是指在进行单次个体采集时，不同物种的有效物种数和固定的时空之中物种个体的分布形态；生态系统多样性是指生态系统的多样化程度，包括其类型、结构、组成、功能和生态过程的多样性。

生物资源（biological resources）*：按照 CBD 的解释，主要涉及遗传资源、生命有机体以及相应的组成部分、种群或者对人类具有现实或潜在使用价值及其他价值的生态系统的生物组成部分。[1]

遗传资源（genetic resources）：按照 CBD 的解释，是指具有现实或潜在价值的遗传材料，而所谓遗传材料（genetic material），即植物、动物、微生物

---

〔1〕　参见张风春、李俊生、刘文慧编著：《生物多样性基础知识》，中国环境出版社 2015 年版，第 3~7 页。

所具有的材料，或者其他包含遗传功能单位的原始材料。[1]

具体在本书中，首先，"生物资源"主要被限定于描述人类在国际海底区域开发行为的客体之一，与国际海底区域矿产资源和油气资源相并列，而国际海底区域遗传资源属于此处生物资源最重要的组成部分，同时也是国际社会围绕 BBNJ 问题展开谈判的核心议题。其次，作为本书主题的国际海底区域生物多样性是深海海底生物和该生态系统长期演化而来的结果，同时也是人类维持自身长期生存的重要物质基础。确切地说，它为人类提供了丰富的生物资源与非生物资源，以及生态系统服务。

（二）分析框架

本书以国际海底区域生物多样性的法律规制问题为主线，梳理国际海底区域生物多样性开发利用现状与保护的现实需求，以及国际社会实施相关法律规制的历史脉络，分析当前国际海底区域生物多样性法律规制研究中面临的困境，从开发利用与保护两方面，明确国际海底区域生物多样性实施法律规制的思路，最终回归中国视角，为中国未来积极、高效参与该议题的讨论与决策提供合理的路径与策略选择。本书除引论和结语部分外，共设五章。

引论部分是本书写作背景与意义。该部分介绍了国内外学者在国际海底区域生物多样性相关议题的基本研究情况；同时，比较分析了文中大量涉及的相关概念；阐明了本书的写作方法、特色与创新点。

第一章为本书首章。基于实证角度全面介绍了国际海底区域生物多样性的现状、人类在国际海底区域的资源开发利用活动及其对此处生物多样性的影响；随后进一步阐述了现阶段人类在国际海底区域生物多样性议题上的法律规制需求。本章为后续章节的推进与展开奠定了基础并指引了方向。

第二章系统梳理了全球范围内国际海底区域生物多样性保护现行法律规制体系的历史发展脉络，以及当前国际社会的最新进展与态度，并从实践层面分析了目前国际海底区域生物多样性相关法律规制体系存在的局限性。

第三章和第四章分别针对国际海底区域生物多样性的两种法律规制——开发利用与保护展开系统论述。对于前者，从国际海底区域生物资源的法律

---

[1] 参见张风春、李俊生、刘文慧编著：《生物多样性基础知识》，中国环境出版社 2015 年版，第 7 页。

属性问题出发，探讨了如何有效规制目前人类开发利用国际海底区域生物多样性的主要方式——遗传资源的获取与惠益分享；关于后者，则主要涉及划区保护管理工具与规则管理工具，并进一步分析和论述了在规制机构设置与协作机制安排方面的问题。

第五章在前述章节的基础上，结合我国参与国际海底区域生物多样性相关事务的实践和自身利益诉求，充分审视了当前我国在该议题上可能面临的国际挑战，为我国今后积极、有效参与和应对这项国际议题提供了具体路径选择。

结语部分对全书作了总结，同时也再次释明了本书在国际海底区域生物多样性法律规制问题上的主要观点与展望。

（三）主要特色与创新

与现有研究成果相比，本书的特色与创新之处主要体现在以下方面：

1. 对基础理论研究的丰富

针对目前国际海底区域生物多样性在自然科学与社会科学上均存在认知不确定性的现象，本书较全面地搜集、使用相关自然科学的新研究资料；同时，深入阐述和论证了国际海底区域生物资源的法律属性、国际海底区域生物多样性开发利用与保护的规制等一些长期以来存在争议、影响法律规制体系构建的重点基础理论问题，并提出了合理构造国际海底区域生物资源的法律属性的思路。

2. 回应最新国际动态与问题

国际海底区域生物多样性问题在近十年来发展迅速（如 2011 年"一揽子"计划的提出、2018 年正式开启的 BBNJ 新协定国际谈判、2019 年公布的首份协定草案），且仍在不断推进之中，相关具体议题的国际动态变化较快。本书的分析与讨论均系建立在最新数据与资料基础上，并对实践与理论中出现的新问题及遗留问题作出了回应。

3. 提出完善国际海底区域生物多样性法律规制的系统建议

法律规制方面的缺陷已经成为阻碍实现国际海底区域生物多样性保护与可持续利用目标的关键因素。本书通过分析现实规制需求、现有法律规制工具及其局限性，从开发利用、保护两个方面提出了有关国际法律规制体系如何进行完善和规制、机构如何设置等问题的若干建议，以期为保护地球上人类最后的未知净土献策。

4. 为我国参与国际海底区域生物多样性法律规制提供智力支持

我国不仅是发展中的海洋资源开发与利用大国，也是负责任的大国，一直以来都积极参与国际海底区域生物多样性这一当前全球海洋治理的热点议题。本书立足于我国国情，对我国未来处理国际海底区域生物多样性的进路与立场进行了重点讨论，并给出了针对性的建议。

国际海底区域生物多样性
法律规制的现实基础

科技的不断发展使人类有能力探寻以往从未涉足的深海海底区域，这里蕴藏着大量已知或未知的生物资源与矿产、油气等非生物资源。正因为如此，深海海底区域战略价值日渐凸显。我国近年来大力发展海洋科技，特别是随着深海潜水器"蛟龙"号下探 10 000 米深海的成功，在包括国际海底区域生物多样性在内的诸多方面取得令人瞩目的成果，也对国际海底区域丰富且独特的生物多样性有了更深入的理解。当然，在探索过程中，国际社会也深刻认识到日渐增强的人类活动必然会对该区域脆弱的生物多样性造成影响。在过去的几十年间，各国虽然注意到了国际海底区域生物多样性的保护与利用议题，但具体态度与观点不尽相同。基于实证角度对国际海底区域开发活动与生物多样性规制需求进行考察，是找到问题解决突破口的前提，也为下文进一步研究奠定现实基础。

第一节　问题缘起——海洋工业革命下的生物多样性危机

人类向海洋索取各类资源的活动早已有之。早期，在伴随 15 世纪地理大发现开始的大航海时代，海洋被西方国家作为一种战略资源进行争夺。[1]进入 21 世纪后，以深海采矿、海洋生物药学等为代表的新兴科技的发展促使人类对海洋开发利用的强度逐渐由"农耕时代"步向"工业革命时代"。然而，

---

〔1〕　与西方国家所开展的航海探险不同，早在 15 世纪初（1405～1433 年，明代永乐、宣德年间），郑和率领明朝船队 7 次下西洋，远至西太平洋和印度洋，其目的更多的是和平意义上的"通好他国，怀柔远人"，以宣扬大明威德。参见范金民："郑和下西洋动因初探"，载《南京大学学报（哲学·人文科学·社会科学版）》1984 年第 4 期。

国际海底区域生物多样性因其自身尚不明确的法律定位与不健全的法律规制，在人类日益膨胀的资源获取需求和各国深海战略大举推进的现实面前，正在遭遇前所未有之危机。

一、国际海底区域生物多样性的现状

过去一个世纪里，陆地生物多样性一直是现代生态学研究的核心焦点之一，反观深海海底生物多样性的研究则起步较晚，人们对其开展系统科学的研究可回溯至 20 世纪 60 年代。美国 Woods Hole 海洋研究所的 Robert R. Hessler 和 Howard L. Sanders 研究员研制出世界上首个能够有效收集小型底栖动物的装置，并且设计了一套可对大陆架和海底平原中的底栖生物进行系统采样的方法。[1]其研究发现深海物种生物多样性远超海岸生态系统（Hessler and Sanders，1967），这一结论颠覆了此前人们对深海中生命的认知，同时也为人类掌握全球生物多样性开启了全新的视角。虽然人类针对深海海底生物多样性的研究和调查始于近半个多世纪，而且随着科技的迅猛发展，调查设备和研究方法等已有了很大改进，但现有掌握的有关国际海底区域生物多样性的数据和样本仍然相对有限，特别是大多数物种（原核生物和真核生物）仍未被发现或身份不明。[2]有统计显示，占地球总面积约49%的国际海底区域中的大部分环境仍处于人类尚未涉足状态。[3]因此，为了使国际海底区域生物多样性的法律规制具备科学依据，在进一步加强相关本底调查的

---

〔1〕 而这些底栖动物是构成深海海底生物多样性最为重要的组成。See M. A. Rex, R. J. Etter, *Deep-Sea Biodiversity：Pattern and Scale*, Harvard University Press, 2010, p. 1.

〔2〕 See N. D. Higgs, M. Attrill, "Biases in Biodiversity：Wide-Ranging Species are Discovered First In the Deep Sea", *Frontiers in Marine Science*, Vol. 2, 2015, p. 61; F. Sinniger, J. Pawlowski, S. Harii, et al., "Worldwide Analysis of Sedimentary DNA Reveals Major Gaps in Taxonomic Knowledge of Deep-Sea Benthos", *Frontiers in Marine Science*, Vol. 3, 2016, p. 92; C. N. Shulse, B. Maillot, C. R. Smith, et al., "Polymetallic Nodules, Sediments, and Deep Waters in the Equatorial North Pacific Exhibit Highly Diverse and Distinct Bacterial, Archaeal, and Microeukaryotic Communities", *MicrobiologyOpen*, Vol. 6, 2017, pp. 1-16.

〔3〕 从地形上看，大部分海底区域是深度超过 3000 米的深海平原，其特征包括海底峡谷、海沟和海脊、热液喷口和海山。然而，绝大多数深海环境未经勘探，与之相关的独特生物多样性也有待发现。See K. A. Miller, K. F. Thompson, P. Johnston, et al., "An Overview of Seabed Mining Including the Current State of Development, Environmental Impacts, and Knowledge Gaps", *Frontiers in Marine Science*, Vol. 4, 2018, p. 418. 有观点认为，目前人类对深海的探索程度尚不足 5%。参见狄娃·阿蒙："开采深海之前，请先了解它"，载 http://chinadialogueocean.net/zh/4/77354/6858-we-should-explore-the-deep-ocean-not-mine-it/？lang=zh-hans，最后访问时间：2019 年 12 月 14 日。

同时，还需充分整理、利用现有数据与知识背景以满足当前的规制认知需求。

（一）内涵与概况

数千年来，由于科技水平的限制，人类印象中的深海海底是漆黑、冰冷和神秘的环境，对该区域的生物及生境状况亦是知之甚少。[1]直到20世纪70年代，美国研究人员利用"ALVIN"号载人潜水器进行科考时，首次在太平洋东部的Galápagos洋底裂谷大约2500米水深处发现了深海热液喷口（hydro-thermal vent）后才真正打开人类探索和认知深海海底生物的通道。[2]作为典型的海底生境深海热液喷口主要分布在海底中脊，[3]此处的高温（温度较高处可达400℃）、高压、缺氧等环境孕育了许多独特的生物体，如细菌、古菌、病毒、蠕虫、贻贝、蟹类、虾类和水母等生物群落。[4]深海海底正如一个巨大的栖息地，其地貌与结构复杂多变，除少数地区（如大洋中脊、海山）存在裸露在外的岩石，其中大部分被软质或硬质的沉积物所覆盖。在主要是深海平原的国际海底区域，有着海沟（深渊海底）、海山和大洋中脊等不同的地貌。其中，深渊海底区的面积（约340万平方公里）不到海洋总面积的1%。目前，人类已在海底发现了80多个独立的盆地和洼地；在沿太平洋边缘地带，存在着7个巨大的海沟（6500米至10 000米深）；在大西洋中则有波多黎哥海沟（深逾6500米）。[5]尽管其地理范围广阔且地貌特征多样，但人们在很长一段时间内认为在深海环境中可能并无生命存在，[6]主要原因是这里

---

[1]　虽然1872年英国"挑战者"号科考船在打捞其海底多金属结核的同时，也捕获了洋底生物样品，此后一些西方国家也尝试继续对深海展开生物调查，但由于技术与设备等原因，相关研究进展和认知十分有限。

[2]　See G. Kakhniashvili, "Legal Issues Concerning Conservation and Protection of Marine Genetic Resources of the Deep‐Sea Under International Law", https://lup.lub.lu.se/student‐papers/search/publication/3173236. Retrieved July 2, 2022.

[3]　参见王丽玲、林景星、胡建芳："深海热液喷口生物群落研究进展"，载《地球科学进展》2008年第6期。

[4]　参见王丽玲、林景星、胡建芳："深海热液喷口生物群落研究进展"，载《地球科学进展》2008年第6期。

[5]　参见"国家管辖范围以外区域海洋生物多样性养护和可持续利用第一次全球海洋综合评估技术摘要"，载https://www.un.org/regularprocess/sites/www.un.org.regularprocess/files/17‐05752‐c‐biological‐diversity.pdf，最后访问时间：2019年12月14日。

[6]　See P. A. Tyler, "Ecosystems of the World 28 Ecosystems of the Deep Oceans", *Elsevier Science & Techudogy*, 2003, pp. 1-3.

极端的生存条件，例如完全黑暗、极端的低温或高温、高压以及低食物供给。然而现已知晓，深海海底拥有着独特的化能合成生态系统（chemosynthetic ecosystem），这使其在极端贫瘠的能量环境（energy-poor environment）[1]下既孕育了许多种类、数量未知的特有生物，更造就了丰富且相对封闭的海底生境，并为各种独特的海洋生态系统提供了多样的生态条件、栖息地和生态位。甚至有观点认为，深海生物的高度多样性可与热带雨林的多样性相媲美。[2]

以往人们认为，深海海底生物生活在较为稳定的环境中，此处几乎不存在环境变化，能量供给来源是从上层水域下沉的食物。然而，科学发现已揭示了控制深海海底生态系统的某些生理条件和参数在时空尺度上是高度动态的，而且部分生物群落是依靠矿物和化学物质而非太阳和有机物质的能量为生。深海生物多样性状况取决于相应的深度参数，通常根据深度的不同可细分为：（1）海洋中层带（200米~1000米），此处生存着大量的水平/垂直活动的游泳生物和以水母、小型后生动物、真核生物与原核单细胞生物等为代表的浮游生物；（2）深海层（1000米~4000米），人类目前对该深度的生物多样性认知仍十分有限，但根据已有信息，此处的物种数量和生物量会随着深度的增加而迅速减少，典型的生命形式包括胶质动物、甲壳类动物和部分鱼类；（3）底栖层，主要是指生活在深海海底的底表底栖动物（epibenthos）和沉积层中的底内底栖动物（endobenthos）。它们种群数量丰富，但具体分布不均，在诸如海山等复杂地貌下尤其丰富。此外，微生物的分布十分广泛，可能在特定的海底区域绵延数公里。[3]作为本书重点研究的国际海底区域生物多样性，其分布情况与所在海底的生境复杂特性有着密切的联系。例如，一些海底延伸部分，特别是在深海平原上，只是散布着大型底栖动物和底内动物（占该地区动物数量的90%以上），而其他地区的物种分布则更加丰富。从物种分类的角度看，深海海底生物（主要指底栖生物）根据有机体体型不同

---

〔1〕 这是因为在近海表层水中由光合作用生成的碳只有1%能够到达深海。See M. A. Rex, R. J. Etter, *Deep-sea Biodiversity: Patter and Scale*, Harvard University Press, 2010, p. 1.

〔2〕 See C. L. Van Dover Cindy, *The Ecology of Deep-Sea Hydrothermal Vents*, Princeton University Press, 2000, pp. 3-24.

〔3〕 See S. Van den Hove, v. Moreau, *Deep-Sea Biodiversity and Ecosystems: A Scoping Report on Their Socio-Economy, Management and Governance*, UNEP World Conservation Monitoring Center, 2007, p. 13.

主要分为四类：细菌、小型底栖生物、大型底栖生物和巨型底栖生物。[1]从丰度方面看，在同等数量个体的条件下，沿大陆边缘的生物多样性高于大陆架；而且，大陆斜坡、山脊和海山等地貌下预计将承载着全球大部分未发现的生物。此外，位于1000米至2000米水深范围内的深海底栖生物多样性程度最高。[2]从生境的角度看，与热液喷口类似的海底生境还有深海冷泉、海山、峡谷、海沟和深渊等，它们各自的生物种类、区系及多样性状况也都各具特色。[3]

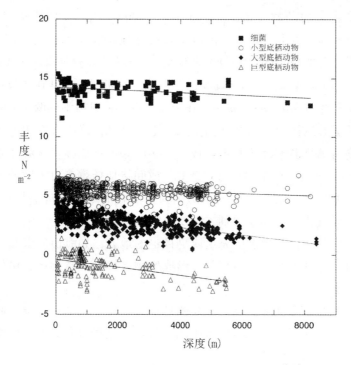

图3　四类深海底栖生物的丰度与水深关系[4]

〔1〕 See M. A. Rex, R. J. Etter, *Deep - sea Biodiversity*: *Patter and Scale*, Harvard University Press, 2010, pp. 11-13.

〔2〕 See M. A. Rex, R. J. Etter, *Deep - sea Biodiversity*: *Patter and Scale*, Harvard University Press, 2010, pp. 11-13.

〔3〕 参见王丽玲、林景星、胡建芳："深海热液喷口生物群落研究进展"，载《地球科学进展》2008年第6期。

〔4〕 See M. A. Rex, R. J. Etter, *Deep - sea Biodiversity*: *Patter and Scale*, Harvard University Press, 2010, p. 29.

尽管深海海底生物具有高度的异质性和多样性，但在大西洋、印度洋、北冰洋和太平洋等主要海洋盆地中，大多数生物（底栖生物）具有许多共同的特征：

（1）它们大部分是适应极端环境的生物。可利用能量与食物水平相对较低。[1]

（2）繁殖能力通常较低（即繁殖后代的数量）。

（3）生长缓慢，个体成熟晚。一些深海生物具有惊人的寿命，例如，在海山上发现的群体金珊瑚（*Gerardia* spp.）寿命达 1800 年，这也使其成为地球上已知最古老的动物（Bergquist et al.，2000）。当然，即便是同类生物，它们的生长规律也并非一致。深海冷泉管虫（*Lamellibrachia luymesi*）生长速度极为缓慢，需要 170 年到 250 年才能生长至 2 米左右，这使得这些蠕虫成为已知寿命最长的非群体海洋无脊椎动物；[2]与之不同的是，生活在热液喷口附近的多毛纲的管虫（*Riftia pachyptila*）作为前者近亲，只需不到两年的时间便可成熟并生长至 1.5 米，因此它们也是已知生长最快的海洋无脊椎动物之一。[3]

（4）能量来源途径多为化能合成。一些深海生物依赖于在海洋光合作用带（epipelagic zone）产生的食物和营养，或间接地依赖来自太阳的能量。深海热液喷口和冷泉生态系统能量来源则为化能合成途径，属于非光合能源，包括气体、碳氢化合物和还原剂，以及从深海到海底在 2℃～400℃不同温度下传输的矿物质。在食物供应充足或更稳定的地方，如海山周围和其他海底地貌，物种及其群落可以大量聚集，形成生物多样性热点地区，例如冷水珊瑚礁所在位置。

（5）特有性现象明显。深海海底栖息地的独特环境条件，导致此处生物经常被深海海底物理或化学障碍所阻隔，为适应这种环境特点，90%的深海生物物种都属于特有种。[4]

---

〔1〕 See J. A. Koslow, G. W. Boehlert, J. D. M. Gordon, et al., "Continental Slope and Deep-Sea Fisheries: Implications for A Fragile Ecosystem", *ICES Journal of Marine Science*, Vol. 57, 2000, pp. 548-557.

〔2〕 See Penn State Eberly College of Science, "Tube Worms in Deep Sea Discovered to Have Record Long Life Spans", *ScienceDaily*, http://www.sciencedaily.com/releases/2000/02/000203075002.htm. Retrieved July 20, 2019.

〔3〕 See E. R. M. Druffel, S. Griffin, A. Witter, et al., "Gerardia: Bristlecone Pine of the Deep-Sea?", *Geochimica et Cosmochimica Acta*, Vol. 59, No. 23., 1995, pp. 5031-5036.

〔4〕 See United Nations Ueneral Assembly, "Oceans and the law of the sea, Report of the Secretary General", Sixtieth Session (A/60/63/Add. 1).

（6）分布与形态特征明显。其一，深度越深，物种的生物量越小，丰度越低（图3）；其二，深度越深，生物个体体型一般越小，但食腐动物除外，呈相反趋势；其三，深海海底和深渊海底的甲壳类、双壳类、多毛类在丰度和多样性上更为重要，而在较大的动物中，棘皮动物最为重要；其四，许多较大体型的底栖物种在生命早期为漂游生活（浮游生物）。[1]

（二）功能与价值

深海海底是一个独特的生态系统。它基于独特的环境要素形成的生物多样性，因提供的生态服务和一系列被视为维持海洋生态系统可持续发展所必需的生态和进化功能而备受重视。一方面，此处的生物多样性既有为人类供给生物与非生物资源的作用，例如，渔业、能源和矿产、生物资源以及寻找所有源自深海生物多样性的工业制剂和生物启发材料；另一方面，还在气候调节（通过固碳和减缓气候变化和海洋酸化）、废物吸收与降解、营养物质更新等方面发挥着重要功能（见表1）。[2]最为关键的是，它通过营养循环和为大量物种提供栖息地支撑着许多海洋生物的世代繁衍。换言之，支持服务可能是深海（海底）环境对地球生命的最大贡献，也是深海（海底）环境的主要价值之一。此外，诸如深海海底生态系统的科学价值、存在价值和激励价值等无形的文化价值，以及为后代维持生物多样性的价值，虽然常被人们忽略，但同样值得重视。但遗憾的是，迄今为止，关于深海海底环境的文献主要是描述性的，对于保护该生物多样性及其生境的经济价值尚无明确结论。[3]

---

〔1〕 联合国，"国家管辖范围以外区域海洋生活多样性养护和可持续利用第一次全海洋综合评估技术摘要"，http://www.un.org/regularprocess/sites/www.un.org.regularprocess/files/17-05752-c-biological-diversity.pdf. Retrieved July 3, 2022.

〔2〕 See P. V. R. Snelgrove, "Getting to the Bottom of Marine Biodiversity: Sedimentary Habitats Oceans Hottoms are the Most Widespread Habit on Earth and Support High Biodiversity and Key Elosystem Services", *BioScience*, Vol. 49, No. 2, 1999, pp. 129-138.

〔3〕 See N. Jobstvogt, N. Hanley, S. Hynes, et al., "Twenty Thousand Sterling Under the Sea: Estimating The Value of Protecting Deep-Sea Biodiversity", *Ecological Economics*, Vol. 97, 2014, pp. 10-19.

表 1 深海（海底）生态系统的产品与服务

类型	具体描述
支持服务	生物物种
	化能合成初级生产
	栖息地
	营养物质循环
	恢复力与抵抗力（群落维持）
	水循环与交换
供给服务	碳封存
	化合物
	鱼类、贝类和海洋哺乳动物
	工艺品
	矿物和油气化合物
	废物处置
	建造和运输空间
调节服务	生物防控
	废物吸收和降解
	气候调节
文化服务	提供美学、精神和灵感
	教育与科学研究
	遗产与存在价值

注：表中下划线表示该项服务或产品不依赖于深海（海底）生物群。资料来源参见 S. Van den Hove, V. Moreau, Deep-sea Biodiversity and Ecosystems: A Scoping Report on their Socio-Economy, Management and Governance, Lavenham Press, 2007, p. 13.

二、资源开发引起的国际海底区域生物多样性危机

在经济学视野下，资源通常被附上服务于人的可利用性、有限性的标签，

广义上包含有形物质和人类的知识与能力。[1]随着几个世纪以来工业革命的发展，人类对于各类资源的需求愈发增大，其中大部分资源仍是地球早期经亿万年而形成的不可再生资源。这些总量相对固定的地球陆地和内大陆架的存量资源大多已为人们所发现，而国际海底区域作为地球上最后一块资源富集区，在引得各国"疯狂"争抢开发的同时，也给此处生物多样性造成了危机。

从海洋资源类型看，国际海底区域主要涉及非生物资源（以矿产与油气资源为主）和生物资源两类。就目前人类在国际海底区域的资源开发活动而言，多数仍处于探索或试验状态，尚未实现大规模商业运作，不能完整体现相关资源的利用价值，如深海海底采矿。但可以预计，在科技创新助推下，人类随时可能将获取上述国际海底区域资源的计划转变为现实，这些开发活动对此处生物多样性所造成的威胁已是当下不可回避的问题。

（一）矿产资源勘探与开发

国际海底区域的矿产资源种类丰富且储量巨大，其中多金属结核、多金属硫化物和富钴铁锰结壳是当前具备商业开发价值的三类海底矿石。据测算，深海海底中的多金属结核总储量可能有 3 万亿吨，其中可供商业开采的具有 750 亿吨；富钴结壳中的钴资源储量也可达 10 亿吨。同时，海底还存在着储量巨大的稀土资源，仅太平洋深海海底沉积物中稀土资源储量就接近 900 亿吨。[2]19 世纪 70 年代，人类凭借最新科技开始踏足深海海底资源开发领域。[3]美国学者约翰·梅洛于 1952 年首次提出锰结核是一种潜在资源的观点，[4]并于 1959 年在其关于"海底矿产范围与可能恢复途径"的合作项目报

---

〔1〕　See J. N. Barkenbus, *Deep Seabed Resource*：*Politics and Technology*, Free Press, 1979, p. 3.

〔2〕　参见张涛："参与全球海洋治理 体现大国责任担当——聚焦国际海底矿产资源开发规章的研究与建立"，载《中国国土资源报》2017 年 5 月 17 日，第 6 版。

〔3〕　有关深海海底矿藏的发现以及人类利用科学方法进行专门海洋科学探索可追溯至 1872～1876 年英国"挑战者"号（HMS *Challenger*）进行的为期四年的环绕航测，其间发现了 4700 余种海洋生物，并在多处深海海底发现了多金属结核样本。但由于当时技术受限，这项发现许多年间只是被陈列在英国博物馆内。参见中华人民共和国常驻国际海底管理局代表处："多金属结核"，载 http://china-isa. jm. china-embassy. org/chn/gjhd/hdzy/t218968. htm，最后访问时间：2019 年 7 月 5 日；J. N. Barkenbus, *Deep Seabed Resource*：*Politics and Technology*, Free Press, 1979, p. 11.

〔4〕　See J. L. Mero, "Potential economic value of ocean-floor managanese nodule deposits", in D. R. Horn eds. , *Papers from a Conference on Ferromanganese Deposits on the Ocean Floor*, National Science Foundation, 1972, p. 195.

告中从商业和技术的角度阐述了深海海底采矿的可行思路。而且，他坚信这将是具有相当利润的投资项目。不过由于风险巨大和深海技术的不成熟，并没有多少业者愿意成为"先驱者"；直至 20 世纪 60 年代初，美国 Kennecott 和 Deepsea Venture 两家公司针对深海矿藏开展了初步的本底资源调查，但并无更进一步行动，且当时美国政府亦不愿仅凭梅洛的研究分析便启动深海海底开采计划。[1] 就具体原因而言，一是收益与风险因素。海底采矿大致包括五个步骤：探矿、勘探、研究与开发、原型试开采和商业开采。据深海采矿设想提出时的预计，前三步的总成本投入为 2 千万美元到 3 千万美元，第四步的投入为 5 千万美元到 1 亿美元，第五步成本约为 6 亿美元。[2] 如此巨大的投入、未知的利益回报与商业风险使得海底采矿在很长一段时间内处于被观望状态。二是环境因素。梅洛在提出深海海底采矿设想时忽略了其可能对周边环境造成的负面影响，包括对海底生物体、生态位、海洋生态系统运行过程等，这些未得明晰的问题实际上将海底商业采矿的实现推迟至今。[3] 因此，有关深海采矿的计划从 20 世纪 60 年代后期开始实施，但它在过去十年中才具有经济可行性。在此期间，多国政府和公司也纷纷争取获得国家管辖内大陆架和国际海底区域的勘探许可证。例如，2011 年，巴布亚新几内亚政府授予加拿大公司 Nautilus Minerals 在其专属经济区内从事勘探开发业务，这也是全球首个深海采矿租约。[4] 2017 年 8 月至 9 月，日本宣布成为第一个成功在海底进行开采作业的国家，即在冲绳海岸以外海面 1600 米深处开采矿藏资源。[5] 截至 2020 年 1 月，国际海底管理局（简称 ISA）已经与来自不同国家的 22 位承包商签订了为期 15 年的国际海底区域多金属结核、多金属硫化

〔1〕 See J. N. Barkenbus, *Deep Seabed Resource*：*Politics and Technology*, Free Press, 1979, p. 7.

〔2〕 See J. N. Barkenbus, *Deep Seabed Resource*：*Politics and Technology*, Free Press, 1979, p. 11.

〔3〕 如今，海底采矿项目的关注重点在于如何切实可行地从海底寻找和提取矿物以获取商业利益。Nautilus Minerals 和 Diamond Fields International 是两家最靠近商业化开采目标的公司。两家公司此前已获得相应国家的开采许可，并计划分别在俾斯麦海和红海的专属经济区开展作业。See H. Gazette, "Seabed Mining Project in PNG Appears Dead in the Water", *Papua New Guinea Mine Watch*, https://ramu-mine. wordpress. com/2019/03/28/seabed-mining-project-in-png-appears-dead-in-the-water/. Retrieved May 5, 2019.

〔4〕 See S. E. Beaulieu, T. E. Graedel, M. D. Hannington, "Should We Mine the Deep Sea Floor", *Earth's Future* (2017), https://perma. cc/56LS-DPZ2, Retrieved July 1, 2022.

〔5〕 Kyodo, "Japan Successfully Undertakes Large-Scale Deep-Sea Mineral Extraction", *Japan Times* (September 26, 2017), https://perma. cc/9JRK-EEUZ, Retrieved July 1, 2022.

物和富钴铁锰结壳勘探合同，共计 31 份合同。其中，19 项为勘探多金属结核合同，履行地点位于 Clarion-Clipperton 断裂带（17 项）、中印度洋盆地（1 项）和西太平洋（1 项）；7 项为勘探多金属硫化物合同，履行地点位于印度洋脊西南部、印度洋中部洋脊和大西洋中部海脊；5 项为勘探富钴结壳合同，履行地点位于太平洋西部。中国总共与 ISA 签订 5 项勘探合同，分别涉及上述三类矿区。[1]

然而，即便面临技术成本、资金风险与环境影响等方面的压力，各国基于资源稀缺与战略需求考量仍然对国际海底区域内巨大的矿藏储量趋之若鹜。目前，深海沉积物及地层结构中可开采的具有商业价值的矿物资源主要包括三类：锰结核（Mn）位于深海平原、海底块状硫化物（SMS）位于热液喷口和富钴结壳（CRC）位于大洋中脊的海山。其他具有商业价值的大陆架矿产资源还有钻石、铁砂（富含用于钢铁生产的钛磁铁矿和石灰-钠长石）和磷矿等。同时，每种矿物中可提炼的产品亦存在一定差异，以锰结核为例，其中大约涵括 30 种元素，但在当下具有商业价值的仅为其中的一部分，如铜、镍、锰和钴。（参见表 2）

表 2　具有重要商业价值的海底矿产资源类型及其用途概述[2]

种类	缩写	用途	分布位置/主要存在形态
铜	Cu	（1）电力生产/配电。用于生产电线和通信电缆/电路板。 （2）运输业。汽车制动器、散热器和导线；铜镍合金抗腐蚀性可为船舶外壳提供材料。	热液喷口/海底块状硫化物；深海平原（尤其是太平洋）/多金属结核；沿大洋中脊的海山（尤其是太平洋）/富钴结壳

---

〔1〕 International Seabed Authority, "Exploration Contracts", https://www. isa. org. jm/deep-seabed-minerals-contractors. Retrieved January 19, 2020.

〔2〕 See K. A. Miller, K. F. Thompson, P. Johnston, et al, "An Overview of Seabed Mining Including the Current State of Development, Environmental Impacts, and Knowledge Gaps", *Frontiers in Marine Science*, Vol. 4, 2018, p. 418; "Marine Sub-Function Profile Report Marine Mineral Resources (3.6)", https:// webgate. ec. europa. eu/maritimeforum/System/files/Subfunction%203. 6%20Marine%20mineral%20resource_ Final%20v120813. pdf. July 1, 2022.

续表

种类	缩写	用途	分布位置/ 主要存在形态
锰	Mn	主要用于建筑业，由于其固硫、脱氧和合金化性能，性价比较高。	深海平原（尤其是太平洋）/多金属结核；沿大洋中脊的海山（尤其是太平洋）/富钴结壳
钴	Co	主要用于生产耐高温的超级合金，例如制造飞机燃气涡轮发动机。也用于充电电池，特别是混合动力电动汽车锂离子电池。这些电池含有高比例的钴，因为锂离子电池中 60% 的阴极是由锂钴氧化物组成的。	沿大洋中脊的海山（尤其是太平洋）/富钴结壳
镍	Ni	主要用于生产特种钢材、电镀、非铁合金与高温合金等。	深海平原（尤其是太平洋）/多金属结核；沿大洋中脊的海山（尤其是太平洋）/富钴结壳
金	Au	主要用于珠宝。虽也被用于电气产品，但随着卑金属/金合金逐渐成为电气产品中纯金的廉价替代品，金的用料总量正在减少。	热液喷口/海底块状硫化物
银	Ag	手机、个人电脑、笔记本电脑和电池是目前银使用量最大的领域，银的许多新用途集中在其抗菌性能上。银在过去主要用于生产镜子、珠宝和餐具。	热液喷口/海底块状硫化物
锡	Sn	用于高科技行业，用于智能手机和笔记本电脑等产品中的金属焊接部分。也可用于镀锡铁和塑料、陶瓷和阻燃剂的制作。	热液喷口/海底块状硫化物
锌	Zn	用于生产不锈钢等特种钢材、铜合金、油漆以及医药产品。	热液喷口/海底块状硫化物
稀土	REEs	共 17 种元素。包括镧系的 15 种元素，及钪和钇。 广泛用于各类消费品，具有电子、光学、磁性和催化应用特性。趋势表明，混合动力和全电动汽车、催化转换器、风力涡轮机和节能照明等"绿色"减碳技术是 REE 未来的关键增长领域。稀土元素需求每年增长 5%~10%。	深海平原（尤其是太平洋）/多金属结核

（二）油气资源开发与利用

除上述矿产资源外，在深海大陆架斜坡等处的海底沉积物中还存在一种十分重要的资源——气体水合物（Gas Hydrates）。这些物质呈冰状固态晶体结构，是水分子在低温和高压下围绕气体分子变成笼状结构时所形成的。其过程取决于许多因素，包括海底颗粒有机碳的积累、有机物中微生物的降解及其相关的甲烷产生过程等。气体水合物最常见于海水深度 1000 米～3000 米，而在深度<600 米的水域，由于水温相对偏高则十分少见。不过，北极地区的气体水合物可能形成于约 250 米的浅水区，因其海底水温低至-1.5℃。[1]虽然气体水合物不属于真正意义上的海底矿产资源，但仍然有必要将其列入讨论，因为人类对其进行开采的计划很快将成为现实，同时气体水合物以及其开采过程可能对周围的深海生态系统产生重大影响。通常，气体水合物可能含有甲烷、乙烷、丙烷或丁烷，而甲烷水合物是天然存在的最常见的水合物表现形式。[2]据估测，洋底存在着储量巨大的潜在气体水合物，但在具体定量问题上存在较大差异。[3]例如对于全球海洋甲烷水合物的储量，有估测数据为 550 Gt C（1Gt C＝10 亿公吨碳），但也有数据显示为 1146 Gt C；而且这些水合物可能分布于全球 220 余处大陆架斜坡、隆起与极地永久冻土之下的沉积物内，其中，95%的甲烷水合物蕴藏在大陆架边缘位置。[4]

总之，气体水合物因其巨大的储量与广泛的分布（见图 4）被许多国家视为传统能源的替代品，日本、中国、印度和美国等国家已经针对海洋气体

---

〔1〕 See K. A. Miller, K. F. Thompson, P. Johnston, et al, "An Overview of Seabed Mining Including the Current State of Development, Environmental Impacts, and Knowledge Gaps", *Frontiers in Marine Science*, Vol. 4, 2012, p. 418; "Marine Sub-Function Profile Report Marine Mineral Resources (3.6)", https://webgate. ec. europa. eu/marineforum/System/files/Subfunction% 203. 6% 20Marine% 20mineral% 20resource _ Final%200120813. pdf. Retrieved July 1, 2022.

〔2〕 例如，1M3 甲烷水合物可以生产 164M3 甲烷气体。See Z. Duan, D. Li, Y. Chen, et al, "The Influence of Temperature, Pressure, Salinity and Capillary Force on the Formation of Methane Hydrate", *Geoscience Frontiers*, Vol. 2, 2011, pp. 125-135.

〔3〕 专家认为，地球上的天然气水合物储量远远超过其他化石燃料的剩余量。See "Gas Hydrates", https://www. wou. edu/las/physci/Energy/Gas_ Hydrates. html. Retrieved July 10, 2019.

〔4〕 See E. Piñero, M. Marquardt, C. Hensen, et al., "Estimation of the Global Inventory of Methane Hydrates in Marine Sediments Using Transfer Functions", *Biogeosciences*, Vol. 10, 2013, pp. 959 – 975; K. Kretschmer, A. Biastoch, L. Rüpke, et al., "Modeling the Fate of Methane Hydrates Under Global Warming", *Global Biogeochemical Cycles*, Vol. 29, 2015, pp. 610-625.

水合物展开调查与勘探，但由于开采与提取过程在现有技术基础上是复杂且昂贵的，因此目前商业开采尚未展开。已有的少量测试性开采作业虽多选择在国家管辖范围内的海域进行，[1]但上述开发活动也主要受相应的国内法规制，在国际层面尚无专门的国际法规则与规制机构。可以想见，在不久的将来，有关气体水合物的勘探与开采会延伸至国际海域。针对这一趋势，有国外学者建议由 ISA 负责协调各国在国际海域开展的气体水合物勘探项目。[2]

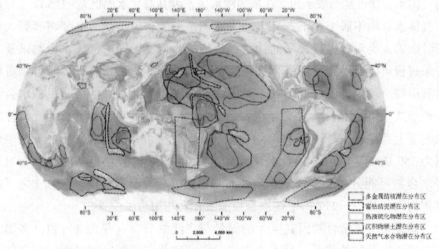

图 4 国际海底区域及管辖外海域主要矿产与油气资源示意图

（资料来源：《中国地质调查百项成果》之《国际海底矿产资源地质调查报告》，地质出版社 2016 年版）

---

[1] 2012 年日本石油天然气金属矿产资源公司、美国能源局和美国康菲石油公司开始测试通过使用 CO_2 提取甲烷。次年，日本率先宣布其在国内专属经济区内开采的甲烷水合物中成功提取天然气。2016 年 7 月，由美国地质调查局、印度政府和日本政府组成的团队在印度孟加拉湾发现了天然气水合物。2017 年，日本和中国成功开采了甲烷水合物。此外，由联邦部委和德国工业资助的德国海底天然气水合物油藏（SUGAR）项目于 2008 年启动，在赫尔姆霍兹海洋研究中心的协调下，正在研究从气体水合物中获取天然气的技术。See K. A. Miller, K. F. Thompson, P. Johnston, et al., "An Overview of Seabed Mining Including the Current State of Development, Environmental Impacts, and Knowledge Gaps", *Frontiers in Marine Science*, Vol. 4, 2018, p. 418.

[2] See K. Szamalek, "International Research Project on Gas Hydrates: Hydrates in Oceans — Programme of Exploration (HOPE)", *przegl ą d Geologiczny*, Vol. 52, 2004, pp. 813-816.

（三）生物资源获取及利用

有关深海海底物种及其栖息地的重要发现不仅刷新了人类此前对海洋生物的认知，更为未来生物技术与生物勘探的发展开辟了全新的工作场域。此处物种、基因、生理与代谢过程等方面的独特性，提供了丰富的物种资源、基因资源和生物产物资源。换言之，各国对深海海底生物资源的开发需求不同于传统的海洋渔业、种植和养殖业等，其更看重的是这些生物所承载的遗传资源，特别是它们作为人类社会重要战略资源，以及作为国家战略性新兴产业重要组成部分所带来的巨大战略价值与商业价值，即通过现代海洋生物技术的转化，这些生物资源（特别是基因方面）的作用与特性不仅可以体现到基因工程制药、农业、食品加工和工业部门，而且也能够在生物修复和海洋污染处理，以及采矿、矿物加工、海水养殖和水产养殖业发挥作用。根据现有科学认识，在深海的多种极端环境中，有能抗高压与高温、抗重金属、耐酸与碱等特性的特殊微生物，这些微生物可以为未来生物技术和创新药物开发提供很好的资源。[1]

从发展趋势看，深海生物资源将在生物医药研发、环境污染防治、工业催化、日用化工、生态农业等方面提供重要价值。亦有估测认为，到 2025 年，全球海洋生物科技的市场体量将达到 64 亿美元，并涵盖生物制药、生物能源、日常化工等多个领域。[2]如此诱人的潜在商业前景必将促进深海生物

---

〔1〕 例如，"嗜极生物"（extremophiles），包括古菌和一些同样独特的细菌，可在极端条件下或在硫化氢等有毒化合物的状况下繁衍生息，它的发现为应用微生物学前沿开辟了新的领域。而嗜极生物之所以能够在极端条件下存在并维持生命，主要是依靠酶（生化催化剂）的能力。由于一些嗜极生物及其酶可以在 100°C 和/或极低或高的 pH 值下工作，它们在化学和食品加工、制药产品的生产以及有毒废物的减少和加工中已有广泛的应用。在日本研究人员与 Deepstar 项目的合作成果中已经发现了在甲苯、苯和煤油中生长的微生物。微生物降解原油和多环芳烃的能力可以为防止石油泄漏提供新的方法，而从热等离子体细菌中获得的酶则可以提供一种从葡萄糖中生产氢燃料源的方法。所需的葡萄糖原料可以反向从普通纤维素产品中获得，这一过程正是透过一种酶——来自名为毛球菌（"燃烧的火球"）的微生物。上述两种微生物都存在于深海热液喷口中，它们共同为未来提供了一种环境无害、经济的燃料来源。See C. Allen, "Protecting the Oceanic Gardens of Eden: International Law Issues in Deep‑Sea Vent Resource Conservation and Management", *The Georgetown International Environment Law Review*, Vol. 13, 2001, p. 563, https://digitalcommons. law. uw. edu/faculty‑articles/94. Retrieved July 1, 2022.

〔2〕 See R. Blasiak, Jean‑Baptiste Jouffray, C. C. C. Wabnitz, et al., "Corporate Control and Global Governance of Marine Genetic Resources", *Science Advances*, Vol. 4, No. 6., 2018, p. 5237.

资源的研究开发蓬勃发展。在此背景下，借助不断更新的先进技术将此前人类未曾给予足够关注的深海生物资源转化为有利于人类福祉的产品，既是国际新资源研究与开发的前沿方向，也是各海洋强国进军深海的重要关切，隐含着各国深海安全和重大战略资源利益。[1]不过，由于各国在开发利用海洋遗传资源的能力上具有差异，因此遗传资源惠益分配不均问题也引发了不同国家阵营之间的激烈争论。

（四）资源开发活动对国际海底区域生物多样性的影响

深海海底的能量环境通常相对贫瘠，这意味着对于那些通过世代进化最终适应该地区特殊环境的生物而言，即便是轻微的外界干扰也可能对其生存状态造成重大影响。随着人类海底活动和竞争的逐渐升级，国际社会对国际海底区域生物多样性可能受到不可逆损失的担忧也在加深。[2]以热液喷口为例，现阶段对此处生态系统结构和功能最具威胁的人类活动是与天然气、甲烷水合物以及矿产资源有关的采掘业，而某些科学研究（如钻探）、商业测试钻井和深海固碳等活动也会构成相应威胁。[3]这些威胁具体包括但不限于：无可挽回的未知深海物种的损失和难以修复的非物种类生物多样性，以及将外来沉积物、噪音、有毒化学品、振动和其他形式的污染引入原始国际海底区域环境等。例如，海底生物重要的栖息地之一——锰结核层，可能需要几千年方能形成。因此，一旦国际海底区域原本的生态平衡由于人类活动的介入受到损害，事后恢复将成为非常棘手的问题，这不仅是因为其自身恢复速度十分缓慢，也是由于以现有科技水平开展修复工作的前景并不明朗，[4]更

---

〔1〕 参见高岩、李波："我国深海微生物资源研发现状、挑战与对策"，载《生物资源》2018年第1期。

〔2〕 2017年，15名国外学者联合发文指出，"被一些人作为海洋经济发展引擎的新兴深海采矿业将使生物多样性受到不可避免的损失，而这种风险应当清晰地传达给国际社会"。See C. L. Van Dover, J. A. Ardron, E. Escobar, et al., "Biodiversity Loss from Deep-Sea Mining", *Nature Geoscience*, Vol. 10, No. 7., 2017, pp. 464-465.

〔3〕 See C. L. Van Dover, C. R. Smith, J. A. Ardron, et al., "Environmental Management of Deep-Sea Chemosynthetic Ecosystems: Justification of and Considerations for A Spatially-Based Approach (ISA Technical Study No. 9)", http://www.isa.org.jm/files/documents/EN/Pubs/TS9/index.html. Retrieved January 19, 2020.

〔4〕 虽然有关沿海的试验性修复已经开展，但仍无法恢复其完整的生物多样性和功能，而针对深海大规模修复的效果不明，专家预测其难度将至少提升2~3个数量级。See E. B. Barbier, D. Moreno-Mateos, A. D. Rogers, et al., "Protect the Deep Sea", *Nature*, Vol. 505, 2014, pp. 475-477.

毋言人类对国际海底区域生物多样性本底状况尚缺乏足够认识。

1. 非生物资源类开采活动的影响

20 世纪 60 年代人类首次提出海洋资源的商业开发设想时，并没有充分考虑与之相伴的环境风险。数十年间，越来越多的海底商业活动正在推进，与此同时人们对海洋生态系统服务和生物多样性的科学认识也不断加深，这使得深海海底矿产与油气资源开采的潜在后果凸显。以深海采矿为例，该过程将会对海底底栖生物生境产生极大威胁，并造成生物多样性的丧失。生物多样性受影响的程度取决于诸多因素，例如，影响类型、采矿方式和生态系统等；采矿活动的地理和时间尺度则决定了具体影响的程度与类型，例如，块状硫化物的开采进度可能为每年几公顷，钴结壳可能在每年数十平方公里至数百平方公里之间，锰结核则可能在每年数百平方公里至数千平方公里之间。[1]这些采矿活动将导致海底生物的直接死亡、底层栖息地的消失和破碎，以及沉积物羽流对海床的降解等。[2]其中，由于缺乏大规模试验，很难预测商业采矿可能导致的栖息地被破坏程度。[3]但已经清楚的是，大面积、持续开采海底锰结核将形成一个密集的开掘场地，同时也将进一步导致生态系统的碎片化。有研究通过分析克拉里昂-克利珀顿区（CCZ）海域试验采矿过程，发现采矿活动几乎清除了作业区域内所有的底栖动物；由于底栖动物种类丰富，加之当前人类对许多深海生物物种的生活史或遗传多样性模式知之甚少，采矿活动可能导致的栖息地碎片化对于底栖生物造成的影响将难以预测。[4]更严重的是，采矿作业对于生境的破坏还具有"远场效应"（far-field effects），即

---

〔1〕　See L. M. Wedding, S. M. Reiter, C. R. Smith, et al., "Managing Mining of the Deep Seabed", *Science*, Vol. 349, 2015, pp. 144-145.

〔2〕　See C. L. Van Dover, J. A. Ardron, E. Escobar, et al., "Biodiversity Loss from Deep-Sea Mining", *Nature Geoscience*, Vol. 10, No. 7., 2017, pp. 464-465.

〔3〕　德国的 DISCOL 项目曾针对海底干扰和再恢复展开实验。研究发现：（1）海底采矿过程中存在有毒元素释放的可能性，而且难以通过单一元素的实验室数据预测该释放过程的影响。（2）由于深海生物多样性的数据仍较稀缺，有关遗传连通性和对生物群的影响需要长期研究。（3）实验采矿活动停止后的几十年内，海底栖息地未能恢复，因而商业采矿的影响可能会更加明显。总之，小规模实验尚不能准确预测商业规模采矿的全部后果。建议未来采矿实践应采取预防性原则，将适应性管理作为其中的具体方法。MIDAS, "Managing Impacts of Deep-Sea Resource Exploitation", https://www.eu-midas.net/. Retrieve January 19, 2020.

〔4〕　See R. E. Boschen, A. A. Rowden, M. R. Clark, et al., "Mining of Deep-Sea Seafloor Massive Sulfides: A Review of the Deposits, Their Benthic Communities, Impacts from Mining, Regulatory Frameworks and Management Strategies", *Ocean and Coastal Management*, Vol. 84, 2013, pp. 54-67.

可能的不利影响或许辐射至周边 20 千米以上的范围。[1] 参照此前距离正式商业开采进程最近的鹦鹉螺矿业公司，不仅有关勘探与开采活动可能对深海海底生态系统，特别是周围生境、海水质量（如清洁度、放射性物质含量）造成直接影响，而且，这些从海底获得的矿物在其加工运输过程中也会对周遭环境造成不利影响，主要包括：（1）就地加工运输影响。在深海海底对矿物进行加工的难度要远高于陆地，但自矿石从深海底土粉碎剥离后，通常会通过生流管（riser pipe）先输送至海面生产支援船进行"脱水"作业，该过程产生的废水、废弃和固态废渣伴随着大量重金属经由回流管（return pipe）直接打回距离海底 50 米~100 米的位置，对于海洋生物及其栖息地的稳定危害极大。同时，这些流程所产生的噪音对半径 15 千米范围内的大型哺乳动物（如鲸类）也将产生不利影响。（2）开采后转运至陆地过程对海洋环境的影响。生产支援船以及从事运输业的大型船舶在往返作业过程中会产生大量的废弃物，若其运输的是有毒矿石、燃料或其他毒性物质，一旦发生事故，对于周围海域的损害将无法预测。而且，矿石运输船舶的压舱水也有可能将外来物种携带至相关国家口岸的近海水域。[2] 这些当初预期的风险为今后类似矿区的规制增加了难度。

深海底栖生物群落恢复的潜力可能因采矿作业的持续时间和作业地点的不同存在较大差异，总体而言，由于深海生态系统脆弱，大多数深海生物生长缓慢，对环境变化的适应性相对较低，底栖生物群落不易恢复。目前，人类难以真实具体估测经过采矿活动后，深海底栖生物群落的恢复情况，因为大多数物种的拓殖水平、种群规模、生殖潜能、扩散和连接性等基线数据和信息尚不知晓。现有的生物多样性恢复项目是对自然灭绝事件后果的研究或有意的干扰实验，其空间和时间尺度均与商业开采的真实情况不同，因而据此推断出的有关海底采矿的生态影响结论具有局限性。从已有的少量恢复研究看，欲使深海海底生物多样性在经过人类活动的干扰之后完全恢复，可能需要长达几十年到几千年不等的时间。相应区域生物多样性受到的不利影响与深海采矿活动密切相关，主要表现为：（1）锰结核与海底平原生物群。人

---

〔1〕 See K. A. Miller, K. F. Thompson, P. Johnston, et al. , "An Overview of Seabed Mining Including the Current State of Development, Environmental Impacts, and Knowledge Gaps", *Frontiers in Marine Science*, Vol. 4, 2018, p. 418.

〔2〕 薛桂芳主编：《海洋法学》，海洋出版社 2018 年版，第 148 页。

类开采锰结核将直接消除深海底栖生物赖以生存的栖息地，这些结核形成却需要非常长的时间进而使得此处生物群落几乎变得不可恢复。[1]（2）多金属硫化物与热液喷口生物群。海底块状硫化物矿床在经过开采后，热液喷口生态群的恢复依赖于热液能源的持续和所有物种的存在，这一过程由于某些敏感物种的丧失可能会导致原有群落组成发生变化，例如，外区域物种的引入，不同物种恢复时间及程度不一等，热液喷口地区的生态系统能否从持续商业开采所造成的影响中恢复目前却仍未可知。[2]（3）富钴结壳与深海海山生物群。现阶段有关海山地貌下生物群恢复的数据较少。但类似的研究表明，由于深海物种生长缓慢，海底拖网（与采矿作业相同）会对海床造成严重的物理干扰，深海鱼类种群能否恢复存在不确定性。而且，海山地貌的生物群落恢复因海山大小、位置和环境条件的差异可能更具不确定性。

2. 生物资源类勘探与开发活动的影响

另一类对海底生物多样性具有威胁的人类活动是基于科研、商业等目的的生物勘探及资源获取。如前所述，深海海底是一个黑暗、寒冷、能量贫瘠的环境，大规模深海海底的生物采样和收集作业将对长期生存在热液喷口、深海平原、海山等海底地貌上的生物群落产生直接的不利影响。这些可能的影响包括：（1）作业过程带来的光线、噪音和温度使海底生物的原有栖息环境发生变化；（2）海底沉积物的移动和羽化可能引起生物窒息和物理环境的实质变动；（3）作业产生的沉渣、废弃物、化学（及有毒物质）和有机体污

---

〔1〕　1989年，科学家在秘鲁盆地东南太平洋4140米～4160米深处建立了第一个长期干扰和再拓殖化实验，面积10.8平方公里。该实验小规模地复制了商业开采锰结核可能引起的生境干扰，目的是监测深海底栖生物群的恢复能力。研究人员对实验区进行了5次采样，分别在干扰前、干扰后、干扰后6个月、干扰前3年和干扰后7年。结果显示，7年后采矿犁留下的痕迹仍然清晰可见，在此期间可移动动物很快开始重新填充到受干扰区域，但与干扰前的数据相比，即使在7年后此处的分类群总数仍然很低。另有项目在人工扰动20年后进行实地采样后发现，原始的采矿犁痕仍然可见且只有低水平的生物再拓殖，同时仅少数种群能够恢复到接近扰动前的基线水平，这些均表明商业采矿将对深海底栖生态系统造成长期损害。See K. A. Miller, K. F. Thompson, P. Johnston, et al., "An Overview of Seabed Mining Including the Current State of Development, Environmental Impacts, and Knowledge Gaps", *Frontiers in Marine Science*, Vol. 4, 2018, p. 418.

〔2〕　为了缓解深海采矿造成的生态威胁，Nautilus Minerals公司建议在采矿前将大型生物和基质块临时移植到避难区，并在采矿停止后将其恢复到原来的位置，但这些建议尚未经过实地测试。See K. A. Miller, K. F. Thompson, P. Johnston, et al., "An Overview of Seabed Mining Including the Current State of Development, Environmental Impacts, and Knowledge Gaps", *Frontiers in Marine Science*, Vol. 4, 2018, p. 418.

染物可能因此在海底沉积，影响原始生境和生物生存；（4）人类借助各类移动工具、研究仪器和采集工具进入海底实施相关作业，尤其是在热液喷口等具有重要生态价值且较为少见的海底地貌中进行长时间作业时，容易干扰此处海底及其上覆水域的环境与生物群落；（5）当这些工具停留在海底生物群或者在多个地点作业时，可能会给这些独特的生存环境引入外来物种，从而损害原有生物群的生态平衡，造成原有物种的最终消失。[1]

综观之，在过去几十年中，海洋物种迅速消失的情形变得愈发明显。生物多样性丧失引发了国际社会关于如何有效解决 BBNJ 的探讨，例如通过建立海洋保护区、研究评估采矿对环境的影响等。但令人遗憾的是，当前并无任何国际条约针对如此巨幅领域内的生物多样性给予完整的法律规制。因此，从现实角度出发，若要实现国际海底区域生物多样性保护与可持续利用的目标，关键在于减少甚至避免上述人类活动对国际海底区域生物多样性造成的损失，即在决定项目实施与否之前，应当考虑如何通过建立环境管理标准和保障措施以最小化潜在损害。这首先有赖于掌握相对完备的国际海底区域生物多样性基线数据，在此基础上由全球利益相关者共同商议确定国际海底区域生物多样性的优先需求，并制定相应的环境管理策略与国际法律规制框架。

第二节 国际海底区域生物多样性的规制路径之争

深海海底区域既蕴藏着丰富的生物资源与非生物资源，也拥有独特的生物多样性与生态系统。自第二次世界大战（以下简称"二战"）结束后，现代海洋治理模式逐步建立并完善，人类一方面正在积极争抢海洋（尤其是公域部分）中极具战略价值和经济价值的各类资源，另一方面也在担忧缺乏秩序的资源获取行为可能会使海洋生物多样性遭遇亚马逊流域的悲剧。然而，由于国际海底区域及其资源在法律属性上的不明确、法律规制的缺失等原因，国际社会在对待包括国际海底区域在内的海洋治理路径上有着不同观点，主要包括开发利用优先、保护优先、可持续发展等。

---

〔1〕 参见金健才："深海底生物多样性与基因资源管理问题"，载《地球科学进展》2005 年第 1 期。

一、开发利用优先

随着陆地资源的进一步萎缩，其开采和获取成本逐渐增加，人类正迫切地将目光投向广袤的海洋，特别是深海（海底）这片尚未被瓜分与开发的地方。长久以来，海洋为人类提供着产出与服务功能，也促使着人类逐渐加深对于海洋的认识。进入现代社会以来，人类围绕海洋自然资源而展开的利用活动不断增多，目前主要涉及海洋生物资源、海洋油气与矿产资源和海洋空间资源等多个领域。[1] 由于缺乏足够的科学认知，海洋资源在人类眼中曾一度被视作"取之不尽用之不竭"之物。英国科学家赫胥黎（Thomas Henry Hexley）曾于1882年在伦敦举办的世界渔业博览会上宣称："我十分相信，诸如鳕鱼、鲱鱼、沙丁鱼、鲭鱼和几乎一切海洋渔业资源皆可无限从海洋中取用，换言之，人类的利用行为并不会使海洋中的鱼类数量发生变化。"创立"海洋自由论"的格老秀斯（Hugo Grotius）在海洋资源问题上亦持类似观点，其认为广袤的海洋能够为人类提供充足的各类资源，因此并不需要将海洋资源划定区域。[2] 经过数个世纪的流变，这些主张大力开发与利用海洋的观念一直延续至今，从最早人们容易接触到的近海资源，到如今利用先进设备开发位于国家管辖范围外动辄千米之下的深海及海底资源，巨大的经济利益和战略利益驱动各国不断地向深海迈进。这一过程在给参与者带来巨大利益的同时，也使得全球海洋资源，尤其是当前的渔业资源，面临枯竭的风险。据联合国粮农组织监测数据显示，全球近90%的海洋渔业资源存在"完全开发"（fully exploited）、被过度开发（overexploited）或者资源枯竭（depleted）的现象；处于生物可持续水平的鱼类种群比例不断下降，已经由1974年占比90.0%逐渐降至2015年占比66.9%，生物不可持续水平上的渔业比例（或称完全捕捞种群的比例）则由10.0%逐渐升至33.1%。[3] 不仅如此，这些海洋资源在受到破坏的同时，对其依存的海洋生态系统和生物地球化学物质循环

---

〔1〕　参见孙松："我国海洋资源的合理开发与保护"，载《中国科学院院刊》2013年第2期。

〔2〕　参见孙松："我国海洋资源的合理开发与保护"，载《中国科学院院刊》2013年第2期。

〔3〕　FAO, "The State of World Fisheries and Aquaculture", http://www.fao.org/state-of-fisheries-aquaculture, Retrieved January 19, 2019; M. Kituyi P. Thomson, "90% of fish stocks are used up-Fisheries Subsidies Must Stop Emptying the Ocean", *World Economic Forum*, https://www.weforum.org/agenda/2018/07/fish-stocks-are-used-up-fisheries-subsidies-must-stop. Retrieved January 19, 2020.

也将产生巨大的不利影响。现阶段，国际海底区域作为人类近几十年内新发现的生物与非生物资源宝库，各类开发利用活动正在逐渐从小范围试验性质推进到大规模商业性质。如前所述，国际海底区域经过长期演化形成并且稳定的生物多样性，一旦遭受外界大幅度扰动，其丧失将不可避免。而且，人类目前已经掌握的有关实施国际海底区域资源开发活动所附带的环境影响的数据十分有限，相关潜在后果也尚且无法被准确预测，但是许多国家对国际海底区域进行开发利用的设想与实际行动却一刻也未停，仍然在不断加快部署开发项目的步伐。引导这种行动决策的观念依然是开发利用优先，即国家为了抢占国际利益制高点而强调国际海底区域资源的开发利用，并将环境与资源的保护放在相对次要的位置。具体在国际社会围绕本书主题所展开的相关讨论中亦可见此端倪，例如，对于是否要针对国际海域开发项目实施相比一般环评更加系统、综合的战略环评，以及环评是否考虑累积影响等，各国存在较大分歧。[1]因此，即便时至今日，传统的开发利用优先思想仍然影响着决策的制定，在国际海底区域这一相对"年轻"的资源开发领域更是如此。

二、保护优先

尽管人类在开发利用海洋资源的同时也强调对环境保护措施的关注，但在实践中仍然更加偏向于获取经济利益，因此对海洋进行无节制的掠夺式开发、毁灭式破坏等情况已愈发严重，令人痛心。[2]目前，人类对海洋开发利用的速度已经超出自身现有的海洋管理与规划能力，不断发生的海洋生态灾难，例如生物多样性丧失、生境破坏等，[3]使提倡海洋生态保护优先的声音日渐高涨。不少国家（地区）为此也在其国内法与相关政策中明确提出保护优

---

〔1〕 如美国、俄罗斯认为战略环评仅系国家管辖范围内适用，中国及77国集团倾向延后讨论，欧盟、新西兰等则表示支持实施战略环评。See T. Kantai, A. Appleton, B. Soubry, et al., "Summary of the Second Session of the Intergovernmental Conference on an International Legally Binding Instrument under the UN Convention on the Law of the Sea on the Conservation and Sustainable Use of Marine Biodiversity of Areas Beyond National Jurisdiction: 25 March–April 2019", *Earth Negotiations Bulletin*, Vol. 25, No. 195., 2019.

〔2〕 参见孙松："我国海洋资源的合理开发与保护"，载《中国科学院院刊》2013年第2期。

〔3〕 目前，几乎33%的造礁珊瑚和超过1/3的海洋哺乳动物受到威胁。IPBES "Nature's Dangerous Decline 'Unprecedented'; Species Extinction Rates 'Accelerating'", https://www.ipbes.net/news/Media-Release-Global-Assessment. Retrieved July 25, 2019.

先的观点，如俄罗斯联邦最早在《宪法》与《环境保护法》中直接写入了生态优先原则，[1]欧盟通过确立"高水平保护原则"（the high level of protection principle）要求欧共体的政策应建立在高水平基础上，且能够适应欧共体内不同地区的差异情况；[2]《中华人民共和国海洋环境保护法》第 33 条、第 34 条、第 35 条也规定了关于特殊污染物的"禁排制度"。实际上，保护优先在海洋环境问题上的基本要求就是针对海洋生态的保护应当优先于各类资源的开发利用行为，并且相关决策需建立在风险预防的基础上。这种优先尤其应当体现在关涉人类生存与安全的环境利益问题上，即当损害此类环境利益的行为发生时，应予无条件停止以保障人类得以在健康、正常的环境中生存。[3]

具体观察国际社会在国际海底区域问题上的声音，以欧盟等为代表的国家（地区）以及部分国际非政府组织更加偏向于对国际海底区域内资源开发利用与保护施加最高标准的规制，尤其是在当下人类对国际海底区域认知存在科学上不确定性的情况下，它们强调采取预防原则和生态系统相结合的方法，在具体问题上支持较高阈值规制，如降低环评启动门槛等。国际上一些学者也坚持认为，现阶段各国对待国际海底区域资源开发，特别是海底采矿活动，应持谨慎态度。2017 年，15 名国外学者联合发文指出，"由于受影响生态系统的自然恢复速度非常缓慢，被一些人作为海洋经济发展引擎的新兴深海采矿业将使生物多样性受到不可避免的永久性损失，而国际海底局有责任将这种风险清晰地传达给国际社会"。[4]然而，从目前 ISA 和大多数国家的实际行动看，保护优先原则在国际海底区域生物多样性问题上并未得到实质性呈现。

三、可持续发展

可持续发展的概念自 1980 年在《世界自然保护大纲》中被首次正式使用

---

〔1〕参见于文轩："生态法基本原则体系之构建"，载《吉首大学学报（社会科学版）》2019 年第 5 期。

〔2〕参见王继恒："论生态环境保护优先原则"，载《河南省政法管理干部学院学报》2011 年第 5~6 期。

〔3〕参见王社坤、苗振华："环境保护优先原则内涵探析"，载《中国矿业大学学报（社会科学版）》2018 年第 1 期。

〔4〕See C. L. Van Dover, J. A. Ardron, E. Escobar, et al., "Biodiversity Loss from Deep - Sea Mining", *Nature Geoscience*, Vol. 10, No. 7., 2017, pp. 464-465.

后，[1]经过国际社会与学界的不断周延、完善，已逐步发展成为生物多样性与海洋环境保护领域重要的国际法律原则。一般来讲，在生物多样性领域经常使用可持续发展的变形概念——可持续利用，即通过可持续的方式对自然资源进行利用。[2]按照 1992 年 CBD 第 2 条所作之规定："持久使用"是指使用生物多样性组成部分的方式和速度不会导致生物多样性的长期衰落，从而保持其满足今世后代的需要和期望的潜力。[3]就包括海洋在内的生物多样性议题而言，保护与可持续利用是 CBD 所设定的三大目标之二。通常，保护生物多样性需要充分考虑其可持续利用的侧面，特别是当保护与可持续利用两者相互联系时，它们便如鸟之两翼，须协同共进。如果生物多样性的利用方式是不可持续的，则已经采取的保护行动与措施的效果将大打折扣，而且那些无利用价值的被动保护亦无法维持，即便它们可能具有某些潜在利用价值。[4]换言之，资源在一定程度上需经过开发利用以体现其功能与价值，从而具备现实的经济与社会意义；同时，保护生物多样性的意义也需通过开发利用方能实现。

有趣的是，国际社会对国际海底区域资源的讨论自一开始便跳过了是否开发的阶段，而是直接跨入如何（更好）进行开发，正如当前该领域的主流讨论即"国家管辖范围外海域生物多样性保护与可持续利用问题"。从现实情况看，开发利用国际海底区域资源——这些"无主"地球存量资源，对于以国家为代表的人类群体而言已成为毋庸置疑的选项，需考虑的是在此过程中如何减少对海洋生物多样性与生态系统的不利影响，恢复受损害的生境。[5]因此，有人曾经对人类讨论 BBNJ 的过程作过比喻，海洋利用承载着数十亿人的生计，这好比是各国坐在一辆行驶在迷雾中同时载有车速阈值炸弹的汽车上，

---

〔1〕 参见秦天宝：《生物多样性国际法原理》，中国政法大学出版社 2014 年版，第 62 页。

〔2〕 参见秦天宝：《生物多样性国际法原理》，中国政法大学出版社 2014 年版，第 64 页。

〔3〕 《生物多样性公约》，载联合国公约与宣言检索系统，https://www.un.org/zh/documents/treaty/files/cbd.shtml，最后访问时间：2019 年 7 月 26 日。

〔4〕 参见张风春、李俊生、刘文慧编著：《生物多样性基础知识》，中国环境出版社 2015 年版，第 72 页。

〔5〕 国外有研究认为，深海生物多样性的丧失是不可避免的，可能被认为是人类时间尺度上的"永久"丧失。未来的开发阶段取决于成功预测和采取行动以最小化影响和相关生物多样性丧失。See H. J. Niner, J. A. Ardron, E. G. Escobar, et al., "Deep-Sea Mining With No Net Loss of Biodiversity—An Impossible Aim", *Frontiers in Marine Science*, Vol. 5, 2018, p. 53.

虽然已经出现偏离方向的迹象，却不能停车找路，因为车速过低（准确阈值未知）炸弹即会爆炸，车速过快又无法看清前方的路，可能因此坠入悬崖。为了顺利抵达终点，摆在各国面前的最佳理性抉择是：适当减速——派遣生态学家"调查路线"、让经济学家研究炸弹"爆点"等，在坠崖之前尽快找到正确路线。[1]总之，可持续发展思路为人类开发国际海底区域资源既提供了理性的方法，也作出了相应的限制。

第三节　国际海底区域生物多样性的法律规制需求

随着人类获取资源的需求日益膨胀，各国深海战略大举推进，承载着前述各类生物资源与非生物资源的国际海底区域生物多样性也面临前所未有的危机。在此背景下，明确法律规制的需求是解决上述问题的基本前提。从本质上看，资源开发竞争、生物多样性保护和各方利益平衡是问题的关键，这也促使当前国际社会将保护和可持续利用作为国际海底区域生物多样性议题的两大规制面向。因此，未来国际海底区域生物多样性相关法律规制的设计应围绕以下现实需求展开。

一、存量资源竞争与国际海洋秩序构建

检视当前科技发展水平与资源利用模式，地球上有限的不可再生资源仍将是人类在未来一段时间内无法摆脱依赖的物质基础。一方面，人类对传统化石能源、矿产和稀土资源的需求在持续扩大。根据世界银行的最新统计数据，世界总人口自过去半个世纪以来一直处于持续增长中，截至 2018 年已经接近 76 亿。[2]在生活生产方式没有发生变革性改变的情况下，这意味着自然资源消耗在不断增加，而目前各国通过陆基方式获取这些资源的能力与产量已趋于固定；与此同时，新能源、绿色革命等一系列环境利好政策的广泛推行，却加大了全球对稀土和特殊金属的需求量。另一方面，地球上大部分上

---

〔1〕　参见"2019BBNJ ｜ 生死时速之拯救海洋"，载创绿研究院，http：//www. ghub. org/？p＝9136，最后访问时间：2019 年 7 月 27 日。

〔2〕　参见"人口·总数"，载世界银行，https：//data. worldbank. org. cn/indicator/sp. pop. totl？end＝2018 &start＝1960，最后访问时间：2019 年 12 月 29 日。

述资源均位于主权国家范围内，且权属明确。进入 21 世纪后，以深海海底采矿、深海生物技术开发等为代表的新兴产业快速发展，促使人类对海洋开发利用强度逐渐由"农耕时代"迈向"工业革命时代"，其活动范围也逐渐从近海迈向深海及海底，而陆地资源的日趋匮乏，更是加剧了各国对于国家管辖范围以外深海空间及其各种资源的争夺。换言之，只要国际海底区域中的生物资源与非生物资源目前属于未分配状态，各国为了自身利益对这些存量资源所展开的竞争就会愈发激烈。显然，人类频繁的开发活动在多个方面对国际海底区域生物多样性造成了压力。目前关于国际海底区域的国际法律规则仅对矿产资源开发利用与环境保护问题作了较详细的规定，且除一些地区性的综合海洋保护工具外，尚没有可以直接适用于国际海底区域生物多样性与生物资源保护的规定。这种不确定的规制状态直接将以前并无太多人关注的国际海底区域及其生物多样性置于无序之中。

基于此背景，首先，亟需在法治框架下实现各国对国际海底区域自然资源合理、公平的分配，并维护绿色、可持续的国际海底区域环境，养护此处独特的生物多样性，从而在国际海底区域的规制空白领域建立起应有的国际管理秩序。其次，要想在众多既有国际海洋规则之中，就国际海底区域生物多样性相关问题作出新的制度安排，必须充分考虑如何使新设规则与现有管理体系相互融合。例如，根据 UNCLOS 规定，公海生物资源适用公海自由原则，而国际海底区域生物资源（包括遗传资源）未来应当如何设计才能避免与现有制度相冲突的问题，已经成为国际社会讨论相关议题时重点考虑的对象。是将国际海底区域生物资源纳入公海自由原则之下，抑或是将人类共同继承遗传原则从国际海底区域非生物资源方面直接扩展至其生物资源之上，各方对此分歧巨大，这也决定着该领域新制度的设计走向。

二、国际海底区域生物多样性保护与促进人类福祉

随着科学技术的进步，国际海底区域中的生物资源与非生物资源已经引起了全人类的关注，特别是那些在国际海底区域丰富生物多样性孕育之下形成的海洋生物资源。这些生物由于生活在极端特殊环境下，其体内的特殊活性物质和生物基因等非传统资源可能成为人类未来最重要的生物制药和生物催化剂来源，同时其自身及所在生境也能帮助我们更好地研究生命起源与演

化和全球气候变化等热点问题。[1]由于缺少针对国际海底区域生物资源与生物多样性问题的国际法规则，近十年来国际社会一直在商讨如何保护与利用国际海底区域生物多样性。许多国家已经认识到，它们既需要通过新技术、新工具从国际海底区域开发新的生物资源，以获取其中诸如遗传序列、基因数字信息等承载着人类未来希望的重要的新型战略资源；同时，从有利于人类长远福祉的角度分析，国际海底区域生物多样性同地球上其他地区的生物多样性一样，维系着相应生物种群和生态系统的稳定，人类对生活生产方式的选择又会直接影响到生物多样性的健康程度。

因此，必须有效保护国际海底区域生物多样性以谋求自然资源的可持续利用和人类社会的可持续发展，各国需要为国际海底区域生物多样性建立起系统的、可行的、可操作的规制体系。在实现上述目标的过程中，首先，需要找到利用与保护的平衡支点，即同时满足两方面的规制需求：一方面，加快促使保护国际海底区域生物多样性实现主流化，号召人海和谐相处，让国际海底区域生物多样性得到应有的重视、保护和恢复；另一方面，确保国际海底区域这一未来重要的存量资源所在地区能够承载起供给人类生计和资源需求缺口的重任。其次，为了能够实现国际海底区域生物多样性保护的法律规制的具体目标，需要从深海采矿规制、公海渔业管理等关联领域吸收经验，并对可适用于自身的规制工具进行统筹、调适和创新，设计出可以与国际海底区域人类开发强度相匹配的规制工具组合。

三、平衡各方利益与促成规制共识

国际社会在联合国大会框架之下就国际海底区域生物多样性问题所展开的相关讨论已持续了近二十年，对于如何实施规制至今仍未完全达成共识，有关国际新文书的谈判进程还处于推进状态。影响其进度的一个重要的原因是国际海底区域生物多样性的法律规制涉及经济、政治和军事多重利益，各国在相关问题上均有自己的利益考量。正如其他国际海洋法议题所遇到的情况那样，欲最终形成各方认可的制度规则，必须先使各方利益得到相对平衡，

---

〔1〕　参见胡学东："国家管辖范围以外区域海洋生物多样性政府间会议谈判前瞻及有关建议"，载胡学东、郑苗壮编著：《国家管辖范围以外区域海洋生物多样性问题研究》，中国书籍出版社2019年版，第17页。

特别是在政治领域取得共识。

国际海底区域的海洋遗传资源获取与惠益分享既是 BBNJ 谈判中的热点之一，更是各国重点关注的现实问题。该问题涉及了大量法律归属不明的新型海洋自然资源，其背后反映出不同国家之间巨大的利益分歧，直接影响着国际海底区域生物多样性保护与开发利用的法律规制设计思路。具体而言，受制于自身资源开发能力，发展中国家多数支持对其他国家开发利用这些遗传资源而取得的惠益进行金钱、技术等方面的分享；发达国家的观点则偏向于资源自由获取和有限度的选择性惠益分享。针对国际海底区域生物多样性的开发利用活动，制度设计者需要公平合理地处理好各方的利益关系，这也是确保相关法律规制能够顺利构建与实施的一项基本前提。

从历史的视野分析，人类处理国际海底区域生物多样性法律规制事务，是一种国际竞争与国际协作同时存在、相互交织和相互促进的过程，解决问题的关键在于如何找到一个平衡支点。同处一个地球的各个国家、民族、人民等可以被看作是在共同条件下所集结形成的整体，相互之间都是紧密联系在一起的。虽然目前不同层次的集体之间存在着价值与观点的对立、利益与行为的冲突，但国家各自行为所造成的影响是互联的。因此，各国在讨论国际海底区域生物多样性保护与开发利用的规制设计时，需要从维护全人类整体利益的角度出发，既要考虑到国家间差异性所带来的利益公平问题，也要避免制度设计给各国造成不当负担或出现有利于部分国家"搭便车"的现象，最终致力于实现人类社会互利共赢的目标。

国际海底区域生物多样性
法律规制考察

　　1972 年，首届联合国人类环境会议在瑞典召开，各国政府首次就全球环境保护策略展开共同商讨，确定全球环境政策的优先事项，为制定国际环境法律奠定基础。尽管现阶段直接涉及国际海底区域生物多样性的法律规制不多，但可借鉴的法律规制已有一定的成果。为此，有必要梳理迄今为止所有涉及国际海底区域生物多样性议题的发展历程、现有成果及其成效，以期为后续分析该领域国际法律规制体系的缺陷以及探讨新规则的制定策略奠定基础。

第一节　国际海底区域生物多样性法律规制的历史演进

　　人类对于国际海底区域生物多样性的关注起步较晚，现有科学认知也尚且有限，这就意味着当前真正直接针对该议题的国际法律规范存在缺失。但即便如此，随着二战后现代海洋秩序逐渐形成，国际社会对待海洋环境保护愈发重视，尤其是在 21 世纪后，国际海底区域及其生物多样性问题开始被正式提上议程，与之相关的国际与国内法律制度也陆续出现。可以说，上述法律规范的颁布在一定程度上缓解了这一新兴领域法律规制的空白，同时也为未来制度的发展、治理体系的更新与完善积累了重要的实践经验。到目前为止，CBD、UNCLOS 和 ISA 颁布的多个国际海底区域资源勘探规章是与国际海底区域生物多样性具有密切相关性的国际文书；同时，作为国际海底区域上覆水域的公海以及生活在其中的各类生物会受到各自领域的国际法律制度的规制，由于生态系统的连通性，这些国际法律制度同样是国际海底区域生物多样性法律规制的重要法律渊源。除此之外，部分国际软法和一些国家的相关国内法也为该议题提供了规制参考。可以说，这些规范的制定与实施反映了该领域法律规制的演进，相应的梳理将有助于分析和总结过去几十年间国际社会在处理公海与国际海底区域环境问题上的经验与不足。

一、启蒙阶段（20 世纪 50 年代~70 年代）

自"二战"结束后，包括海洋环境议题在内的各项现代海洋秩序开始逐步形成，国际社会以联合国为主要平台在许多具体领域推动着海洋国际立法的进程。换言之，国际海洋环境立法正是在 20 世纪 50 年代前后陆续出现的，例如关注鲸类物种保护的 1946 年《国际捕鲸管制公约》（ICRW），用以应对船只造成的石油污染问题的 1954 年《国际防止海上油污公约》（ICPPSO），少量涉及海洋环境保护的 1958 年《大陆架公约》（CCS）等。国际社会对国际海底区域相关问题的关注始于 1967 年马耳他驻联合国大使阿尔维德·帕尔多（Arvid Pardo）在联合国大会第一委员会上发表的演讲，他呼吁将深海海底的资源视为"全人类共同继承遗产"（common heritage of mankind）来进行规范，敦促创建国际规制体系，防止科技发达的国家利用优势地位垄断海底资源，损害广大发展中国家的利益。

进入到 70 年代后，第一次联合国人类环境会议通过了《联合国人类环境会议宣言》（也称《斯德哥尔摩宣言》）和《联合国人类环境行动计划》。从后续发展来看，这两项国际性文件为当时国际社会和各个国家开展环境立法、制定环境政策明确了方向，同时，也为国际社会采取应对全球环境问题的有效措施、具体行动，以及开展国际合作提供了具体思路与步骤。可以说，海洋环境保护是这两个文件的重要主题之一。不仅如此，第一次人类环境会议促成了联合国环境规划署的成立，该部门后续在推动全球环境保护规划设计、协调各国共同应对环境问题和加快国际环境保护等方面发挥了关键作用。例如，促进区域海洋环境保护协定达成，为后续海洋环境国际立法以及国家间合作发挥了积极作用。在此后短暂的十年间，国际社会达成了多部涉及海洋环境保护的国际公约，包括《濒危野生动植物种国际贸易公约》(1973)、《国际防止船舶造成污染公约》(1973)、《防止倾倒废物及其他物质污染海洋的公约》(1972)、《保护迁徙野生动物物种公约》(1979)。这些公约的规制范围相比之前有所扩大，涉及生物及其栖息地的保护、不同类型的海洋污染等，而且也更具综合性；同时，公约的拘束力和执行力增强，包含了一些较为严格、具体的执行条款和便于今后更新修订的条款。更重要的是，在此期间召开的三次联合国海洋法大会为随后 UNCLOS 的出台拟定了草案文本，[1]特别是第三次海洋法大会（1973～1982 年）的重点讨论内容便是如何在 UNCLOS 中构建一个各方均可接受的国际海底区域制度。

二、初步形成阶段——以 UNCLOS 与 CBD 为基本框架（20 世纪 80 年代～90 年代）

（一）《联合国海洋法公约》（UNCLOS）

经过各国长达近十年的谈判与磋商，1982 年制定的 UNCLOS 是人类对此前全球性与区域性海洋环境保护国际立法的一次系统总结，它意味着国际社会对海洋环境与资源问题的认识、共识和重视程度达到了新的高度。正是在这部总共 320 条正文的国际文书中，明确了在各国领海、毗连区、专属经济区、大陆架等之外的区域，即国家管辖范围以外的海床和洋底及其底土都被划归为国际海底区域，并且国际海底区域及其资源（文本中仅列举了矿产等非生物资源）被作为"人类的共同继承遗产"写入该公约，[2]同时于 1994 年设立 ISA 负责管理国际海底区域，对海底矿产资源实行统一管理。作为监管机构的 ISA，其作用是保障矿产资源的可持续发展，平衡矿物需求和环境保护之间的关系。同时，任何国家都不得勘探或开采作为人类共同继承遗产的国际海底区域矿产资源，除非与 ISA 签订合同并在 UNCLOS 和 ISA 相关条例规定的严格条件下进行。

具体而言，其序言部分专门提及"海洋生物资源的养护以及研究、保护和保全海洋环境"，并于第十二部分专章使用 46 条规定"海洋环境的保护与保全"，第十一部分"区域"中以第 145 条规定关于国际海底区域的环境保护事

---

〔1〕 参见宿涛、刘兰："海洋环境保护：国际法趋势与国内法发展"，载《海洋开发与管理》2002 年第 2 期。

〔2〕 UNCLOS 第 136 条"人类的共同继承财产"，确认国际海底区域及其资源属于人类共同继承财产。第 137 条第 2 款"'区域'及其资源的法律地位"，明确国际海底区域内资源的一切权利属于全人类，由 ISA 代表全人类行使。同时，这些资源不可让渡，而且从国际海底区域内回收的矿物只可按照 UNCLOS 有关规定和 ISA 的规则、规章和程序予以让渡。

项，[1]以及于第 143 条、第 256 条、第十三部分规定了关于海洋科学研究的其他相关条款，这些条款适用于与生物多样性有关的研究（合计约占正文的20%），充分体现了国际海底区域及其资源问题在 UNCLOS 中的突出位置。UNCLOS 中海洋环境保护条款的价值，不仅体现在数量上，还体现在从过去其他公约侧重单项的事后处理提升为系统预防上，各国之间的合作模式也由双边、多边以及区域与分区域的协作模式，逐渐发展为全球化治理模式。可以说，被称为"海洋宪法"的 UNCLOS 将包括国际海底区域在内的海洋的资源利用与环境保护串联成一个有机的整体，并且将"公海自由"与"人类共同继承遗产"两项原则同时保留下来。

当前的国际海洋治理框架是基于 UNCLOS 搭建的，它将公海的传统生物资源规定在"公海自由原则"之下，将国际海底区域中的矿产等非生物资源规定在"人类共同继承遗产"原则之下。然而遗憾的是，该公约作为 20 世纪70 年代~80 年代审议的产物，受制于当时国际社会对于海洋遗传资源和脆弱的国际海底区域生物多样性尚无充分的科学认识，[2]并未对国际海底区域生物多样性问题进行直接规定。因此，国际社会当下只能为全球海洋治理继续"打补丁"，进一步明确国际海底区域生物资源（特别是遗传资源）的法律属性及规制问题。

（二）《生物多样性公约》（CBD）

该阶段另一项关键的国际条约是 1992 年《生物多样性公约》，同 UNCLOS一样，它的制定也经历了各国长期的争论过程，尤其是在遗传资源的取得、利用与惠益分享问题上南北国家分歧较大，这一问题如今也同样是国际海底区域生物多样性议题上的讨论重点。作为目前唯一在海洋生物多样性保护与可持续

---

〔1〕 UNCLOS 第 145 条"海洋环境的保护"规定，应按照本公约对"区域"内活动采取必要措施，以确保切实保护海洋环境，不受这种活动可能产生的有害影响。管理局应制定适当的规则、规章和程序，以便除其他外：(a) 防止、减少和控制对包括海岸在内的海洋环境的污染和其他危害，并防止干扰海洋环境的生态平衡，特别注意使其不受诸如钻探、挖泥、挖凿、废物处置等活动，以及建造和操作或维修与这种活动有关的设施、管道和其他装置所产生的有害影响；(b) 保护和养护"区域"的自然资源，并防止对海洋环境中动植物的损害。

〔2〕 彼时主流观点认为污染才是主要威胁，气候变化影响和生物多样性未受重视，诸如热液喷口、冷水珊瑚和海山等国际海底区域代表性栖息地都尚未被发现。See K. M. Gjerde, "Challenges to Protecting the Marine Environment beyond National Jurisdiction", *International Journal of Maisne and Coastal Law*, Vol. 27, No. 4., 2012, pp. 839-847.

利用问题上有着清晰目标的全球性条约，它不仅首次界定了遗传资源的概念，而且还标志着人类对生物多样性议题的认知进入了一个新的阶段。

但该公约对于生物多样性组成的规定只适用于国家管辖范围内，涉及国际海底区域遗传资源不具有普适性，其在国家管辖范围外海域的适用权限仅可规范缔约国控制下的对生物多样性有不利影响的活动，[1]而且由于缺乏有效实现具体目标的法律框架与具体措施工具，其在海洋治理领域更主要的功能是促进合作和提供科学与技术咨询，如将生物多样性列作人类共同关切事项、描述具有重要生态或生物意义的海域（Ecologically or Biologically Significant Marine Areas）[2]等。不可否认的是，CBD 覆盖了地球上所有生命多样性，并为各国保护生物多样性提供了重要指导；[3]同时，CBD 以及其后的保护生物多样性国际立法都融入了当时主流的"生态系统管理和海洋综合管理"理念，[4]如 1995 年《执行 1982 年 12 月 10 日〈联合国海洋法公约〉有关养护和管理跨界鱼类种群和高度洄游鱼类种群的规定的协定》（以下简称 1995 年《鱼类种群协定》）等，使国际社会认识到地球上各生态系统和生物多样性需要被当作整体进行保护，各国都有义务为了全人类的共同利益保护本国管辖范围内的生物多样性。可以说，包括海洋及国际海底区域在内的生物多样性相关法律规制在此后的发展中将不断趋向规制内容的系统化与体系化、规制空间的区域化与全球化以及规制模式的协作化。

（三）其他国际文书

在这一时期，围绕国际海底区域生物多样性及其相关领域，国际社会还

---

〔1〕　CBD 第 4 条（管辖范围）：以不妨碍其他国家权利为限，除非本公约另有明文规定，本公约规定应按下列情形对每一缔约国适用：（a）生物多样性组成部分位于该国管辖范围的地区内；（b）在该国管辖或控制下开展的过程和活动，不论其影响发展在何处，此种过程和活动可位于该国管辖范围内，也可在国家管辖区外。

〔2〕　Confernece of the Parties to the Convention on Biological Diversity, "Decision Adopted by the Conference of the Parties to the Convention on Biological Diversity", UNEP/CBD/COP/DEC/XII/22, 17 October 2014.

〔3〕　参见秦天宝：《生物多样性国际法原理》，中国政法大学出版社 2014 年版，第 34 页。

〔4〕　海洋生态系统管理是指，为了实现可持续利用生态系统产品和服务，保持生态系统的完整性和良好状态，在最佳的生态系统及其动态科学知识基础上，对影响海洋生态系统健康的关键人类活动实施海洋综合管理，并对生态系统组成部分包括生物和环境进行合理控制。参见王斌、杨振姣："基于生态系统的海洋管理理论与实践分析"，载《太平洋学报》2018 年第 6 期。

存在着许多软法性国际文书（或国际软法），[1]如《世界自然宪章》（1982年）、《里约环境与发展宣言》（1992年）、《21世纪议程》（1992年）等，在很大程度上起着警示、宣传和推动的作用，它们的出现有助于组织、协调和指导各国在国际生物多样性规制领域的相关活动，促进该领域国际法律规则的发展。除上述文书之外，涉及国家管辖范围外海域生物多样性的其他无法律拘束力的文书包括：

（1）《保护海洋环境免受陆地活动影响全球行动纲领》（1995年）；

（2）《粮农组织负责任渔业行为守则》（1995年）；

（3）《国际珊瑚礁倡议》（1995年）；

（4）《雷克雅未克海洋生态系统负责任渔业行为宣言》（2001年）等。

表3　有关海洋生物多样性保护与可持续利用的主要全球协定和联合国机构[2]

重点全球协定/ 联合国机构	通过/生效时间	概要
联合国海洋法公约	1982/1994	促进海洋和平利用、公平有效利用资源、保护生物资源以及研究、保护海洋环境并提供法律秩序。包括公海自由，如捕鱼和航行自由（第87条），国际海底区域和保护海洋环境的一般义务（第145条，第192～196条和第204～206条）
濒危野生动植物种国际贸易公约	1973/1975	促进国际合作，保护受威胁和濒危野生动植物物种免受国际贸易的过度开发
国际捕鲸管制公约	1946/1948	针对鲸类物种实施保护
国际防止船舶造成污染公约	1973/1978	寻求消除石油和其他物质对海洋环境造成的污染的方法与措施，并尽量减少意外排放

---

[1]　这些已被国际认可但又未成为国际公约的规范性文件，实际上记载的是国际社会围绕生物多样性的某些特定问题所达成的共识，因此在现实中虽不具有国际约束力，但仍然有着较大的国际影响力，而且随着社会的发展，其中有关内容很可能在未来被正式写入有关国际公约，并从"软法"进阶为"硬法"。参见秦天宝：《生物多样性国际法原理》，中国政法大学出版社2014年版，第58页。

[2]　See N. C. Ban, N. J. Bax, K. M. Gjerde, et al., "Systematic Conservation Planning: A Better Recipe for Managing the High Seas for Biodiversity Conservation and Sustainable Use", *Conservation Letters*, Vol. 7, No. 1., 2014, pp. 41-54.

续表

重点全球协定/ 联合国机构	通过/生效时间	概要
国际船舶压载水和沉积物控制与管理公约	2004/2017	通过控制和管理船舶压载水和沉积物，防止、减少和消除有害水生生物和病原体的转移
防止倾倒废物及其他物质污染海洋的公约（伦敦公约议定书）	1972/1975 （1996/2006）	以实际行动防止倾倒废物和其他物质污染海洋。伦敦议定书呼吁采取预防措施，使公约现代化
保护迁徙野生动物物种公约	1979/1983	保护迁徙物种及其栖息地，恢复栖息地或减轻可能对其迁徙或生存的影响
生物多样性公约	1992/1993	保护生物多样性、可持续利用生物多样性及公正合理地分享由利用遗传资源所产生的惠益。在公海，该公约仅适用于规制缔约国控制下进行的可能对生物多样性产生不利影响的活动
1995 年《鱼类种群协定》	1995/2001	改进 UNCLOS 有关规定的执行情况，确保对跨界和高度迁徙鱼类种群的长期保护和可持续利用
促进公海渔船遵守国际养护和管理措施的协定	1993/2003	阻止通过变更船旗国标识（悬挂方便旗）以规避国家保护和管理措施的做法。不适用于没有区域渔业管理组织（RFMOs）或商定的国际保护和管理措施的区域捕鱼的船舶
联合国大会	1945	成员国提出相关海洋和海洋法问题的主要政治论坛
联合国海洋事务和海洋法司		担任 UNCLOS 秘书处
联合国海洋和海洋法问题不限成员名额非正式协商进程	1999	就海洋事务的紧迫问题进行非正式讨论
UN-Oceans	2003	加强联合国和国际海底管理局之间协调的机构间机制
研究国家管辖范围以外区域海洋生物多样性的养护与可持续利用问题不限成员名额非正式特设工作组	2004	就国家管辖范围以外区域的海洋生物多样性的养护和可持续利用问题进行研究，以帮助各国审议上述问题

重点全球协定/ 联合国机构	通过/生效时间	概要
国际海底管理局	1994	根据 UNCLOS 成立的，组织和控制各国勘探和开发国际海底区域非生物资源活动的组织
联合国粮农组织 & 渔业委员会	1945/1965	对重大国际渔业和水产养殖问题进行审查并提供建议的政府间论坛
政府间海洋学委员会	1960	专注于国际海洋学研究项目，属于联合国教育、科学和文化组织
联合国环境规划署	1973	支持和协调有关海洋保护和可持续利用的活动以及主要国际方案，包括区域海洋公约和行动计划

三、逐渐成熟阶段——转向 BBNJ 专门协定的过程（进入 21 世纪后）

（一）BBNJ 专门协定的展开始末

鉴于人类科技和探索能力不足导致 UNCLOS 制定之时未能将国际海底区域生物多样性保护与利用相关问题纳入现行海洋法体系的现实状况，解决这一议题的重要性在 2000 年前后逐渐为国际社会所认识。1995 年，在 CBD 第二次缔约国大会（COP-2）上通过了第Ⅱ/10 号决定，要求执行秘书对 CBD 与 UNCLOS 中有关深海海底遗传资源保护与可持续利用的关系进行研究。[1] 其随后的报告就该问题的解决提出了三种备选方案：（1）保持现状；（2）采用 UNCLOS 第十一部分关于国际海底区域的制度框架；（3）采用 CBD 关于保护与可持续利用遗传资源的制度框架。但无论是哪一方案，它们的目标是一致的，即填补上述两大公约所留下的空白。2002 年，联合国举办的"可持续发展世界首脑会议"，同样将"维持重要、脆弱的海洋和沿海地区，包括国家管辖范围以外地区的生产力和生物多样性"列入会议《执行计划》之中。

在上述铺垫之下，为了处理 UNCLOS 和 CBD 遗留未定的国家管辖范围外

---

〔1〕 Report of the Second Ordinary Meeting of the Conference of the Parties to the Convention on Biological Diversity, Decision Ⅱ/10："Conservation and Sustainable Use of Marine and Coastal Biological Diversity"，https://www.cbd.int/decisions/cop/? m＝cop-02.

地区海洋生物多样性问题，填补国际法律空缺，联合国大会、联合国海洋和海洋法问题不限成员名额非正式协商进程等组织机构，以及联合国秘书长关于海洋和海洋法议程的报告对该议题进行了一系列讨论，最终于 2004 年在第 59 届联大会议上通过决议（A/RES/59/24），设立"研究国家管辖范围以外区域海洋生物多样性的养护和可持续利用有关问题不限成员名额非正式特设工作组"（具体任务见表 3）。该工作组作为全方位讨论和审议 BBNJ 问题的重要国际机构，目前已围绕国家管辖范围以外区域海洋遗传资源、海底矿带生物多样性、划区管理工具等具体问题举办了 9 次会议（2008～2015 年）。2011 年，该工作组向联大提交了关于确保国家管辖范围外海洋生物多样性保护和可持续利用法律框架有效处理的"一揽子事项"建议，涉及海洋遗传资源的养护和可持续利用（分享惠益问题）、划区管理工具（海洋保护区）、环境影响评价、能力建设和转让海洋技术等四个方面议题。[1] 其中，海洋遗传资源是整个"一揽子事项"的重点。原因有二：其一，海洋遗传资源的获取与惠益分享所具有的经济效益直接关涉各国切身利益，除此之外的其他三项"一揽子事项"实际上也都与各国海洋遗传资源的开发能力、战略需求密切相关；其二，海洋遗传资源问题将是新文书重要、恰当的适用对象。UNCLOS 目前对传统的公海生物资源适用的是"公海自由"原则，新兴的海洋遗传资源作为其规制的缺失部分，亟待完善。

　　2015 年，该工作组再次向联大报告各方最终讨论结果与建议，即决定在 UNCLOS 框架下就国家管辖范围外区域海洋生物多样性保护与可持续利用拟订一份具有法律约束力的国际文书，并通过谈判解决上述"一揽子事项"。[2] 同年，第 69 届联大审议（A/RES/69/292）通过了工作组关于拟定新的国际文书的建议，并进一步决定设立相应的会议筹备委员会，由后者在政府间正式会议召开前围绕该新国际文书草案的讨论要点（主要是"一揽子事项"所涉及的相关基本议题）提出实质性方案。

---

　　〔1〕　See United Nations General Assembly, "Letter Dated 30 June 2011 from the Co-Chairs of the Ad Hoc Open-Ended Informal Working Group to the President of the General Assembly", Sixty-Sixth Session（A/66/119）.

　　〔2〕　See United Nations General Assembly, "Letter Dated 13 February 2015 from the Co-Chairs of the Ad Hoc Open-Ended Informal Working Group to the President of the General Assembly", Sixty-Ninth Session（A/69/780）.

（二）关联领域的进展——国际海底区域矿产资源规制

丰富的矿产资源是人类对国际海底区域价值的最早认识之一，部分国家已在筹划进行商业开采。因此，针对国际海底区域矿产开发现已形成了相应的国际规制体系。ISA 是国际海底区域及其资源的专门国际管理机构，虽然其主要负责国际海底区域矿产资源的开发管理工作，但 UNCLOS 第 145 条关于海洋环境的保护条款为其设置了相应的环境规制义务，要求 ISA 通过立法使在国际海底区域内的活动者：

> "防止、减少和控制对包括海岸在内的海洋环境的污染和其他危害，并防止干扰海洋环境的生态平衡，特别注意使其不受诸如钻探、挖泥、挖凿、废物处置等活动，以及建造和操作或维修与这种活动有关的设施、管道和其他装置所产生的有害影响。"

同时，在开展国际海底区域活动时还应保护和养护此处的自然资源，并防止对海洋环境中动植物的损害。这些安排对于防止矿产勘探开发损害海洋环境，保护国际海底区域生物多样性而言具有十分重要的意义。

为此，ISA 在 UNCLOS 及《1994 年协定》的框架下已经颁布了三部规章，分别是《"区域"内多金属结核探矿和勘探规章》（2000 年 7 月 13 日通过、2013 年 7 月 25 日修订）、《"区域"内多金属硫化物探矿和勘探规章》（2010 年 5 月 7 日通过）和《"区域"内富钴铁锰结壳探矿和勘探规章》（2012 年 7 月 27 日通过）。

上述三部规章均包含保护海洋环境的内容：

1. 采取妥善且必要的方法防控和减少在国际海底区域内的活动对海洋环境产生的损害和影响。具体表现为任何在国际海底区域从事相关业务的承包者都必须采取预防做法（或称审慎做法）（precautionary approach）和最佳环境做法（best environmental practice），以求尽可能在合理的范围内通过必要措施防止、减少和控制其活动对海洋环境造成的损害和影响。[1]

2. 制定和落实有关对海洋环境影响进行监测报告的方案。承包者及其担

---

[1] 参见《"区域"内多金属结核探矿和勘探规章》第 31 条、《"区域"内多金属硫化物探矿和勘探规章》第 33 条、《"区域"内富钴铁锰结壳探矿和勘探规章》第 33 条。

保国和其他有关国家或实体需要和 ISA 开展合作，共同商定方案，监测与评估深海海底采矿作业对海洋环境可能造成的影响。[1]当 ISA 批准勘探作业申请之后，承包者实际进行勘探之前，承包者应向 ISA 提交：（1）有关拟议作业活动对海洋环境影响的评估说明书；（2）监测拟议活动对海洋环境相关影响的建议书；（3）可供确定的环境基线，以及评估拟议活动实际影响的必要数据。

3. 确定环境基线。根据承包合同要求，承包者应参照 ISA 之下法律和技术委员会所提之意见，搜集数据以确定环境基线，为后续评估勘探作业是否会对海洋环境造成影响提供对照。同时，该委员会亦可列出对海洋不会产生影响的勘探行为类型。承包者、担保国在与 ISA 共同制定相应监测计划的基础上，每年度由承担者向 ISA 秘书长书面报告监测方案的实施情况，并根据法律和技术委员会的建议提交相应的数据资料。[2]

4. 提交应急计划。承包者开展勘探活动之前，须向 ISA 秘书长提交一份能有效应付因此后勘探过程中发生损害意外而给海洋环境带来严重损害或者威胁的事故的应急计划。该计划必须涵盖特定的响应程序，并应预备充足、合适的仪器设备，以应对此类事故。[3]

5. 紧急报告。承包者须通过具有效率的手段，及时向 ISA 秘书长书面报告任何可能、正在或者已经对海洋环境造成严重损害的事故。

6. 当承包者需采取紧急措施应对局势时，为了更好地防控、减轻或补救损害事故对海洋环境所生损害或可能的严重损害，其须遵从 ISA 理事会和秘书长根据相关规定发布的紧急命令、指示、暂时性措施，例如要求承包者暂停或调整其在勘探范围内一切活动的指令。[4]

---

〔1〕 参见《"区域"内多金属结核探矿和勘探规章》第31条、《"区域"内多金属硫化物探矿和勘探规章》第33条、《"区域"内富钴铁锰结壳探矿和勘探规章》第33条。

〔2〕 参见《"区域"内多金属结核探矿和勘探规章》第31条、《"区域"内多金属硫化物探矿和勘探规章》第34条、《"区域"内富钴铁锰结壳探矿和勘探规章》第34条。

〔3〕 参见《"区域"内多金属结核探矿和勘探规章》附件4第6节第1款、《"区域"内多金属硫化物探矿和勘探规章》附件4第6节第1款、《"区域"内富钴铁锰结壳探矿和勘探规章》附件4第6节第1款。

〔4〕 参见《"区域"内多金属结核探矿和勘探规章》第32条、《"区域"内多金属硫化物探矿和勘探规章》第35条、《"区域"内富钴铁锰结壳探矿和勘探规章》第35条。该部分资料参见张梓太、沈灏、张闻昭：《深海海底资源勘探开发法研究》，复旦大学出版社2015年版，第78~80页。

此外，不少国家（包括我国）也为国际海底区域矿产资源的开发进行了国内立法，其立法中的环保条款与此处生物多样性密切相连。国际海底区域矿产资源开发立法最早始于美国——美国 1971 年准备通过单边途径解决海底矿产问题，[1]并于 1980 年正式颁布了世界上第一部有关国家管辖范围外深海海底采矿的法律。受美国影响，法国、日本、苏联等发达国家随后也纷纷就国际海底区域矿产资源制定国内法律，欲在 UNCLOS 出台之前先行争夺国际海底区域资源。但该领域的多数国内法是 2000 年后制定的，其目的是履行 UNCLOS 中设定的国际海底区域规制义务，落实有效管控责任。如今，针对国际海底区域（矿产）资源问题，已经有 15 个国家制定了相关法律。[2]（见表 4）

表 4　国际海底区域矿产资源规制的国内法梳理[3]

国家	法案名称	制定时间	环境保护条款所在位置
美国	深海海底硬矿物资源法 （Deep Seabed Hard Mineral Resources Act）	1980	第 9~10 条
法国	深海海底矿物资源勘探和开发法 （Law on the Exploration ）	1981	第 9 条

---

〔1〕 See J. N. Barkenbus, *Deep Seabed Resource: Politics and Technology*, Free Press, 1979, p. 98.

〔2〕 不仅如此，有关海底采矿管理的区域性准则也处于蓬勃发展之中。例如，欧盟的 MIN-Guide 倡议。其形式是一个在线资料库，为会员国提供有关的矿产与相关政策的信息。在太平洋地区，深海矿产项目是一项由太平洋共同体与欧盟于 2011 年共同启动的合作，它旨在根据国际法规则改善该地区深海矿物资源的法律规制与管理。该项目共有 15 个太平洋岛国成员：拉罗汤加岛（库克群岛）、密克罗尼西亚联邦、斐济、基里巴斯共和国、马绍尔群岛、瑙鲁、纽埃、帕劳、巴布亚新几内亚、萨摩亚、所罗门群岛、东帝汶、汤加王国、图瓦卢和瓦努阿图共和国。2012 年 8 月，项目启动了旨在改善海洋矿产资源管理的区域立法和监管框架。See K. A. Miller, K. F. Thompson, P. Johnston, et al., "An Overview of Seabed Mining Including the Current State of Development, Environmental Impacts, and Knowledge Gaps", *Frontiers in Marine Science*, Vol. 4, 2018, p. 418.

〔3〕 此处仅统计立法管辖范围涉及在国家管辖范围以外的深海活动的国内法，库克群岛、新西兰、俄罗斯、澳大利亚等国所制定的用以规制国家管辖范围内深海活动的国内法不在其中。立法资料参见张梓太、沈灏、张闻昭：《深海海底资源勘探开发法研究》，复旦大学出版社 2015 年版，第 78~80 页；翟勇："各国深海海底资源勘探开发立法情况"，载《中国人大》2016 年第 5 期；International Seabed Authority, "Comparative Study of the Existing National Legislation on Deep Seabed Mining", https://isa. org. jm/foles/files/documents/isba-22c-8_ 1. pdf. Retrieved September 27, 2019.

国家	法案名称	制定时间	环境保护条款所在位置
日本	深海海底采矿暂行措施 (Act on the Interim Measures for Deep Seabed Mining)	1982	无
苏联	关于调整苏联企业勘探和开发矿物资源的暂行措施的法令〔1〕	1982	无
1982 年 12 月 10 日《联合国海洋法公约》颁布后			
捷克	关于国家管辖范围外海底矿产资源的探矿、勘探和开发的第 158/2000 号法令〔2〕	2000	第 11 条
德国	海底开采法 (Seabed Mining Act of 1995, amended by article 74 of 2010)	2010	第 4 条
斐济	国际海底矿物管理法 (International Seabed Mineral Management Decree)	2013	第 2 条/第 10 条
英国	深海开采法 (Deep Sea Mining Act)	2014	第 5 条
汤加	汤加海底矿产资源法 (Tonga Seabed Minerals Act)	2014	第 102 条
图瓦卢	图瓦卢海底矿产资源法 (Tuvalu Seabed Minerals Act)	2014	散布于法案多处
比利时	深海海底区域资源调查勘探和开发法〔3〕	2014	第 4 条、第 8 条、第 11 条
新加坡	深海海底开采法 (Deep Seabed Mining Act)	2015	
瑙鲁	国际海底矿产资源法 (International Seabed Minerals Act)	2015	散布于法案多处

---

〔1〕 法案名称原文：О ВРЕМЕННЫХ МЕРАХ ПО РЕГУЛИРОВАНИЮ ДЕЯТЕЛЬНОСТИ СОВЕТСКИХ ПРЕДПРИЯТИЙ ПО РАЗВЕДКЕ И РАЗРАБОТКЕ МИНЕРАЛЬНЫХ РЕСУРСОВ РАЙОНОВ МОРСКОГО ДНА ЗА ПРЕДЕЛАМИ КОНТИНЕНТАЛЬНОГО ШЕЛЬФА.

〔2〕 法案名称英译：Prospecting, Exploration for and Exploitation of Mineral Resources from the Seabed beyond Limits of National Jurisdiction, Act No. 158/2000.

〔3〕 法案名称英译：Act on Prospecting and Exploration for, and Exploitation of, Resources of the Seabed and Ocean Floor and Subsoil Thereof, Beyond the Limits of National Jurisdiction.

国家	法案名称	制定时间	环境保护条款所在位置
中国	深海海底区域资源勘探开发法 （Law on Exploration for and Exploitation of Resources in the Deep Seabed Area）	2016	第 1/3/4/6~7/9/11~14/20/23~26 条
基里巴斯	海底矿产资源法 （Seabed Minerals Act）	2017	散布于法案多处

总之，人类在国际海底区域开展的各项开发活动会对此处海洋环境造成重大影响，尤其是对深海及海底丰富的生物多样性的影响。受制于人类现有科技水平与对于深海有限的科学认知，这些开发行动将对国际海底区域环境以及生物多样性造成何种程度影响尚不能完全确定，但必须在深海生物多样性保护与海底矿产资源开发之间求得一个较好的平衡已是国际社会达成的共识。[1]这就使得要求国际海底区域活动的行为主体履行其在海洋环境保护方面的义务显得异常重要，包括制定并落实环境影响评价制度、环境应急计划制度、环境修复制度等。就目前国际海底区域矿产资源的有关立法趋势来看，未来还会有更多的国家在该问题上制定相关专项国内法，以此规制其本国从事深海海底活动的行为主体。

第二节　国际进展与观点新动态

一、BBNJ 国际会议及其现有成果

正在商议中的《国家管辖范围外区域海洋生物多样性的养护和可持续利

---

〔1〕 目前，国际社会围绕制定 BBNJ 国际协定所展开的一系列磋商与讨论即可充分说明这一趋势。See T. Kantai, A. Appleton, B. Soubry, et al., "Summary of the Second Session of the Intergovernmental Conference on an International Legally Binding Instrument under the UN Convention on the Law of the Sea on the Conservation and Sustainable Use of Marine Biodiversity of Areas Beyond National Jurisdiction: 25 March-April 2019", *Earth Negotiations Bulletin*, Vol. 25, No. 195., 2019; See T. Kantai, J. Bansard, T. Goldberg, et al., "Summary of the Third Session of the Intergovernmental Conference (IGC) on the Conservation and Sustainable Use of Marine Biodiversity of Areas Beyond National Jurisdiction: 19-30 August 2019", *Earth Negotiations Bulletin*, Vol. 25, No. 208., 2019.

用问题执行协定》可谓近 20 年来 UNCLOS 最显著的进展之一。根据第 72 届联大决议（A/RES/72/249），联合国将就该议题在 2018 年~2020 年期间主持召开 4 次政府间会议，以求尽快就新协定达成一致意见。截至目前，第三届会议（IGC-3）已经结束，会议对于实体问题的讨论基本按照既定计划在 2011 年"一揽子事项"相关内容的基础上进行。综观之，虽然 BBNJ 属于关乎全人类共同命运的议题，同时国际社会对拟定新的文书也表示一致认同，但各代表团在具体问题上的探讨仍然进展缓慢，围绕 BBNJ 取得的共识相对有限，特别是在一些核心议题上分歧较大（详见表 5）；而且，直到第三次会议上才实现首届会议结束时所期待的"文书谈判模式"。从讨论细节看，各代表团更多的是就给定议题"自说自话"地陈述带有自身利益偏好的观点，相互之间对立场的回应甚少。[1]当然，这在利益竞争激烈的国际海洋治理领域是一贯有之的情况，何况是针对长久以来未得解决的棘手问题。正如有学者说道，"从现实角度看，关于深海海底资源的政治争议，其实可以视作南北国家在诸多领域相冲突的一个缩影"。[2]不过，在 IGC-2 尾声时，大部分代表团表示希望能尽快形成具有法律语言的草案文本，并在 2020 年前后达成协定，而不是像目前仅就"协助谈判文本"进行讨论；为了推进谈判进程，一份未公开的、融入 IGC-2 谈判结果的新文书草案已在 IGC-3 会议召开时分发给各代表团讨论。[3]实际上，随着有关 BBNJ 问题谈判的深入，各方观点的分歧已近明晰，现阶段存在的诸多具体方案上的技术性争论并不是影响谈判的最大阻碍，因为其最终将通过广泛的商谈和利益权衡来消弭，真正影响谈判效果的是那些核心争议，如果未能妥善处理，将会不可避免地对新文书产生严重的负面效应，进而影响对国际海底区域生物多样性的法律规制。

---

〔1〕 See T. Kantai, A. Appleton, B. Soubry, et al., "Summary of the Second Session of the Intergovernmental Conference on an International Legally Binding Instrument under the UN Convention on the Law of the Sea on the Conservation and Sustainable Use of Marine Biodiversity of Areas Beyond National Jurisdiction: 25 March–April 2019", *Earth Negotiations Bulletin*, Vol. 25, No. 195., 2019.

〔2〕 See J. N. Barkenbus, *Deep Seabed Resource: Politics and Technology*, Free Press, 1979, p. 11.

〔3〕 See T. Kantai, A. Appleton, B. Soubry, et al., "Summary of the Second Session of the Intergovernmental Conference on an International Legally Binding Instrument under the UN Convention on the Law of the Sea on the Conservation and Sustainable Use of Marine Biodiversity of Areas Beyond National Jurisdiction: 25 March–April 2019", *Earth Negotiations Bulletin*, Vol. 25, No. 195., 2019.

二、核心争议内容

围绕海洋遗传资源而生的相关纷争——这是目前各国在 BBNJ 谈判中争议最大的问题，其涉及未来新文书的适用对象、适用原则的选择和国家自身的战略利益考量等多个方面。"国家管辖范围以外区域海洋生物多样性的养护和可持续利用"实际上所涵盖的议题范围很广，但各国却更加关注其中的遗传资源问题，这与上文提到的该问题"直接关涉各国切身利益"密不可分。从大部分发展中国家的角度看，由于自身科技能力与资金实力的欠缺，在海洋遗传资源主要被优势国家所垄断的背景下，其希望通过共享海洋遗传资源开发惠益的方式获取来自国际海底区域以及公海的更多利益，这也是许多发展中国家在 BBNJ 会议上主推的讨论方向，相应地，它们在适用原则的选择上则主张有利于该观点的"人类共同继承遗产原则"。从美国、日本、俄罗斯、韩国等发达国家角度看，前述观点是不公平且不能接受的，其打破了 UNCLOS 所设计的全球海洋原有利益平衡，因此它们在选择适用原则上也主张继续将"公海自由原则"延展至海洋遗传资源这一新问题之上。此外，欧盟早在 BBNJ 的筹备会上就建议回避讨论适用原则，并认为这不是未来新文书的必须选项，这在一定程度上起到了搁置争议、推动进程的作用。然而，在 BBNJ 会议中，各国在遗传资源的纷争并不止于此，例如，有关海洋遗传资源的物质和地理范围、获取规制、惠益分享机制等。这些大小不等的问题以及阵营间激烈的交锋反映了参与谈判的国家对于海洋遗传资源利益的重视程度和该问题本身的复杂性。但是最终的结果无论如何选择都并无对错，因为这需要国家之间在政治和利益上相互妥协，以求得一个各方皆有退让、能够接受的方案。

表 5　截至 IGC-4 各国代表团关于 BBNJ 新文书谈判的主要共识与分歧点 [1]

方向议题	具体议题	共识	分歧
海洋遗传资源（MGRs）	基本原则		是否属于人类共同继承遗产
	适用范围	原生境获取	1. 是否及如何规制跨界海域的 MGR；2. 许可证模式 * 或自由获取模式；3. 是否涵盖数字序列信息等。
	获取与惠益分享	1. 顾及发展中国家特殊情况；2. 海洋科研不应受影响；3. 属于保护与可持续利用的范畴。	1. 是否监测与监测模式；2. 是否获取自由；3. 分享形式（货币或非货币、自愿或强制 *）；4. 受惠主体范围。
	知识产权问题	传统知识遵循事先知情同意原则，共同商定。	是否解决其他知识产权问题，例如获取来源强制公开等。
划区管理工具包括海洋保护区（ABMTs）	与相关文书、框架机制关系	1. 尊重且不损害沿海国权利；2. 促进新文书与已有框架一致，坚持不损害原则；3. 支持在无 IFB 区域建立 ABMTs/MPA。	1. ABMTs 与毗邻沿海国的具体协商；2. 有关"损害"等表述的具体解释；3. 预防原则与预防性方法的选择。
	有关过程	1. 由缔约国制定和提交 ABMTs 提案；2. 考虑最佳科学知识和传统知识；3. 建立 ABMTs 目标清单。	1. ABMTs 设立过程；2. 是否强制实施；3. ABMTs 的标准、评估方式、决策机制、监测与审查机制等；4. 是否区分海洋保护区与 ABMTs。
环境影响评价（EIA）	启动门槛与范围	"科学和技术机构"制定，COP 审议，确保各国标准一致	1. 单一触发机制 * 或分层触发机制；2. 是否 * 设定环评活动指示性清单。
	评价程序及内容	1. 缔约国负责编制环境影响评价报告；2. 提高环评透明度，加强与其他 IFB 合作。	1. 实施评价主体；2. 评价报告内容和公布方式；3. 评价报告审查方式；4. 是否引入战略环评；5. 主导环评决策的主体。

〔1〕　资料来源：T. Kantai, P. Bettelli, et al., "Summary of the Fourth Session of the Intergovernmental Conference on an International Legally Binding Instrument under the UN Convention on the Law of the Sea on the Conservation and Sustainable Use of Marine Biodiversity of Areas Beyond National Jurisdiction: 7-18 March 2022", *Earth Negotiations Bulletin*, vol. 25, no. 225, 2022. 此处限于篇幅，仅列出笔者认为重要的观点，同时此处共识指普遍共识，但不意味所有国家一致同意。例如，在 IGC-4 上，俄罗斯经常反对议题召集人使用"普遍共识"表述。注：* 为中国代表团所持观点。

方向议题	具体议题	共识	分歧
环境影响评价（EIA）	与现有机制的关系	1. 促进合作；2. 支持与 IFB 合作建立环评标准；3. 与现有评价程序相互支持，不与现有评价义务重复。	1. 关系处理的具体选项；2. 是否推动环评国际化；3. 是否建立全球最低标准。
	监测与报告	1. 应通报毗邻沿海国；2. 缔约国对授权活动实施监测、审查。	1. 参与环境影响评价进程的利益攸关方范围；2. 参与方式、程序规则等。
能力建设和海洋技术转让（CB&TT）	目标	1. 帮助发展中国家，并使其从中受益；2. 精简目标。	1. 待一揽子事项达成共识再议具体内容；2. 帮助发展中国家受益于一揽子事项。
	类别与模式	1. 发挥 COP 作用；2. 加强合作协调，重视私人部门参与；3. 简化报告 CB&TT 提供与接受情况。	1. CB&TT 合作模式（强制或自愿）；2. 是否对私人部门施加义务；3. 监测和审查模式（强制或自愿）；4. COP 的具体作用；5. CB&TT 的清单形式。
跨区域问题	COP 决策机制		1. 协商一致＊；2. 协商一致优先，投票表决补充。
	争端解决	和平方法解决	1. 规则适用于非缔约国；2. 新设专门争端解决机构；3. 比照适用 UNCLOS 规则；4. ＊国家同意时，可交第三方裁决，不涉及主权及海洋权益。

第三节 国际海底区域生物多样性现行法律规制的困境

现阶段，与国际海底区域生物多样性保护具有关联性的国际法律规则已具有一定数量，且分布在不同的领域（见前文表3）。然而，随着人类逐渐认识到国际海底区域蕴藏的丰富矿产资源、海洋生物资源可以缓解日益紧张的全球资源供给储备，这些原有的法律规制也因科技的快速进步变得难以满足实践需求。从前文的讨论可知，目前，国际社会正在为国家管辖范围以外地区生物多样性的养护与可持续利用问题展开政府间磋商，并准备制定新的国际文书。这为人类尽快解决国际海底区域生物多样性法律规制缺失问题带来了希望，但是会议总体进程的缓慢，各方观点的激烈冲突令人感到焦虑。在此背景下，分析现行有关法律规制体系的局限性，总结人类在海洋治理方面的教训，可以为该问题的解决找到方向。

一、系统性国际规则缺失问题

近些年，国际社会针对国际海底区域生物多样性保护问题给予了高度关注。在人类深海开发行为不断推进的背景下，一些国际组织和专家对现有的国际海底区域生物多样性保护法律规制现状表达了严重的担忧。世界自然保护联盟（以下简称 IUCN）的报告警告称，ISA 制定的管理深海海底矿产勘探的相关规章并不能有效阻止当前人类活动对深海生态系统造成的破坏和许多目前仍不知晓的特有物种的丧失。[1]更重要的是，由于人类目前对深海以及国际海底区域了解程度的不完全，加之深海采矿等商业性项目实践已近在眼前，一些新出现的环境问题缺乏国际法层面的成熟管理机制的窘境正在凸显。然而，纵观整个深海、甚至海洋国际法体系，没有一部能够直接用于全面规制国际海底区域生物多样性的系统性国际法律规则。

首先，UNCLOS 作为全球"海洋宪法"也未从概念和措施上对国际海底区域生物资源作出规定，而该问题的遗留引起了不同国家对国际海底区域生物资源属性、规制方式等方面的诸多争论。

其次，CBD、世界知识产权组织（WIPO）的相关公约和《与贸易有关的知识产权协定》（TRIPs）等其他国际性条约虽涉及或可延伸至国际海底区域生物多样性领域，但其规制内容十分有限，甚至可能与保护国际海底区域生物多样性的目标相违背。[2]ISA 制定的有关深海矿产勘探的规则与正在拟定的采矿规则仅可规制单一领域的人类作业行为，而且受部门管辖权限的限制，难以与其他已有的深海规则达成有效协作，如渔业捕捞规则。

---

〔1〕 See L. Cuyvers, W. Berry, et al., *Deep Seabed Mining: A Rising Environmental Challenge*, IUCN and Gallifrey Foundation, 2018.

〔2〕 WIPO 相关公约和《与贸易有关的知识产权协定》（TRIPs）所建立的国际知识产权体系便是一项例证。依照该体系规定，专利的授予可延伸至国际海底区域生物遗传资源之上，其在赋予特定主体知识产权（私权）保障的同时，加大了国际海底区域生物资源被过度开发、破坏性开发的风险，但却未能提供相应的法律规制。参见叶泉："国家管辖范围外区域海洋遗传资源管理机制探究"，载《中国海商法研究》2013 第 4 期。

再次，碎片化问题。有观点认为，"全球对海洋的治理是一个打补丁的系统。"〔1〕当前国际社会对海洋的规制至少在议题、地域和时间三个维度上呈现碎片化。从议题上看，生物多样性、渔业、航运、采矿等由不同的条约和机构进行规制；从地域上看，国家管辖范围以内和以外的管理主体和适用规则不同，不同大洋、区域之间的机构也各自分割；从时间上看，UNCLOS 框架下有不同的执行协定，每一个新的文书都要去处理和旧的文书之间的关系。UNCLOS 基于不同的空间尺度和法律属性，对国家管辖范围外海域中的公海与海底区域实行分别管理，并以"海洋宪法"的姿态把具体规制业务分散下放至一系列基于部门导向模式的国际机构和多边条约（详见表3），使海洋治理也面临着诸如国内部门职能分散交叉所遇到的类似挑战。这种模式与1992年联合国环境与发展大会上广泛倡导的综合方法（integrated approach）不相符合。〔2〕略有差异的是，在国家管辖范围内，通常只有一个内阁（或类似结构的）政府，其决策可以在不同部委的利益之间进行平衡，从而平衡利益相关者之间的关系；但对于国家管辖范围外海域而言，国际间这种平衡机制十分薄弱，甚至根本不存在。〔3〕因此，这不仅使全球海洋环境治理陷入碎片化困境，部门利益往往掩盖了综合管理需求，国际机构和相关条约之间难以平衡互补，海域治理空间存在交叠或缺漏，而且也使生物多样性丧失的风险随着人类海洋开发强度的增大而进一步加剧。如果继续扩大和加强公海、国际海底区域的人类活动可能会加剧国际管理机构（与国家）之间的冲突。

最后，现有的区域性海洋法律机制为公海生物多样性提供了少量的"块状"保护，从作用领域来看，主要集中于渔业部门。一方面，同前述国际规则一样，区域性法律机制目前并无专门规制特定范围内的深海海底生物多样性或者 BBNJ 的类别；另一方面，这些法律机制作为局部性的规则，在规制对象、规制内容和规范范围等方面较为有限，在设立的标准、采取的手段、配置的保障等方面亦参差不齐。因此，当前国际海底区域生物多样性保护的一

---

〔1〕 张子竹、徐路易："海洋谈判棋局"，载财新周刊，https://weekly.caixin.com/2019-12-14/101494057.html，最后访问时间：2020年1月1日。

〔2〕 此次会议号召国际社会为国家管辖范围以外区域海洋生物资源的可持续利用和保护采取行动，标志着这项议题开始进入国际讨论范畴。

〔3〕 See N. C. Ban, N. J. Bax, K. M. Gjerde, et al. , "Systematic Conservation Planning: A Better Recipe for Managing the High Seas for Biodiversity Conservation and Sustainable Use", *Conservation Letters*, Vol. 7, No. 1. , 2014, pp. 41-54.

个核心问题是从全球生态系统的角度进行整体考量，在纳入深海以及国际海底区域各生态要素内部关联性的基础上，解决针对性、系统性国际规范的缺失。

二、国际管理机构的合作与协调机制问题

目前，国家管辖范围外海域生物多样性保护和可持续利用的一个关键问题是，UNCLOS 将具体实施规制的权力下放给一系列以部门为基础的国际组织和公约，分别散布在国际政府组织层面、区域海洋组织层面和国际非政府组织层面。例如，国际政府组织层面包括 ISA、渔业委员会（Committee on Fisheries）、大陆架界限委员会；同时，UNCLOS 还将公海上覆水域与其下海底区域分而治之，进一步使国家管辖范围外海域及其底土处于多重规制体系之下。前文已经梳理了相关国际组织机构和全球性、地区性规则在国际海底区域生物多样性保护领域的分布状况，[1]虽然目前尚无针对该议题的系统性国际规则和专门机构，但这些既有的国际机构和规则仍然为处于"规则空白期"的国际海底区域生物多样性保护提供了为数不多的法律规制。从总体制度设计上分析，当前的海洋生物多样性管理体制虽然涉及的规制主体众多，但却没有任何一个主体能够对海洋生物多样性进行有效监管，[2]其整体规制样态呈碎片状，空间上的规制情况亦不完整，即存在部分地区无条约约束或缺乏应有规制。

回顾上述海洋环境保护规制的实施成效，其主要的缺陷之一是现阶段管理公海以及国际海底区域的传统方法是一种有限的、区域性的、部门间的方法，那些致力于保障深海以及国际海底区域生物多样性的不同的地区性和全球性国际组织之间缺乏有效的合作与协调机制。[3]它们的共同目标均涉及海洋环境和生物多样性保护，[4]但相互之间却鲜有协作，即几乎未曾尝试协调

---

〔1〕 有关该部分内容的具体介绍和展开见第一章和本节第三点。

〔2〕 参见刘海江："国家管辖外生物保护的国际立法研究"，载《社会科学战线》2018 年第 1 期。

〔3〕 See W. A. Qureshi, "Marine Biodiversity Consenation: The International Legal Framework and Challenges", *Houston Journal of International Law*, Vol. 40, No. 3., 2018, p. 913.

〔4〕 实际上，目前真正唯一清晰地包含保护海洋生物多样性目标的国际条约是《生物多样性公约》，但其却面临着自身窘境，其在国家管辖外海域的法律权限有限，主要作为促进合作和提供科学和技术咨询的工具，包括描述生态或生物重要领域。除此之外，没有其他国家管辖范围外海域的管理当局将保护此处生物多样性作为主要目标，而通常仅为涉及该议题。

活动、缓解冲突、解决累积影响和促进沟通等。[1]例如，区域渔业管理组织（RFMOs）基于其各自不同的管理和规制目标，通常仅在相应地区的海域活动，而不开展规制合作。从根本上讲，这些地区性协议将参与国（组织）的相应海洋环境规制目标限定在特定的海域，极大地降低了全球规制合作的可能性。[2]造成该现象的原因是区域渔业管理组织认为，没有必要在其目标区域以外开展工作，或者这已经超出了其业务范围。这种认识也使得缺乏规制合作的问题，既出现在各区域渔业管理组织之间，也出现在所有国际主体之间，包括联合国机构。不仅如此，在科学信息与数据方面，全球性、部门性和区域性的科学机构之间也缺乏一体化、协调性与知识共享机制。[3]因此，在合作与协调机制严重缺失的背景下，那些未被划入特定保护范围的地区则毫无疑问地处于无监管和无保护状态之中。

虽然联合国环境规划署、联合国大会和世界自然保护联盟等海洋环境与生物多样性相关领域的一些国际机构正在采取措施，以加强不同国际组织之间与国家之间在国家管辖范围外海域生物多样性保护与可持续利用问题上的法律规制合作，但就目前的实际需求来看，仍存在较大空缺，其中最大的空缺是当前尚无健全的方法或框架来搭建起国家或区域渔业管理组织之间的业务协调与合作。[4]因此需要国际社会尽快进行填补以解决包括国际海底区域生物多样性在内的一系列海洋环境问题。总而言之，现行机制对国际海底区域生物多样性所展开的法律规制主要是以分业种（sectoral approach）及单物种管理为主，尚未形成综合性规制制度。实践表明，这一方式未能充分发挥各相关主体与机制对国际海底区域生物多样性保护的积极作用；反之，各自为政、缺少协作机制与意识的规制表现，使得海洋生态系统的管理呈现出碎

---

〔1〕 这种现象在深海渔业规制领域最为典型，可参考 FAO，"Report of the Expert Consultation on International Guidelines for the Management of Deep-Sea Fisheries in the High Seas"，http://www.fao.org/3/i0003e/i0003e00. htm. Retrieved November 24, 2019.

〔2〕 FAO, "Report of the Expert Consultation on International Guidelines for the Management of Deep-Sea Fisheries in the Seas", http://www.fao.org/3/i0003e/i0003e00. htm. Retrieved November 24, 2019.

〔3〕 FAO, "Report of the Expert Consultation on International Guidelines for the Management of Deep-Sea Fisheries in the Seas", http://www.fao.org/3/i0003e/i0003e00. htm. Retrieved November 24, 2019.

〔4〕 See S. Cole, M. J. Ortiz, C. Schwarte, "Protecting the Marine Environment in Areas Beyond National Jurisdiction: A Guide to the Legal Framework for Conservation and Management of Biodiversity in Marine Areas Beyond National Jurisdiction", http://www.lighthous-foundation. org/Binaries/Binary 1064/field-mpas-guide-april-2012-2. pdf. Retrieved November 24, 2019.

片化状态。这种情况使得原本在众多的主体之间所应实践的更丰富的相互创造、参与的机制不仅未能实现，还在这些机制之间形成了大量的空白与重叠。在一定程度上可能造成制度的浪费或者制度的冲突。[1]

三、国际非政府组织的角色问题

国际非政府组织（International NGO）[2]在国际环境保护的各个领域一直扮演着重要的角色，它们的声音频繁出现在国际组织的决策制定、政策实施、监督规则执行，以及争端问题解决过程之中。特别是随着 20 世纪中晚期全球环境保护意识的觉醒和国际社会对环境问题的重视，国际非政府组织以其自身所具备的公益性、专业性、灵活性等特点逐渐成为环境意识的倡导者和宣传者、环境信息的提供者、国际环境机制的积极推动者、全球环保人士的联系纽带、桥梁及制度创新者。[3]

具体到本书所讨论的有关国际海底区域生物多样性保护领域，自 20 世纪 80 年代起，国际非政府组织就开始关注海底生物多样性等前沿问题，通过撰写科学研究报告、参与各种政府间组织大会、组织科学考察等进行呼吁、提供建议。可以说，这些国际非政府组织为国际海洋环境治理所作出的贡献巨大，甚至可能与部分国家、国际政府组织相比有过之而无不及。其中，世界自然保护联盟（IUCN）作为世界性的自然资源与环境保护领域的大型国际联盟组织，整合了政府与非政府机构共同参与的多样化资源。[4] 为了更好地对生态环境实施管理，完善相关环境政策与立法，IUCN 在全球不同的环境领域部署了多个具体项目，而关涉国际海底区域生物多样性保护的专题也是其中

---

〔1〕 参见刘海江：“国家管辖外生物保护的国际立法研究”，载《社会科学战线》2018 年第 1 期。

〔2〕 关于国际非政府组织的定义，有学者结合联合国经社理事会在 1952 年第 288（X）号决议中关于“非政府组织（NGO）”的规定：“凡不是根据政府间协议建立的国际组织都可被看作非政府组织”，认为其指“非由一国政府或政府间协议建立、能够以其活动在国际事务中产生作用、其成员享有独立投票权的民间组织”。参见黄志雄：“非政府组织：国际法律秩序中的第三种力量”，载《法学研究》2003 年第 4 期。

〔3〕 参见刘海江：“国家管辖外生物保护的国际立法研究”，载《社会科学战线》2018 年第 1 期。

〔4〕 参见何志鹏：“在国家管辖外海域推进海洋保护区的制度反思与发展前瞻”，载《社会科学》2016 年第 5 期。

之一。1989 年，IUCN 与联合国教科文组织政府间海洋学委员会、Woods Hole 海洋研究所等单位共同提议设立"海洋生物保护区"制度，并对保护区实行监测，以跟踪其管理情况。此外，IUCN 为维持洋底生物多样性的相对稳定，也开展了一系列实践项目，例如，"海草项目""保护珊瑚礁"等活动。并且，IUCN 下设物种存续委员会（Species Survival Commission）和环境法中心（Environment Law Centre），前者成立专家组，专门为特定海域中特定物种的保护提供方案，后者针对"保护海洋生物多样性"议题起草了适用于全球范围的具有约束力的国际法律文件，并且积极地推进签署 BBNJ 新协定的签订。[1]

然而，即使国际非政府组织一直积极活跃在国际环境治理舞台，它们有时在国际谈判中仍然处于边缘性角色。[2]一方面，在 BBNJ 会议上，一些政府代表指出，国际非政府组织通过媒体传达的信息有时阻碍了公开讨论；[3]另一方面，由于国际非政府组织不具备完全的国际法主体资格，在诸如联合国等政府间组织的活动场合主要通过咨商制度、会议机制、机构机制及论坛机制参与至具体议程之中。与联合国成员国所享有的地位不同，这些机制并不属于正式参与途径。因此，实际上国际非政府组织主要是在被邀请参加的会议、对话等场合，以游说、做工作的方式影响国际政策和法律的制定，[4]而且其意见有时甚至也会因部分国家认为国际非政府组织不属于"利益相关者"

---

〔1〕 IUCN 围绕国际海底区域生物多样性问题所制定的报告，See L. Cuyvers, W. Berry, et al., "Deep Seabed Mining: A Rising Environmental Challenge", IUCN and Gallifrey Foundation, 2018 和 G. Wright, J. Rochette, K. Gjerde, et al, "The Long and Winding Road: Negotiating A Treaty for the Conservation and Sustainable Use of Marine Biodiversity in Areas Beyond National Jurisdiction", *IDDRI*, Study N°08/18, 2018, p. 82; T. Kantai, J. Bansard, T. Goldberg, et al., "Summary of the Third Session of the Intergovernmental Conference (IGC) on the Conservation and Sustainable Use of Marine Biodiversity of Areas Beyond National Jurisdiction: 19-30 August 2019", *Earth Negotiations Bulleti*, Vol. 25, No. 208., 2019.

〔2〕 参见刘海江："国家管辖外生物保护的国际立法研究"，载《社会科学战线》2018 年第 1 期。

〔3〕 按照下文作者的观察，"几乎没有一个政府代表团认为国际非政府组织为 BBNJ '一揽子计划'问题的定义做出了实质性贡献。尽管部分政府代表团成员非常积极地谈到了非政府组织对 BBNJ 工作组进程的贡献，但在具体问题上，政府代表团与非政府组织之间的看法还是相距遥远。" See R. Blasiak, C. Durussel, J. Pittman, et al., "The Role of NGOs in Negotiating the Use of Biodiversity in Marine Areas Beyond National Jurisdiction", *Marine Policy*, Vol. 81, 2017, pp. 1-8.

〔4〕 参见马方方等："国际非政府组织与联合国联系机制研究"，载中国社会组织公共服务平台（2011 年），http://www.chinanpo.gov.cn/700/c1/92592/index.html，最后访问时间：2019 年 11 月 25 日。

而被束之高阁。以上诸多不利因素极大地限制了国际非政府组织在国际海底区域生物多样性等重要国际环境事务中发挥其应有作用。

四、规制手段有限、缺乏有效的实施保障机制

如何有效执行和监督相关规则是在国际海底区域建立和实施生物多样性保护系统化法律规制的另一个主要问题。换言之，是否遵行现有规则中的保护手段，很大程度上由相关国家自主决定。由于国际海底区域生物多样性管理规则尚处在发展之中，有关规制手段与实施机制的问题可从已有的深海渔业管理以及深海采矿活动管理中窥见，其能够为国际海底区域生物多样性法律规制实施提供必要借鉴。例如，以非法、不报告和不管制（IUU）方式进行捕鱼作业是困扰许多区域性渔业管理组织的棘手问题。虽然借助船舶远程监控管理系统可以帮助限制渔船进入指定区域范围，但在船旗国管辖原则之下，这些渔业管理组织难以对悬挂非缔约国国旗的船只进行监管，而基于卫星定位技术展开的区域或国际性公海监测手段则有着较高的成本和技术。[1]

如前所述，在深海海底矿产开发领域，ISA 与各国在保护深海海底生物多样性及其生境上所做的努力是值得肯定的，这是国际海洋领域中少见的"先有法律规则，后有人类行动"的治理案例。然而，现阶段 ISA 制定的国际探矿规则与《"区域"内矿产资源开发规章（草案）》对一些问题的规定难以在现实中得到有效执行。例如，虽然 ISA 有关规则和许多国内法都规定了担保国责任，[2]但是该担保国责任的承担范围如何，环境水平对担保国直接义务的影响如何，以及 ISA 处罚承包者的规则如何与有关国内法相对接等问题均未得到有效且合理的解答。此外，作为 ISA 制定的国际性多边文书，如何有效确保担保国及承包者能够按照既定的规则行事也是至关重要的。

总之，政府间行动与环境治理新实践变得愈加频繁、丰富和多样。特别是覆盖了半个地球的国际海底区域，作为地球上最后的自然资源管理与保护

---

〔1〕 参见何志鹏："在国家管辖外海域推进海洋保护区的制度反思与发展前瞻"，载《社会科学》2016 年第 5 期。

〔2〕 根据 ISA 相关勘探规则之规定，除 ISA 和缔约国本身外，在国际海底区域从事有关活动的主体，必须由缔约国提供责任担保。担保国义务包括：尽责义务——确保承包者遵守勘探开发合同；直接义务——有关制度和担保国本身遵守环境保护规定和协助管理局等。

前沿，与其相关的规制问题属于当今世界面临的重大环境挑战，更是需要各国献力共同设计解决方案。可以说，国际海底区域生物多样性问题在近二十年已经引起了全人类的共同关注，很重要的原因之一便是此处潜在的价值已经日益凸显。如今，国际社会围绕深海生物多样性议题展开的讨论已是愈发热烈，科技的不断进步在推动海洋工业革命迈向国际海底区域的同时，也促使人们必须尽快拿出针对国际海底区域生物多样性保护与可持续利用的综合可行方案。但就目前情形看，这仍将是一个漫长而艰辛的过程。

国际海底区域生物多样性
开发与利用的法律规制

  国际海底区域生物多样性是全球生物多样性的重要组成部分。按照 CBD 设定的三大履约目标——"保护生物多样性"、"持久使用生物多样性组成部分"和"公平合理分享由利用遗传资源而产生的惠益",[1]保护与可持续利用是生物多样性的"两翼",需要分别进行制度设计。需要说明的是,第一章介绍了对国际海底区域生物多样性具有影响的主要人类活动,其涉及对矿产资源、油气资源和遗传资源的开发与利用,国际海底区域矿产资源开发活动的有关法律规制一直由 ISA 在 UNCLOS 框架下设计,目前已经初具雏形,但有关国际海底区域遗传资源的法律制度安排仍存在空白。因此,本章重点就国际海底区域遗传资源开发利用活动的法律规制展开分析和讨论。

  近年来,随着人类深海开发能力和认识程度的提升,对国际海底区域中存在的珍稀、具有重要潜在价值的海洋遗传资源(国际海底区域生物资源的主要利用形式)进行开发利用,已成为一些国家寻找解决前沿问题或历史难题的重要突破口。虽然,国际海底区域中的遗传资源蕴藏着巨大经济和战略价值,但是目前对于这些新型海洋生物资源尚无相应的国际法律规制,特别是针对有关国际管理框架,海洋遗传资源获取、惠益分享、衍生的发明专利申请等重点问题。这使得相关的开发与利用活动处于法外之地,而发达国家

---

  〔1〕 CBD 第 1 条规定:"本公约的目标是按照本公约有关条款从事保护生物多样性、持久使用其组成部分以及公平合理分享由利用遗传资源而产生的惠益;实现手段包括遗传资源的适当取得及有关技术的适当转让,但需顾及对这些资源和技术的一切权利,以及提供适当资金。"

与发展中国家在获取与开发海洋遗传资源能力上的差距又进一步加剧了它们之间的分歧，尤其体现在遗传资源的获取与惠益分享制度方面。未来，围绕深海海底遗传资源开发利用的国际竞争强度将会不断加大，此现象不仅表现为各国企业针对遗传资源上游开发权利的竞争，如获取国际海底区域遗传资源的权利，还将表现在对未来生物制品市场占有率的争夺。在此背景下，法律规制的缺失可能致使当前国际海底生物资源开发陷入先到先得的无序局面，部分发达国家凭借技术优势抢占该领域技术高点和利益中心，阻碍形成海洋资源公平分享的国际格局。解决该问题的前提是明确国际海底区域中生物资源的法律属性，并由此推导出设计国际海底区域海洋遗传资源获取与惠益分享法律制度的应然状态。

第一节　国际海底区域生物资源的法律属性

生物资源作为国际海底区域资源的重要组成部分，通过长时间世代繁衍形成了丰富且独特的生物多样性。如前所述，国际海底区域生物资源的主要存在形式可分别体现在物种层面和遗传基因层面。近年来人类加大了对国际海底区域生物资源的开发与研究力度，但国际公约对国际海底区域生物资源法律属性的界定却十分模糊，易使得生物资源开发利用与科学研究陷入无序状态，同时也不利于国际社会对国际海底区域生物多样性的保护。UNCLOS中第十一部分规定的国际海底区域资源是指：国际海底区域内在海床及其下原来位置的一切固体、液体或气体矿物资源，其中包括多金属结核；同时，国际海底区域及其资源是人类的共同继承遗产。从中可看出，无论是国际海底区域生命体还是遗传基因，这些生物资源均不在 UNCLOS 的明确规制范围内。CBD 作为直接规制生物资源与生物多样性的国际公约，并未将国际海底区域生物资源的法律属性与开发利用问题纳入其管辖范围。相应地，目前也没有国际机构或国际组织对国际海底区域生物资源的保护与利用进行全面的法律监管。

综合当下观点，关于国际海底区域生物资源法律属性的分歧大致有四：其一，支持适用公海自由原则。以美国、日本、俄罗斯等拥有资金和技术优势的海洋开发强国为主，该观点强调各国对国际海底区域生物资源可相对自由开发、自由获取、各自受益。其二，认为国际海底区域生物资源同此处矿产资源一样应当适用人类共同继承遗产原则。持该种观点的主要是发展中国家阵营代表，其更多考虑的是如何对有关利益进行分享，以实现利益共享、责任共担。其三，排除单独选择以上现有机制，而主张混合适用制度，如孟加拉国提出任何单一的原则都无法在实践中适用。其四，欧盟代表提出回避法律属性选择问题，主张坚持预警原则和生态系统方式，重点关注具体法律规制的设计。该观点也被称为"务实的建议"，对于搁置争议、缓和观点冲突起到了重要作用。对此，我国政府当前的观点与欧盟类似，即借助既有的UNCLOS中海洋科学研究的相关规则对国际海底区域生物资源法律规制进行调适和构建。明确法律属性，不仅是确立国际海底区域生物资源开发利用活动各方主体权利与义务的起点，也是如今BBNJ谈判中面临的最基本、最核心与最富争议的焦点问题，决定着未来如何建立相关制度。

一、公海自由原则

在罗马法观念下，现今所谓公海一直被视作公共空间，早期理论将其称为无主物（res nullius），即各国皆可适用，但无法占有；也有理论认为，公海属于公有物（res communis），即公海并不由任何人或任何国家所有，而是供诸国共同使用之物；类似的理论还有，认为公海是共同管辖区（condominium），即各国共同管辖的区域。[1]然而现在看来，这些早期用以解释海洋归属的法律认知已显得十分陈旧，当前我们所提之公海自由根植于公海自由原则之上。公海自由原则是自16世纪荷兰学者格劳秀斯（Hugo Grotius）提出海洋自由论主张后逐渐形成，并经过不断丰富与发展成为如今UNCLOS中包含6项自由内容的重要国际原则，它作为现代海洋法的基石，对当前公海治理有着至关重要的影响。[2]其核心要旨即"公海对所有国家开放，不论其为沿海国或

---

〔1〕　参见黄异：《国际海洋法》，渤海堂文化事业有限公司1992年版，第79~81页。

〔2〕　有关公海自由原则内涵的发展过程是一项长期演变，其具体内容从最初的2项自由，到3项自由，继而发展为4项自由，最终到当前的6项自由。具体梳理后可知，公海自由起初仅含航行自由和捕鱼自由，随着航空器的出现，公海上空的飞越自由成为公海自由的第3项内容，《日内瓦公海公约》规定了航行自由、捕鱼自由、铺设海底电缆和管道的自由及公海上空飞越自由等4项公海自由，UNCLOS在此基础上又增加了建造国际法所容许的人工岛屿和其他设施的自由和科学研究的自由等2项公海自由，从而使得公海自由的总数达到了6项。可见，公海自由的包含范围是伴随人类开发海洋能力的增强而不断丰富与发展的。

内陆国"[1]。若从规范层面分析，公海自由原则包含正反两个面向的内容：一方面，公海应开放给全体人类共同使用；另一方面，各国不得依照国际法中的领土取得方式或其他理由，取得公海的全部或部分，不得占领公海全部或部分，也不得使用其他任何方法，防阻其他国家使用公海。[2]在全部6项公海自由之中，捕鱼自由、科研自由与国际海底区域生物多样性联系最为密切，这些自由实际上将公海生物资源设定为"共有物"，即各国可自由开发、自由获取、各自受益。虽然格劳秀斯最初所提出的理论是一种覆盖全部海洋的自由，但近代以来，海洋开始有了领海与公海之分，国家可以在各自的领海内独立行使主权，其范围由3海里逐渐增至12海里，此外，专属经济区、毗连区和大陆架等海洋区域类型划分的出现也分别赋予了主权国家在相应区域内的不同管辖权，而这些变化自然也使得海洋自由不再是绝对的自由。在以 UNCLOS 为核心的国际条约和国际习惯法的框架下，这种自由需受到合理限制，[3]例如适当考虑到其他国家行使公海自由的合法利益、以及与国际海底区域内活动有关的权利、对生物资源养护等。[4]特别是随着全球协作与共同治理的深入发展以及公海上愈演愈烈的"公地悲剧"现象，国际社会愈发开始重视 BBNJ 问题并采取了建立公海保护区等制度设计，这也将进一步对公海的航行、飞越和捕鱼等自由进行限制。但即便有此限制，公海自由原则强调公共资源共享的本质是十分明确的，随着人类海洋开发强度的逐步提升，特别是在国际海底区域、深海等此前未涉足海域，这种不足以匹配当前人类活动强度的限制易使国家管辖范围外海洋生物多样性陷入"自由利用，无人养护"的窘境。

根据 UNCLOS 的设计，国家管辖范围外海域被划分为公海与国际海底区域上下两部分进行管理。首先，对于公海部分的生物资源，主要由 UNCLOS 第七部分第二节有关"公海生物资源的养护和管理"部分和1995年《鱼类种群协定》进行规制。具体而言，上述国际立法所规定的公海自由原则（之捕

---

〔1〕《联合国海洋法公约》第87条第1款。

〔2〕 参见黄异：《国际海洋法》，渤海堂文化事业有限公司1992年版，第79~81页。

〔3〕 参见王勇："论'公海保护区'对公海自由的合理限制——基于实证的视角"，载《法学》2019年第1期。

〔4〕《联合国海洋法公约》第87条（一般限制），第七部分第二节（捕鱼自由限制），第六部分和第十三部分（科研自由限制）等。

鱼自由）的具体适用对象以"鱼类"及其利用与养护为主，按照 1995 年《鱼类种群协定》第 1 条之规定，"鱼类"包括软体动物和甲壳动物，但排除 UN-CLOS 第 77 条所界定的定居种。[1]因为第 77 条规定的是国家管辖范围内大陆架的主权权利，不涉及公海与国际海底区域。其次，能否将公海自由原则推演适用于国际海底区域生物资源是当下最难捉摸的问题，也是 BBNJ 讨论最核心的问题（即 BBNJ 的适用原则）。从目的上看，国际社会均希望通过有效规制海洋生物资源获取行为和非生物资源开采行为来实现国际海底区域生物多样性的养护与可持续利用，该过程本身其实是对传统公海自由原则（如限制捕鱼自由）的挑战。但是由于国家之间有关海洋开发利用能力和国际地位的差异，一些已经在国际海底区域开发上占据优势的沿海国家希望尽可能多地从国际海底区域中获益，公海自由原则对待海洋资源的开放态度自然是更受欢迎。[2]例如，日本提出 UNCLOS 已对惠益分享、技术转让等问题作出了规定，因而未来新协定无需再重复设定该问题。[3]此外，人类利用国际海底区域生物资源的重点领域之一是海洋遗传资源（Marine Genetic Resources，简称 MGRs），根据美国国立生物技术信息中心（NCBI）的统计，与海洋生物遗传资源直接相关的专利接近 5000 项，[4]且每年仍在以较大幅度增长。在该领域研发实力颇丰的美、日等发达国家坚持认为承载着遗传资源的众多国际海底区域生命体不在 UNCLOS 的规定范围之内，遗传资源的利用属于"公海自由"之下没有穷尽列举的一项自由，适用"先到先得"的规则，换言之，开发国家只要依据 UNCLOS 的规定履行了相应的海洋环境保护义务，

---

〔1〕《联合国海洋法公约》第 77 条第 4 款："本部分所指的自然资源包括海床和底土的矿物和其他非生物资源，以及属于定居种的生物，即在可捕捞阶段海床上或海床下不能移动或其躯体须与海床或底土保持接触才能移动的生物。"

〔2〕　近十年，每年申请发明专利约 300 项，以日本、美国、英国、中国和韩国申请数量最多。相较而言，我国虽然自"十一五"和"十二五"以来相关专利持有量快速增加，但仍然与发达国家有较大差距。根据财政部大洋专项成果统计，"十一五"期间我国在深海微生物领域获得专利 42 项，"十二五"期间申请专利 90 项，其中 20 项已获得授权。参见高岩、李波："我国深海微生物资源研发现状、挑战与对策"，载《生物资源》2018 年第 1 期。

〔3〕　See T. Kantai, A. Appleton, B. Soubry, et al., "Summary of the Second Session of the Intergovernmental Conference on an International Legally Binding Instrument under the UN Convention on the Law of the Sea on the Conservation and Sustainable Use of Marine Biodiversity of Areas Beyond National Jurisdiction: 25 March–April 2019", *Earth Negotiations Bulletin*, Vol. 25, No. 195., 2019.

〔4〕　参见高岩、李波："我国深海微生物资源研发现状、挑战与对策"，载《生物资源》2018 年第 1 期。

即可在包括国际海底区域在内的国家管辖范围外海域开展海洋科学研究和生物勘探开发活动。采取该立场的好处正如前述,深海遗传资源的研究与利用需要付出大量的金钱与时间成本,对于在该领域具有巨大研发优势的国家而言,将这些国际海底区域遗传资源视作公海自由原则之下的可自由获取之物,有助于提高相关主体开展科学探索的积极性,使得大量遗传资源不再深居国际海底区域之中,而是成为能够提高人类福祉和生活品质的重要物质。[1]

二、人类共同继承遗产

马耳他大使阿尔维德·帕尔多(Arvid Pardo)是国际法下人类共同继承遗产(Common heritage of mankind)原则的奠基者之一,[2]他于1967年向第22届联合国大会秘书处提出的这项国际法原则挑战了"富国与穷国之间的结构关系",其掀起了一场"不仅仅限于海洋法,而是在整个国际关系的革命"。[3]甚至有学者认为,"数千年来法律一直作为社会交换的规制要素存在,而人类共同继承遗产原则是人类创造的最重要的法律原则"。[4]回顾国际立法实践,关于公海最底层的国际海底区域资源法律归属问题在国际上存在着很大争议,自帕尔多大使提出人类共同继承遗产原则后,它的内涵不断得到具体化并在国际条约中开始初步确立。1969年第24届联大会议提出:"在有关海底国际管制制度成立以前,所有国家及个人,不论其为自然人或法人,均不得对各国管辖范围以外海洋底床与下层土壤地区之资源作任何开发活动,对此种地区

---

〔1〕 参见李晓静:"国家管辖范围外海洋遗传资源的定义及其法律地位探析",载《中国海商法研究》2017年第2期。

〔2〕 实际上,美国总统 Lyndon Johnson 于1966年大胆提出"全人类遗产"(the legacy of all human beings)概念,他认为,"无论何种情况我们都不能为了开发利用矿藏而使各海洋大国进入到新的殖民竞争之中。我们必须避免在公海海底出现圈地竞赛。我们必须确保深海和洋底为全人类遗产。"此概念与一年之后帕尔多大使所提出的人类共同继承遗产具有很大的相似性,但前者主要是道德层面的原则,而非具有明确意涵的法律原则。See J. N. Barkenbus, *Deep Seabed Resource: Politics and Technology*, Free Press, 1979, p. 40.

〔3〕 See A. Pardo, "Ocean, Space and Mankind", *Third World Quarterly*, Vol. 6, No. 3., 559–575.

〔4〕 See A. A. Cocca, *Mesa Redonda Sobre Encuadre Jurichico De La Actividad Económica En El Espacio: Legal Framework of Economic Activity in Space*, Consejo De Estudios Internacionales Avanzados, 1982, p. 159.

之任何部分或其资源之要求概不承认。"[1]次年新一届联大会议又继续对国际
海底区域国际法律制度作出了重要的决议，其宣告：各国管辖范围以外海洋
底床与下层土壤，以及该地域的资源为全人类共同继承的财产。[2]由此开
始，人类共同继承遗产原则已被全球大多数国家所认同。然而，即便如此，
在将该原则具体写入 UNCLOS 并搭建规则框架的协商过程中，各国之间的
分歧仍十分明显，特别是在有关国际海底区域资源的勘探开发、管理方式
等方面。例如，各国就国际海底区域资源开发提出了单一开发制、国际注
册与执照制、平行开发制三种观点。最终，为了争取多数发达国家加入 UN-
CLOS 并在其制度框架内实施国际海底区域资源开发利用活动，UNCLOS 在
该问题上采用了平行开发制的主要内容——作为最终实现单一开发制的过
渡，即国际海底区域活动由 ISA 的企业部进行；但同时也允许由缔约国或
国营企业，或在缔约国担保下具有缔约国国籍或由这类国家或其国民有效
控制下的自然人或法人，或符合 UNCLOS 第十一部分和附件三规定条件的
上述各方的任何组合，与国际海底管理局以协作方式进行。相应地，当由缔
约国或其企业进行开发时，其需向 ISA 提供资金、转让技术、分享利益，包
括在勘探开发每块矿区时向企业部提供具有经济价值的部分作为保留区域，
但 1994 年制定的《关于执行 1982 年 12 月 10 日〈联合国海洋法公约〉第十
一部分的协定》将其修改，上述有关资金、技术的条款不再是强制性的义务；
为了体现利益公平分享，发展中国家可向 ISA 申请保留区域。[3]从上述例证
中可以看出，人类共同继承遗产原则在国际海底区域问题上的适用是各方协商
甚至相互妥协达成一致的过程，且这一原则随着具体规则的制定与实施而逐渐
发展。虽然在此演进过程中与其最初的政治意涵有所差别，但也使 ISA 获得了
必要的技术和经费（主要来自发达国家），以维持日常运作与进行实际勘探开发
活动。[4]

　　可以说，在经历了漫长的国际博弈后，UNCLOS 第十一部分最终规定国

　　[1]　UNGA：A/RES/2574（XXIV），《各国现有管辖范围以外公海之海洋底床与下层土壤专供和
平用途及其资源而谋人类福利之问题》。
　　[2]　UNGA：A/RES/2749（XXV），《关于各国管辖范围以外海洋底床与下层土壤之原则宣言》。
　　[3]　《联合国海洋法公约》文本中未直接使用"平行开发制"的表述，但第 153 条第 2 款、附件
三等多处实际规定了该机制。
　　[4]　参见李汉玉："人类共同继承财产原则在国际海底区域法律制度的适用和发展"，载《海洋
开发与管理》2018 年第 4 期。

际海底区域适用人类共同继承遗产原则，[1]具体内涵包括：（1）国际海底区域及其资源属于全人类，不承认任何国家对其主张或行使主权；（2）设立国际海底管理局（ISA）代表人类对国际海底区域内资源实行国际管理；（3）体现利益分享，适用"平行开发制"，考虑国家间公平和代际公平；（4）各国基于和平目的和全人类的利益而开展活动。必须承认，该原则在国际海底区域的适用是20世纪发展中国家共同努力争取而来的重要成果，而且一直被发展中国家视为保护关键资源免受资本主义国家及其公司剥削的手段，对于公平分享国际海底区域资源利益和保护国际海底区域环境具有积极的现实意义。[2]然而，由于人类早期对深海认识的局限性，UNCLOS中关于国际海底区域资源的界定仅明确列举了矿产资源，国际海底区域生物资源（如海底基底表面或其沉积物中活动的底栖生物资源）作为最近几十年的科学新发现，没有写入当时的UNCLOS与后续协定之中，而目前国际社会对其法律性质也未达成共识。其中，77国集团及中国等发展中国家和不发达国家主张国际海底区域生物资源同样应当置于人类共同继承遗产原则之下，其观点和理由包括：一是从地域分布上看，国际海底区域生物资源与海底矿产资源基本上处于同一位置，都属于国际海底区域自然资源，且其中很大部分生物个体的主要栖息地便是此处海床或底土。可以说，国际海底区域生物资源与其所依附的海床、洋底及底土具有天然的无法分割属性；UNCLOS之所以在界定国际海底区域资源时未将其纳入规制范围，是因为当时国际社会并未意识到在国际海底区域之中会有如此丰富的生物资源，也未曾想到这些生物对于人类发展所具有的重要价值。[3]二是人类共同继承遗产原则并不像最初美国所言是意涵模糊的、人类道德意义上的口号，[4]而是具有明确指向的国际法原则，它反映的

---

〔1〕 参见《联合国海洋法公约》第11部分第2节，附件3（探矿、勘探和开发的基本条件）、附件4（企业部章程）等。

〔2〕 See J. Frakes，"The Common Heritage of Mankind Principle and the Deep Seabed，Outer Space，and Antarctica：Will Developed and Developing Nations Reach A Compromise?"，*Wisconsin International Law Journal*，Vol. 21，No. 2.，2003，p. 409.

〔3〕 参见许健："国际海底区域生物资源的法律属性探析"，载《东南学术》2017年第4期。

〔4〕 美国起初并不反对对深海海底适用人类共同继承遗产原则，甚至其第36任总统曾早于帕尔多大使提出类似概念。但随着该原则的进一步具体化和法律化，美国认为这项原则被赋予了太多超出其本身内涵的含义，若将该原则解释为一项物权制度，就会为发展中国家"控制"（发展中国家称"参与"）海底活动提供入口，因而不符合美国之国家利益。See J. N. Barkenbus，*Deep Seabed Resource：Politics and Technology*，Free Press，1979，p. 42.

是一种类似公海自由原则中"共有物"这般的物权制度。将该原则适用于国际海底区域资源（含生物资源）能够实现 UNCLOS 序言所言，"有助于实现公正公平的国际经济秩序，这种秩序将照顾到全人类的利益和需要，特别是发展中国家的特殊利益和需要。"更进一步而言，该原则所创造的具体法律制度对于平衡发展中国家与发达国家在国际海底区域资源利益获取、确保国际海底区域资源的可持续利用、保护海洋生态环境以及保障勘探开发国合法权益等方面具有重要意义。

三、法律地位的确认：在公海自由与人类共同遗产之间调适

如前所述，在 UNCLOS 及其现有协定制定之时，国际社会对于可能存在于国家管辖范围外海洋底床的生物多样性尚缺乏足够的了解，这种关键认识的缺失使得国际海底区域生物多样性在深海海底采矿和生物技术研究不断推进的背景下愈发陷入监管危机，同时也引发了各国基于自身利益的获取而对国际海底区域资源展开的新竞争。可以说，国际海底区域生物资源的法律属性不仅决定了国际海底区域生物多样性应当适用何种规制原则，而且根据 UNCLOS 和 CBD 对生物多样性保护采用"生态系统方法"的法律框架设定，该问题也将进一步映射出整个未来 BBNJ 总体适用原则和制度构建的走向。此外，根据前文表 5 整理可知，有关公海自由和人类共同继承遗产的选择也几乎直接决定了 BBNJ 谈判中诸如划区管理工具（含公海保护区）、海洋遗传资源获取与利益分享等多个具体议题的设计思路。

从国家管辖范围外地区的海洋生物分布来分析，既有生活在公海之中的，也有生活在国际海底区域内（或称深海定居底栖生物）的，还有在不同生境间变换生存场地的。这便使得我们很难一概而论地将深海生物分别对应划归至公海与国际海底区域之中，不仅理论上存在此困难，在实践中也将面临许多操作问题，例如判断所获取深海生物的实际来源。目前，国际社会就国际海底区域生物资源进行谈判的重点之一是国际海底区域与其上覆水域——"公海"应共同选择适用何种制度。[1]其中，以 77 国联盟为代表的大多数发展中国家提倡将人类共同继承遗产原则的适用范围进一步扩大，即在国际海

---

[1] 参见李晓静："国家管辖范围外海洋遗传资源的定义及其法律地位探析"，载《中国海商法研究》2017 年第 2 期。

底区域生物资源法律属性方面适用人类共同继承遗产原则，从而使得国际海底区域及其资源（含生物资源）在世界各国平等分享，并引入诸如通知、非货币和货币利益共享以及获取知识产权等要求。部分具备开发这些资源的技术和财务能力的国家，如俄罗斯、美国、日本和韩国则支持公海自由竞争，这意味着任何国家都可以自由获取并拥有任何发现的特定资源，如此也不涉及上述惠益分享的问题，但也可能会阻碍国际社会对这部分资源及其环境的监管。当然，还有一些国家则认为这两项原则可以共同发挥作用，即分而治之，例如根据深海生物资源所处地理位置的不同来判断应具体适用何种规制原则，在公海范围内获取的生物资源按照公海自由原则进行管理，而在国际海底区域发现的生物资源则依照人类共同继承遗产原则进行管理。但这种做法可能会人为地割裂本来相互连接在一起的深海空间与生境，不利于海洋生态系统的整体保护。换言之，如果国际社会达成共识认定国际海底区域生物资源亦属于人类共同继承遗产，[1]则今后该类"有生资源"的开发利用将与当前国际海底区域矿产资源适用类似的规则，国际海底区域生物多样性的保护也将完全纳入人类共同继承遗产原则之下；同时，在与国际海底区域相连通的上覆水域——公海，虽然鱼类及其他生物资源的法律属性仍被置于公海自由原则所主导的"共有物"理论之下，但其中包含的海洋遗传资源要素作为国家管辖范围外海域生物多样性的规制内容应适用何种原则仍是当下谈判的未决重点。[2]从生态系统的视角观之，其在很大程度上将受到国际海底区域生物资源制度及其生物多样性规制原则的影响。例如，新文书同国际海底区域制度保持一致，整体基于人类共同继承遗产原则构建，或者通过进一步限制公海自由原则以加强对国家管辖范围外海域生物多样性的养护。

---

〔1〕 这种假设有其合理性，一是因为国际海底区域生物因其固着特性与其依附的海底在生态学上具有不可分性；二是国际海底区域矿产资源开发及其配套的环境保护措施系以人类共同继承遗产原则为基础，国际海底区域生物资源的制度基础需与之保持一致，否则无法整体实现国际海底区域生物多样性的保护与可持续利用。

〔2〕 在 IGC 谈判中，已有代表提出应区分鱼类和其他生物资源作为传统商品和海洋遗传资源时的不同法律属性。See T. Kantai, J. Bansard, T. Goldberg, et al., "Summary of the Second Session of the Intergovernmental Conference on an International Legally Binding Instrument under the UN Convention on the Law of the Sea on the Conservation and Sustainable Use of Marine Biodiversity of Areas Beyond National Jurisdiction: 25 March-April 2019", *Earth Negotiations Bulletin*, Vol. 25, No. 195., 2019.

　　不过，无论是选择公海自由原则还是人类共同继承遗产原则，它们的初衷都侧重于保护人类的海洋开发利用权利，而不是重点关注 UNCLOS 第十二部分所要求的海洋环境保护与保全的责任（以及世界海洋健康状况下降的事实），因此必须作出相应的调整与改变以适应当前国际海底区域生物多样性保护的需求。具体而言，就是按照人类对国际海底区域生物资源的开发活动采行分阶段规制的方法，同时将国际海底区域生物资源的开发利益分配与保护问题适当分离，即无论采取何种原则，均不应影响对国际海底区域生物多样性的保护。从第一章的分析中可知，因物种与生境的特点，目前国际海底区域生物资源的可利用形式以遗传资源为主，与公海着重渔业捕捞有所差别，这便决定了人类的国际海底区域生物资源开发行为将主要是科研、生物勘探以及基因提取等。鉴于此，这些行为的前置步骤基本上为样本采集作业，因此一般情况下出现滥捕与破坏性利用的情况较少，其具体作业过程中对深海海底生物的生境可能造成的诸如温度、光、噪音等要素变化影响相比海底矿产开采而言也要小许多。这一过程与商业捕捞具有一定相似性，对生物多样性造成的影响也较相似，在这些生物体进入到下一个利用阶段之前——提取基因资源或直接成为交易，实际上不易从人类开发行为方式上将采集与捕捞相区分。既如此，处于捕捞或采集阶段的国际海底区域生物资源符合公海自由原则的适用条件；如果后续需从这些生物体中提取基因资源则应当将其视作人类共同继承遗产，相关利益由全人类共同享有，此时惠益分享和技术转让等制度则显得十分必要。[1]

　　展开来说，一方面，由于这些国际海底区域生物资源处于国家管辖范围外海域，根据国际社会在 BBNJ 政府间会议上所确立的不损害现有海洋法框架的协商要求，UNCLOS 对捕捞与采集作业下公海生物资源已有明确规定，即适用公海自由原则，并且已经形成了相应的利用与养护制度。为了不割裂海洋生物多样性与生态系统，采集国际海底区域生物资源时同现有制度保持一致

────────────

　　[1]　有学者质疑如何能够限制与区分海洋生物资源与遗传资源的获取，以及海洋生物的流动性问题。对此，应当看到生物的遗传基因序列信息不仅具有开发利用价值，而且也具有物种的身份识别功能。通常，物种的种群分布都有其特定环境习性，而开发行为主体在利用遗传资源获益阶段会申请相关专利。为了解决上述质疑，目前需要做的是协调世界知识产权组织（WIPO），要求行为主体在申请该类型专利时附带提交样本获取地点，并借助分布习性与基因序列进行核对。参见胡学东：“国家管辖范围以外区域海洋生物多样性政府间会议谈判前瞻及有关建议”，载胡学东、郑苗壮编著：《国家管辖范围以外区域海洋生物多样性问题研究》，中国书籍出版社 2019 年版，第 16 页。

而适用公海自由原则，能够促进未来新旧制度间的协调。而且国际海底区域生物资源勘探和开发行为对时间、资金和技术的要求非常高，适用公海自由原则可以减少各国受到的程序性限制，提升生物勘探与开发主体的开发动力，加快国际海底区域遗传资源的研究与开发进程，在造福人类更好生活的同时，也能借此进一步增强人类对国际海底区域生物的了解。另一方面，各国从生物体中提取的遗传信息是数万年来人类生活在地球上所积累的共同财富，应由全世界共享。这些遗传基因作为特殊的生物资源不能被少数拥有技术与资金优势的国家独占和垄断，[1]应通过建立科学合理的信息与技术的分享机制，如通过技术转让、货币或非货币的利益分享等方式，帮助发展中国家真正从国际海底区域生物资源中获益并提升其自主开发的能力，使各国能够自由使用这些人类共同继承遗产，消减发达国家同发展中国家之间的差距，最终推动国际海底区域生物资源在制药、工业、化妆品等多领域给全人类带来共同福祉。此外，由国际海底区域生物资源所衍生的生物制品不应被列入申请专利许可的范围，取而代之的是，可通过建立全球基因资源库等方式开放给各个国家获取和使用。[2]

第二节　国际海底区域海洋遗传资源的获取制度

国际海底区域生物资源所蕴藏的丰富海洋遗传资源是目前各国争相开发的重要对象，因而针对国际海底区域生物多样性开发利用的制度规则设计应当是围绕此处海洋遗传资源而具体展开的。其中，有关国际海底区域海洋遗传资源的获取制度是开发利用规则设计的第一步。

---

〔1〕　目前，国家及其相关企业一旦从深海生物中获取了有价值的遗传基因往往都会及时申请专利。而按照 TIRPs 的现行规定，无论是该提取出的遗传基因还是其获取过程均可被授予专利。如此，这一制度设计不仅阻碍了遗传基因资源通过惠益分享的方式转移给其他国家，而且也在相关领域形成了垄断现象。

〔2〕　例如，建立的基因库可以存储原料（如微生物的样品）、生物材料有关的数据，但不存储实物样品。而相关配套的共享遗传资源的制度需符合 UNCLOS 第 244 条，不论是否有专利保护都可通过适当途径公布和传播有关微生物的研究结果。参见李晓静："国家管辖范围外海洋遗传资源的定义及其法律地位探析"，载《中国海商法研究》2017 年第 2 期。

一、获取行为概述

（一）获取海洋遗传资源的方式

目前尚无国际公认的海洋遗传资源（MGRs）的法律定义，但从 CBD 及其《遗传资源获取与惠益分享的名古屋议定书》（以下简称《名古屋议定书》，2010 年）、《粮食和农业植物遗传资源国际条约》（以下简称《粮农条约》，2001 年）中提供的相关定义中可推断出该术语的含义。按照 CBD 的思路，海洋遗传资源可被描述为"来自海洋植物、动物、微生物或其他来源的任何含有实际或潜在价值的遗传功能单位的材料"，[1]《粮农条约》的定义与之类似。《名古屋议定书》第 2 条还提供了衍生物的定义，即"由生物或遗传资源的遗传表现形式或新陈代谢产生之、自然生成之生物化学化合物，即使其不具备遗传之功能单元"。例如，不饱和脂肪酸、纤维素、糖类、蛋白质等小分子化合物。不过，《名古屋议定书》中有关衍生物的界定实际上超出了 CBD 关于遗传资源的定义，因而国际社会对于是否应将衍生物规定在未来国家管辖范围外海洋遗传资源之中尚存在争议。迄今为止，世界知识产权组织知识产权与遗传资源、传统知识和民间文学艺术政府间委员会就与遗传资源相关的知识产权问题已经进行了多年的讨论，其中便涉及遗传资源是否包含衍生物的问题。我国政府在讨论该问题时认为，无论是 CBD，还是《粮农条约》，两者均未将衍生物这一不含有遗传功能单元的生物化学合成产物列入遗传资源范围，因此有关国际海底区域海洋遗传资源的新规则不应涵盖衍生物。

在国际海底区域获取海洋遗传资源的方式主要包括以下三种：

（1）原生境获取（in-situ access）。原生境获取即指在海洋生态系统和生物栖息地等自然环境中获取或采集包括遗传资源在内的海洋生物样品。就现阶段看，受制于国际海底区域极端的环境，人类在此处获取的遗传资源仍然十分欠缺，研究进展也十分缓慢。

（2）非原生境获取（ex-situ access）。非原生境获取是指在生物自然栖息地之外获取海洋遗传资源，所获取的海洋遗传资源包含各国从国际海底区域采集并储存在其海洋遗传资源库中的样品，如中国大洋深海生物基因研究基

---

〔1〕　CBD 第 2 条。

地、国家海洋局深海微生物菌种保藏管理中心等。此外，非原生境获取的具体途径包括通过双边或多边协议获得海洋遗传资源的相关信息。这种方式有利于全球海洋科学研究的资源共享与互惠，特别是对于一些缺少技术、装备而无法直接从原生境获取海洋遗传资源的国家。

（3）生物信息学获取（in-silico access）。生物信息学获取则是获取生物信息学检测信息、数据和现有以及后续研究成果，通过计算机计算模拟来检测生物模型、药品和医疗方式效果的方法。

总体而言，国际社会对于通过制定新文书以规制原生境获取已经达成共识，但对于后两者尚有分歧。从本质上看，非原生境获取和生物信息学获取更偏向于海洋遗传资源的惠益分享事项，因此本书对于规制获取海洋遗传资源方式的讨论主要以原生境获取为主。

（二）获取行为的性质与目的

在当前 UNCLOS 框架之下，并没有关于海洋遗传资源活动范畴的具体界定。在一些联合国文件与会议上，生物勘探常被用来描述涉及海洋遗传资源的活动，而获取（access）这些资源的行为实际上可以视为生物勘探的一部分，即通过勘探、开采等方式取得遗传资源的过程。根据 CBD 秘书处的定义，所谓生物勘探是指为了遗传和生物化学资源的商业价值而开发利用生物多样性的行为，也可以将其理解为从生物圈收集有关遗传资源的分子组成信息以开发新的商业产品的过程。[1]通常，生物勘探可分为四个阶段：（1）现场采集样本；（2）分离、鉴定和培养等实验室过程，其中包括对海洋遗传生物多样性的评价、新机理的发现、新基因的发掘与功能验证；（3）筛选潜在利用途径，如生物制药、化学品研发等；（4）产品开发及商业化，包括专利申请、试验、市场推广及销售。[2]（见图 5）UNCLOS 虽然规定了有关国际海

---

〔1〕 See UNEP, "Progress Report on the Implementation of the Programmes of work on the Biological Diversity of Inland Water Ecosystems, Marine and Coastal Bioloyical Diversity, and Forest Biological Diversity (Decisions IV/4, IV/5, IV/7)", UNEP/CBD/COP/5/INF/7 Convention on Biological Diversity, https://www.cbd.int/doc/meetings/cop/cop-05/information/cop-05-inf-07-en.pdf. Retrieved December 31, 2919.

〔2〕 参见郑苗壮、裴婉飞："国家管辖范围以外区域海洋遗传资源获取与惠益分享制度研究"，载胡学东、郑苗壮编著：《国家管辖范围以外区域海洋生物多样性问题研究》，中国书籍出版社 2019 年版，第 89 页。

底区域矿物的勘探规则，但未直接对海洋生物勘探进行规定。[1]基于形式与过程方面的相似性，海洋遗传资源的获取实际上是整个生物勘探过程的第一个环节。

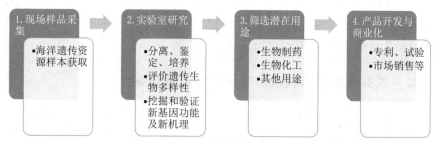

图5　生物勘探流程图

从国家管辖范围内遗传资源获取的规制实践看，根据遗传资源的获取目的来限制某一类具体获取行为是各国普遍采用的做法。按照 CBD 及《关于获取遗传资源并公正和公平分享通过其利用所产生的惠益的波恩准则》（以下简称《波恩准则》）和《粮农条约》的规定，通常将遗传资源的获取分为商业性目的和非商业性目的两类，然而两者的界限其实并不清晰。因为无论是基于商业目的，抑或非商业目的，其获取遗传资源的行为外观没有差异，最终目的正如生物勘探流程所示，可能都将转化为产品开发与商业化利用。要区分商业目的与非商业目的的获取，唯一的判断出口是研究成果的利用方式。例如，基于非商业目的获取的海洋遗传资源，其研究成果主要流向公共领域；基于商业目的获取的海洋遗传资源，其研究成果多出现在私营领域，即为私人所有并被其通过申请知识产权加以保护。目前，针对国家管辖范围内的获取行为，遗传物质的提供国与使用国一般会通过材料转让协议限制基于商业目的的遗传资源获取。但是，这种严格的管制对于公共领域和私营领域都会造成不利影响，尤其是会妨碍基于非商业目的而需要获取遗传资源的活动，如开展科学研究。在国际海底区域，由于人类对此处生物多样性的总体了解程度有限，因此获取相关海洋遗传资源的目的更多还是通过探索未知领域来

---

〔1〕　能够找到相关条款为 UNCLOS 第 246 条第 5 款第 1 项：但沿海国可斟酌决定，拒不同意另一国家或主管国际组织在该沿海国专属经济区内或大陆架上进行海洋科学研究计划，如果该计划：（a）与生物或非生物自然资源的勘探和开发有直接关系。

拓展人类的认知，增加创新来源。有研究显示，当前尚无私营机构直接在深海获取遗传资源从事研究与开发活动，它们主要依靠各国遗传资源保藏中心收集的样本，通过与国家科研组织和学术机构进行合作的方式开展相关研发工作。[1]由此可见，商业目的与非商业目的在获取海洋遗传资源上的区别在于行为主体如何使用这些海洋遗传资源及其使用行为的最终走向，而获取行为本身是无法成为判断的依据的。

二、现有遗传资源获取制度比较分析与借鉴

有关遗传资源的管理机制大体上可以分为国家管辖范围内地区与国家管辖范围外地区两部分，目前关于国家管辖范围外地区（包括国际海底区域）的海洋遗传资源获取规制模式尚在设计之中，但 CBD、《名古屋议定书》和《粮农条约》等国际文书针对国家管辖范围内地区遗传资源获取行为所设定的法律规制可以为此提供经验借鉴。[2]

（一）严格的《名古屋议定书》模式

2010 年制定的《名古屋议定书》作为实现 CBD 关于公平利用与分享遗传资源目标的具体制度，[3]其在 CBD 之下形成了一种较为严格的遗传资源获取管理模式，也称为"双边模式"。该模式内容如下：

首先，准入机制——为获取行为设定"事前知情同意制度"。根据 CBD 第 15 条第 1 款和第 5 款之规定，各缔约国可以要求遗传资源使用者在取得遗传资源之前须得到资源来源国的事先知情同意。在此基础上，《名古屋议定书》对这项制度也作了进一步的确认与细化，其第 6 条、第 13 条包含了一套双边体系运作下的遗传资源获取机制，即寻求获取遗传资源的申请人通过与资源所有国单独签订"许可协议"的方式获取遗传资源。在具体展开过程中，

---

〔1〕 参见郑苗壮、裘婉飞："国家管辖范围以外区域海洋遗传资源获取与惠益分享制度研究"，载胡学东、郑苗壮编著：《国家管辖范围以外区域海洋生物多样性问题研究》，中国书籍出版社 2019 年版，第 89 页。

〔2〕 一个值得注意的前提是上述三个国际文书都确认了各国家对其管辖范围内的自然资源（含遗传资源）拥有主权权利，能否获取到特定遗传资源的决定权在资源所在国政府，并适用其国内法管理，这也是与国际海底区域有关问题相比最大的差别。

〔3〕《名古屋议定书》第 3 条之二第 4 款规定：本议定书是执行《生物多样性公约》的获取和惠益分享规定的文书。

申请者须对资源所有国的主管当局围绕遗传资源获取与利用的目的、程序方式、研究机构及资金来源、预期利益及风险等问题进行说明，国家主管当局则应对申请者是否有效说明及其说明内容作相应审查，并对申请人事先说明义务的履行情况进行监管。[1] 在全面知情与双方达成合意的情况下，遗传资源的实际所有者与（或）国家主管当局才会同意申请者获取、利用遗传资源的请求。当然，此处"同意"还包括了双方对于后续遗传资源惠益分享的相关安排。实践中，随着越来越多国家将"事前知情同意制度"纳入其国内法，该制度已逐渐为各国所认可。

其次，一事一议的谈判机制——"共同商定条件"。基于事前知情同意机制，遗传资源的申请者和提供者通过谈判，就遗传资源的获取与惠益分享问题共同商定交换条件以达成相应协议。[2] 对此，《波恩准则》第44条提供了共同商定条件指示性清单的参考，包括"遗传资源的类型和数量，以及进行活动的地理/生态区域、材料用途的限制"等9项内容。

此外，随着生物技术的迅速发展，遗传资源数字序列信息已经成为国际社会在该领域关注的一项新焦点，相关的获取与惠益分享问题仍在讨论之中。[3]

综观之，虽然 CBD 规则下的缔约国仅可对其管辖范围内的遗传资源进行管理，但 CBD 和《名古屋议定书》通过规定"共同商定条件"形成了获取遗传资源的双边模式。但是，从规则设置上看，其偏向对商业化获取行为的管理，获取条件较为严苛，需要得到遗传资源提供国的许可同意，并且明确双方可以商定获取成本；就其利弊而言，这种双边模式有利于保护遗传资源，但必须依靠相应的配套机制来保障相关规定能够得到顺利执行。

---

〔1〕 参见钭晓东："遗传资源新型战略高地争夺中的'生物剽窃'及其法律规制"，载《法学杂志》2014 年第 5 期。

〔2〕 CBD 第 15 条第 4 款，取得经批准后，应按照共同商定的条件并遵照本条的规定进行。以及该条第 7 款，每一缔约国应按照第 16 和 19 条，并于必要时利用第 20 和 21 条设立的财务机制，酌情采取立法、行政或政策性措施，以期与提供遗传资源的缔约国公平分享研究和开发此种资源的成果以及商业和其他方面利用此种资源所获的利益。这种分享应按照共同商定的条件。

〔3〕 See UNEP, "Decision Adopted by the Parties to the Nagoya Protocol on Access and Benefit-Sharing, 2/14, Digitat Sequence Information on Genetic Resources", CBD/NP/MOP/DEC/2/14, Convention on Biological Diversity, https://www.cbd.int/doc/decisions/np-mop-02/np-mop-02-dec-14-en.pdf. Retrieved December 31, 2019.

（二）宽松的《粮农条约》模式

相比前述模式，2001 年制定的《粮农条约》作为世界上首个专门规制粮食和农业植物遗传资源保护、利用与惠益分享的国际多边体系，强调各缔约国应当便利遗传资源的获取，即以保障粮食安全为目的的非商业化获取遗传资源。

1. 建立多边系统

基于各国对于粮食和农业植物遗传资源高度的相互依赖与无法自足的特性，《粮农条约》构建了多边系统以帮助和保障育种者和农民等群体可以方便、低成本地获取广泛的粮食和农业植物遗传资源。该条约第四部分第 10~13 条确立了多边系统具体运作的若干法律规则，包括：（1）缔约方负有"采取必要的法律措施或其它适当措施，通过多边系统向其它缔约方提供这种获取的机会"；（2）缔约方在多边系统下根据第 12 条第 3 款所列举的相应条件，为其他国家提供获取粮食和农业植物遗传资源的便利，这些条件正是各国通过多边国际谈判事先商定的结果。具体涉及获取目的、最低成本、基本信息提供与说明、知识产权相关问题等 8 个方面；（3）在程序上，方便获取将根据标准的《材料转让协定》予以提供。

2. 实行清单制

除采用多边系统外，各国根据遗传资源对于粮农安全的重要性以及相互依存度，在《粮农条约》中以附件的形式将 64 种农作物和植物放入多边系统的作物清单。如果需要获得附件中列出的农作物和植物样本，则须签订标准的《材料转让协定》。换言之，属于多边系统基因库中的遗传资源可直接依照协议进行，资源提供方和接受方不再需要逐个就不同遗传资源展开协商来明确获取和惠益分享的条件，取而代之以双方签订标准的《材料转让协定》的简便方式即可取得相应的遗传资源，同时双方有义务遵守协议设定的各项条款。[1]

总体上，相比严格的获取，该模式的根本特点在于取消准入规则的约束，形成简便、快捷和低成本的获取优势，同时借助统一的标准协定文本，降低了遗传资源提供者和使用者的相关成本，对于促进可持续农业和粮食安全具有重要意义。

---

[1] 参见张小勇、王述民："《粮食和农业植物遗传资源国际条约》的实施进展和改革动态——以获取和惠益分享多边系统为中心"，载《植物遗传资源学报》2018 年第 6 期。

表6　现有国际文书中关于遗传资源的相关规定

		生物多样性公约	名古屋议定书	粮食和农业植物遗传资源国际条约
定义	遗传资源	具有实际或潜在价值的遗传材料	同CBD	对粮食和农业具有实际或潜在价值的任何植物遗传材料
	遗传材料	来自植物、动物、微生物或其他来源的任何含有遗传功能单位的材料	同CBD	任何植物源材料，包括含有遗传功能单位的有性和无性繁殖材料
	衍生物	/	由生物或遗传资源的遗传表现形式或新陈代谢产生之、自然生成之生物化学化合物，即使其不具备遗传之功能单元	/
	利用遗传资源	/	对遗传资源的转化和生物化学组成进行研究和开发	/
管辖范围	时间维度	/	/	/
	地理维度	1. 国家管辖范围以内地区（针对生物多样性组成部分）；2. 国家管辖范围以外地区（针对国家管辖或控制下开展的过程与活动）	同CBD	/
	管辖对象	1. 生物多样性组成部分；2. 缔约国管辖或控制下开展的过程和活动	1. 遗传资源极其惠益；2. 与遗传资源有关的传统知识及其惠益	附录Ⅰ中的粮食和农业植物遗传资源
获取行为	批准与同意	须缔约国事先知情同意	符合国内法，并经此种资源来源国的提供缔约方事先知情同意	缔约方采取必要的法律措施或其他适当措施，通过多边系统向其他缔约方提供获取的机会

续表

		生物多样性公约	名古屋议定书	粮食和农业植物遗传资源国际条约
	目的	/	商业目的或非商业目的	只为粮食和农业研究、育种和培训而利用及保存提供获取机会。如系多用途（食用和非食用）作物，其对粮食安全的重要性应作为是否将其纳入多边系统和可否提供方便获取机会的决定因素
	条件	共同商定条件	同 CBD	根据标准的《材料转让协定》予以提供
	有偿/无偿	/	获取费、使用费等，按共同商定原则	1. 应无偿提供；2. 如收取费用，则不得超过所涉及的最低成本
惠益分享	分享类型	/	货币和非货币性惠益（含知识产权）	1. 非货币性：便利获取资源、信息交流、技术获取和转让、能力建设；2. 货币性：分享商业化产生的利益
惠益分享	受益方	/	资源提供方	持有遗传资源的缔约方国家政府及其自然人、法人
其他机制	活动监测	/	由作为资源使用者的缔约方监测	无须跟踪单份收集品
其他机制	争端解决机制	谈判、第三方斡旋或调解、仲裁和上诉国际法庭等	共同商定条件含有争端解决条款	同 CBD 和《名古屋议定书》

三、国际海底区域海洋遗传资源获取行为的规制设计

（一）获取模式

上述针对国家管辖范围以内地区遗传资源的获取模式为设计国际海底区

域海洋遗传资源获取制度提供了有益的参考模板。从理论上看，获取行为管理实际上是国际海底区域生物资源法律属性的延伸问题，而国际社会不同阵营之间在该问题上所持的观点存在着较为明显的分歧，这给未来相关规制设计的走向带来了不确定因素。概括而言，发展中国家立足于人类共同继承遗产原则，提出对国际海底区域海洋遗传资源的管理应置于专门国际机构之下，并以造福全人类为目的开展活动。与之相反的是，一些对海洋开发利用存在优势的国家反对发展中国家提出的公平分享理念，强调公海自由是海洋领域的长期传统，而自由获取海底遗传资源亦是其中应有之义。此外，以欧盟为代表的一派观点则认为海洋遗传资源的获取行为其实可以被视为海洋科学研究，进而可以放在现有 UNCLOS 框架下进行规制；〔1〕从最近 BBNJ 我国代表发言看，其也采纳了上述欧盟关于海洋遗传资源获取的观点。〔2〕

尽管国际社会在该问题上存在许多争议，但各方均赞同的养护与可持续利用 BBNJ 的总体目标是十分明确的。结合本章第一节得出的关于国际海底区域生物资源法律属性的观点，笔者认为，选择相对宽松的获取模式设计是更可取的。

其一，它有利于促进人类福祉。无论是《名古屋议定书》创设的获取模式，还是如今发展中国家主张的基于人类共同继承遗产原则来规制海洋遗传资源获取，它们的关键词均包含限制、管控，试图通过一种严格的管理方式平衡发达国家因技术优势而产生的实际利益差距。分析这两种获取方案，前者更多关注商业目的之下的遗传资源获取与利用，因而颇为强调管理获取行为和审查程序；后者虽然占据着国际公平的道德制高点，但是从不少发展中国家的实际需求和表现来看，传达的是其对于因自身实力不足而无法争取新型国际利益的担忧，有关这一点可从其坚持主张货币型惠益分享，强制性追踪、许可、付费等方面窥见。然而，国际海底区域中的遗传资源不可被主张主权，它们是全人类共同的宝贵财富，其巨大的潜在价值具有造福未来人类

---

〔1〕　See EU Commission, "Statement of the European Union and its Member States at the Intergovernmental Conference on an Internationally Binding Instrument Under the United Nations Convention of the Law of the Sea on the Conservation and Sustainable Use of Marine Biological Diversity of Areas Beyond National Jurisdiction First Session", http://statements. unmeetings. org/media2/19407932/eu-general-statement-written-version. pdf. Retrieve January 31, 2020.

〔2〕　参见郑苗壮等编：《BBNJ 国际协定谈判中国代表团发言汇编（一）》，中国社会科学出版社 2019 年版，第 101 页。

的功用，这就决定了有关此处遗传资源的规制必须依靠多边机制来解决，而且应当是朝着有利于全人类共同利益的角度发展。由于深海遗传资源开发周期长、耗费成本高，且目前以原生境获取为主，如果对作为开发遗传资源第一步的获取行为便施加严格的管控，将极大限制拥有技术和资金的国家发挥其在探索人类尚不甚了解的深海海底生物方面的优势。即便此时无法确定其获取行为的目的是商业性还是非商业性，也不应过早阻止其促进人类福祉的努力。

其二，它不损害现有国际规则。国际海底区域中的遗传资源是海洋生物的衍生品，对其施加严格的获取行为管理，不可避免地会对公海自由理论（特别是捕鱼自由）产生较大冲击，其实际效果不仅会引起许多发达国家的反对，还会限制捕鱼自由，甚至可能间接限制科研自由，这与促进海洋科学研究与开发的原则相悖。国际海底区域遗传资源作为"公共财富"，对其相应的获取制度应该尽可能减少获取成本。自由宽松的获取模式在延续传统海洋法精神的基础上，可以激励海洋科研和创新，如生物技术、深海科学的发展和对国际海底区域的探索。相比之下，追踪、许可审核等严格的准入措施可能会带来限制科学发展并增加行政管理负担的风险。

（二）具体机制设计

在国际海底区域海洋遗传资源获取机制的具体设计上，可以参考已有的遗传资源获取管理方式，但由于任何国家均无法就国际海底区域遗传资源主张权利，因此在具体制度设计上须作相应调整。

1. 原生境获取的通知报备制度。此项制度并不像 CBD 和《名古屋议定书》规定下的准入许可制度——只有经过特定国际机构的审批并获得许可证才能合法获取遗传资源，而是要求获取方在国际海底区域采集遗传资源前向有关国际机构报备并提交详细信息报告。报告的内容可以包括采集遗传资源的主体、具体获取对象和数量、获取时间与地点、操作方式等。[1]然而，由于各国在国际海底区域的实际采集行为可能因现场作业环境变化而存在相应的不确定性，该制度也应要求行为主体在正式结束采集之后，结合实际作业情况对此前的报告文本进行更新，以此确保有关国际机构能够保持对遗传资

---

〔1〕 该制度的设计亦可参考《关于登记射入外层空间物体的公约》（Convention on Registration of Objects Launched into Outer Space）相关规定。

源开发过程的必要监测。可以说，这是一种有限度的自由获取模式，除上述报告义务外，获取方的开发行为还应当符合预防原则、最佳行业标准、避免在保护区作业等必要规定。有关该部分的内容将在下一章具体阐述。

2. 非原生境获取的多边协议制度。虽然目前针对国际海底区域遗传资源主要是原生境获取行为，但从促进科学研究和最大程度养护生物多样性的角度出发，针对国际海底区域遗传资源（样本和研究成果）设计便利的非原生境获取制度十分必要。因为非原生境的获取方式可以有效地减少重复采样，避免了不必要的作业活动。通过借鉴《粮农条约》形成的多边便利获取系统和标准的《材料转让协定》，可以创设国际海底区域遗传资源库，缔约国依照事前商定的程序和规则即可取得，例如，向国际或各国资源管理机构申请并支付必要费用。但须注意的是，此处的费用仅指获取非原生境资源的实际行政成本。对于遗传资源使用的目的，亦可参照《粮农条约》，在标准的《材料转让协定》中要求获取方的行为符合国际海底区域生物多样性保护和可持续利用的目标。[1]

在国际海底区域遗传资源问题上主张宽松自由的获取并不代表这是一种"随意"的获取制度，而是需要在采集原生境海洋遗传资源时充分重视环保措施和预防原则。换言之，为了贯彻养护与可持续利用这项 BBNJ 基本目标，宽松自由获取模式所带来的优势效用需要上述具体程序机制的支持，而且也将在很大程度上依赖于惠益分享、海洋保护区、环境影响评价等制度的完善。

第三节　国际海底区域海洋遗传资源惠益分享制度

一、惠益分享的基本范畴

（一）核心内涵

就现有机制而言，惠益分享（Benefit Sharing）是指依据所获取的遗传资源所取得的惠益，通常在资源的获取利用者与提供者之间进行分享。但由于

---

〔1〕 参见袁雪、廖宇程："国家管辖范围外区域海洋遗传资源的获取和惠益分享：机制选择与中国方案"，载《中国海洋大学学报（社会科学版）》2019 年第 5 期。

国际海底区域属于国家管辖范围以外地区，此处海洋遗传资源不属于任何主权国家，所以在该问题上并不存在所谓遗传资源的提供者，惠益的实际分享可能发生于使用者与新文书的其他缔约国之间。

就惠益的内涵而言，现有的国际文书并未给出确切说明。不过，从CBD相关条款中可以分析出其大致含义，惠益包括或涉及：（1）遗传资源的适当取得、有关技术的适当转让和提供适当资金（CBD第1条）；（2）研究和开发遗传资源的成果、商业和其他方面利用遗传资源所获的利益、生物技术所产生成果和惠益等（CBD第15条第7款、第19条第1~2款）；（3）有关的传统知识、创新和做法而产生的惠益（CBD第8条第10项）。可以说，当前有关惠益之具体内涵主要是基于CBD所确定的大致原则或方向，操作层面则更多地还是留给实践中相关主体通过进一步磋商解决。

分享行为的法律意涵同样缺少国际共识性的准确规定。由于现有国际文书主要回应的是国家管辖范围内的遗传资源问题，其在分享主体方面的安排如前所述，即分享行为发生于遗传资源的提供者与使用者之间，而国际海底区域遗传资源分享将主体范围延展至使用者与更广泛的潜在使用者之间。基于客体来看，资金、优惠条件、专利或其他知识产权、有关利用和保护的知识与技术等都可以成为分享的客体。〔1〕然而，除却这些客观内容外，对于惠益分享而言最重要也最难处理的问题是如何实现公平合理。无论是CBD、《名古屋议定书》，还是《粮农条约》以及其他国际约，多数将公平和公正的分享作为其目标之一。当前BBNJ政府间谈判围绕遗传资源惠益分享所产生分歧之一便是各方对于其认定的所谓公平合理的分享存在较多主观认识，〔2〕而欲

---

〔1〕 参见《名古屋议定书》附件：货币和非货币性惠益。

〔2〕 虽然现有国际条约中对于公平、平等的表述并不明确具体，但它作为传统的国际法基本价值，在UNCLOS及其相关问题中具有至关重要的分量。分析UNCLOS的参与主体，公平、平等价值体现为不同类型、不同情况的国家之间的主体地位平等、公平享有各项权利，其目的是维护一种形式上的平等；而不同的缔约国基于UNCLOS及相关国际立法所享有的权利与承担的义务则实际根据各自的需求与能力等条件进行分配，正如UNCLOS序言所规定的："相信在本公约中所达成的海洋法的编纂和逐渐发展，将有助于按照《联合国宪章》所载的联合国的宗旨和原则巩固各国间符合正义和权利平等原则的和平、安全、合作和友好关系……"。由于海洋法与生物多样性相关国际条约都制定于20世纪，其特点是框架浩大、涉及内容多但精细程度却相对有限，这也是诸多总领性国际立法所无法避免的缺陷；同时，这些国际法在强制保障实施方面的执行力有限，以致公平、平等价值的实现在实践中处于不确定状态。而随着人类技术在深海科技领域的快速发展，国际立法中的模糊规定使得权利与主体的公平、平等愈发面临挑战，尤其是国际海域的不平等问题在不断加深。

使国际社会在该问题上达成一致观点则必须客观认识现实情况，并通过合适机制推动各方作出符合全人类共同利益的妥协。

（二）表现形式

惠益分享的具体形式可以是货币性分享，也可以是诸如资源信息样式的非货币性分享。就货币性分享而言，通过观察国家管辖范围内遗传资源惠益分享制度及其实践可知，货币性分享虽然是实现分享利用遗传资源所生惠益的重要机制之一，但其实践效果并不理想。[1]具体到国际海底区域海洋遗传资源所生惠益分享问题上，货币分享的核心即遗传资源使用方存在一种给付金钱义务，这种义务是强制性的还是自愿性的，目前各国对此争议极大。无论选择哪一种观点，不仅取决于利用方与取得惠益方的博弈，还取决于利用方产品开发的投入和产出效益。由于目前整体海洋遗传资源的开发利用从取样、分离、培育、鉴定等实验室阶段，到商品开发投入市场，需要投入大量资金，且存在转化周期较长、不确定性较高的问题，因此货币化惠益分享机制的实施难度较大。[2]

相比较货币性惠益分享机制的单一特点，非货币性惠益分享机制具有复合式特点，包括不同形式的非货币支付分享机制。非货币性惠益分享机制能够创造出更加直接的、短期内可获得的以及长期持续存在的惠益。更重要的是，非货币性惠益分享机制特别顾及了发展中国家的利益和需要，通过实施非货币性惠益分享机制将极大地提升发展中国家开发利用国际海底区域海洋遗传资源这一新领域的科技能力和水平。国际海底区域遗传资源的非货币性惠益分享机制具体包括样本的便利获取、与样本有关的数据和研究成果的信息交流、技术的获取和转让、能力建设等形式。

总体上，现阶段发展中国家与发达国家围绕 BBNJ 所产生和积聚的冲突，从表面上看是对此处海洋遗传资源法律性质的不同理解，但根本原因在于对开发利用这些遗传资源之后所产生的惠益没有达成令各方满意的分

---

〔1〕 参见郑苗壮、裘婉飞："国家管辖范围以外区域海洋遗传资源获取与惠益分享制度研究"，载胡学东、郑苗壮编著：《国家管辖范围以外区域海洋生物多样性问题研究》，中国书籍出版社 2019 年版，第 89 页。

〔2〕 参见郑苗壮、裘婉飞："国家管辖范围以外区域海洋遗传资源获取与惠益分享制度研究"，载胡学东、郑苗壮编著：《国家管辖范围以外区域海洋生物多样性问题研究》，中国书籍出版社 2019 年版，第 89 页。

配模式。因此，探讨如何实现公平合理的惠益分享是该领域破局的关键之处。

二、现有遗传资源惠益分享制度的比较与借鉴

（一）CBD 框架下的惠益分享模式

在遗传资源惠益分享机制问题上，CBD 及其后 2010 年通过的《名古屋议定书》沿着创造、承继、突破和发展的路径设计了一套具有代表意义的惠益分享模式，并且形成了具体的分享规则。

1. 基本路径。CBD 提供的是解决国家管辖范围内地区遗传资源的惠益分享机制，其基本思路是根据第 15 条关于"共同商定的条件"来处理。在双边机制之下，遗传资源使用方被授权获取特定遗传资源后，须根据此前其在"共同商定的条件"下与遗传资源的提供方签订的惠益分享协定条款，将其研究和开发所得成果以及从"利用遗传资源"中取得的惠益同资源提供方进行分享。关于协议可能涉及的主要内容，CBD 第 16~19 条进行了初步规定，具体涉及信息交流、科技合作以及能力建设等不同方面的惠益。

2. 延伸与细化。第一，在 CBD 基础之上，《名古屋议定书》更进一步地细化了上述有关技术转让、科学研究与发展协作等重要的非货币性惠益分享形式的规定，并且通过附则对非货币性惠益分享的重点范围进行了建议性列举。但是，实际范围可以不限于附则所列项目，而且也并非要求协议双方严格照此执行，该附则如此安排的目的是降低时间成本、提高谈判效率。第二，《名古屋议定书》再次强调将"公平和公正地分享和利用遗传资源以及遗传资源随后的应用和产品商业化所生成的惠益"作为基本目标，同时要求各缔约国适当通过立法、行政或政策等措施确保惠益分享的实施。最终目的便是透过相对严格的规则，保障发展中国家能够公平公正地获得遗传资源的（商业）惠益。第三，《名古屋议定书》第 13 条设置了针对遗传资源利用的监测机制，规定缔约方应监测其国内的遗传资源利用活动，具体措施包括指定检查点、采取汇报机制、利用高成本效益的交流工具和系统等。有关跟踪、监测的规定对于实现基于商业化目的的遗传资源货币分享机制（特别是强制性分享）十分重要，因为这类机制往往设有分享的启动临界点，依靠相应的监测制度

以确保分享行为不被刻意规避。[1]

3. 突破与发展。CBD 基本框架下的遗传资源惠益分享模式能够通过双边机制较好地适用于国家管辖范围内地区，但是在近些年的实践中存在着跨界情况下不可能给予或不可能取得事先知情同意的遗传资源和与遗传资源有关的传统知识的具体情形。[2]此时，按照 CBD 规定的方式公平公正地实现惠益分享便成为难题。为此，《名古屋议定书》在其第 10 条提出了制定"全球多边惠益分享机制"的安排，以支持全球生物多样性的保护与可持续利用。但令人遗憾的是，2010 年通过的《名古屋议定书》由于各方在具体问题上留有不少迟迟未能解决的争议焦点，[3]因此并没有就该多边惠益机制给出详细设计方案。

综上，《名古屋议定书》在遗传资源的分享机制上继承了 CBD 的基本宗旨，但也结合时代需求做出了一定的创新——"全球多边惠益分享机制"和监测机制。虽然，上述多边机制仍在商议，但该议题中出现的问题和经验对于构建国际海底区域遗传资源分享机制具有重要意义。

（二）《粮农条约》构建的惠益分享机制

国际海底区域遗传资源因其法律属性和所在位置，在惠益分享问题上需运用多边机制来处理。就现阶段来看，有关遗传资源的多边分享机制并不多，《粮农条约》是其中的典型代表，相对于 CBD 和《名古屋议定书》的普遍适用而言，专门针对粮食和农业植物遗传资源的该条约更像是"特别法"一样

---

　　〔1〕　目前，这些监测制度主要体现在一些国家的国内法中。例如，2016 年修订的巴西《生物多样性保护法》，在区分商业与非商业利用的基础上，要求通过电子系统 SisGen 对商业利用目的的行为进行强制性报告。根据该法，货币惠益分享由经济利益的收入引发，即成品制造商应当分享利益，而相应的规制实施节点便是产品进入市场或商业化时，或者基于营业额或收入额。正因如此，有观点提出：在海洋遗传资源衍生产品商业化时要求货币惠益分享是合理地区分商业化和非商业化的一种标准，"盈利条款"将成为某些早期的非货币和货币惠益分享的触发机制。此外，由于海洋遗传资源的价值在获取时可能尚不清楚，因此，惠益的额度可以采用累进制计算方法，要求使用者进一步沿着研发链进行货币惠益分享。参见袁雪、廖宇程："国家管辖范围外区域海洋遗传资源的获取和惠益分享：机制选择与中国方案"，载《中国海洋大学学报（社会科学版）》2019 年第 5 期。

　　〔2〕　例如，基于地理维度看，（1）从公海及南极等国家管辖范围外获取的遗传资源；（2）异地收集的、原产国不明的，或在不同原产国间跨境存在的遗传资源。参见徐靖等："全球多边惠益分享机制：遗传资源获取和惠益分享谈判的新焦点"，载《生物多样性》2013 年第 1 期。

　　〔3〕　参见徐靖等："全球多边惠益分享机制：遗传资源获取和惠益分享谈判的新焦点"，载《生物多样性》2013 年第 1 期。

的存在。[1]对于以海洋遗传资源为主要客体的 BBNJ 新文书来说，虽然《粮农条约》也只能适用于国家管辖范围内地区的遗传资源，但其无论是在形式和程序上，还是在保护和可持续利用特定领域的遗传资源的实体内容设计上，都具有重要的借鉴意义。

概言之，《粮农条约》作为粮食和农业植物领域的专门性遗传资源获取和惠益分享协定，基于可持续农业和粮食安全的目的保存并可持续地利用粮食和农业植物遗传资源，并通过该条约在第四部分创建的多边系统来保障这些农业作物遗传资源所产生的惠益能够被公平公正地分享。具体包括如下方面：

1. 非货币为主的惠益分享

关于《粮农条约》中的多边系统模式前文已大致介绍，在惠益分享问题上主要涵盖四大方面，其中三项都是非货币的分享类型：（1）建立信息交流机制。要求缔约方提供各自掌握的与粮食和农业植物有关的目录和清单、技术信息和研究成果等；（2）具有平衡性质的技术获取和转让（非货币性惠益）机制。有关遗传资源保存、特性鉴定、评价及利用的技术等一系列非货币性惠益是该条约中最主要的分享客体，根据第 13.2 条的规定，它们被要求基于公平和最有利的方式优先提供给发展中国家及经济转型国家（特别是最不发达国家），即对于上述国家主体给予特别照顾；同时，这些分享行为还必须在充分保护知识产权的情况下进行，既维护了发达国家的合法权益，也不损害现有机制；（3）能力建设方面。在科教培训、遗传资源样品的保存与可持续利用设施建设、科学研究机构合作等重点领域对发展中国家及转型国家给予必要的帮助。

2. 有限度的货币性惠益分享和国际基金制度

从条文数量和上述介绍内容看，非货币性惠益分享是《粮农条约》为遗传资源分享设定的主要形式，而货币性惠益分享在该条约之中仅出现在"商业化"领域，但却是该条约最具创新的机制之一。根据第 13.2 条 e 项之规定，若要触发货币性惠益分享（往往是强制性的），即遗传资源的获取者因其商业化利用行为支付一定数额的款项，具体需满足三个基本条件：（1）获取者从多边系统中取得了粮农遗传资源；（2）对利用该资源开发的产品进行商

---

[1]《名古屋议定书》第 3 条之二第 2 款，本议定书的任何规定都不妨碍缔约方制定和执行其他相关国际协定，包括其他专门性获取和惠益分享协定，但条件是这些协定必须支持并且不违背《公约》和本议定书的目标。除此之外，与遗传资源惠益分享相关的其他多边专门机制还有如下：《共享流感病毒以及获得疫苗和其他利益的大流行性流感防范框架》（PIP）等。

业化；（3）获取者以申请专利、设置合同条件或技术保护等形式限制他人将该产品继续用于后续研究或育种活动中。[1]在具体比例设置上，条约要求进行货币分享的获取者应将相关产品毛销售额的 1.1%（扣除 30% 成本后）返还到《粮农条约》的财务机制即信托基金，[2]这些款项优先留给在保存和可持续利用方面发挥重要作用的粮农植物遗传资源国家的农民。然而，这项机制在实践中的效果并不令人满意，有数据显示目前并无获取者向惠益分享基金支付款项。造成如此困境的原因是多方面的：一是从遗传资源获取到植物育种并进入商业化的周期往往长达 5~20 年；二是多边系统中可获取的遗传资源数量、种类有限且具有极高商业价值的不多；三是通过非多边系统（如私人育种者）也可获取类似资源；四是有关育种企业选择回避使用来自粮农多边系统中的遗传资源等。[3]

三、国际海底区域海洋遗传资源惠益分享的规制设计

如前文所述，国际上现有的遗传资源惠益分享机制在设立目的上与本书欲探讨的国际海底区域遗传资源惠益分享机制存在两大基本差异，即前者在宗旨上是为了衡平发达国家（拥有充足资金和先进技术的一方）与发展中国家（因物种自然分布而占有生物资源的一方）各自的利益，同时在客体上主要是针对国家管辖范围以内的遗传资源；后者则主要是为了限制海洋开发利用强国借助现阶段的自身优势抢占国际海底区域遗传资源，并防止其通过国际专利等方式在该领域形成垄断地位，从而保障那些缺乏技术、资金实力的发展中国家或不发达国家能够通过货币性惠益分享或非货币性惠益分享的方式获得开发利用国际海底区域遗传资源所得惠益。基于此，在设计国际海底区域遗传资源的惠益分享机制时可以对现有机制的成熟经验进行调适性接纳；同时，按照当前国际海底区域的发展需求，促进人类对未知的遗传资源展开深入探索，并适当照顾好发展中国家的特别利益。

---

〔1〕 参见张小勇、王述民：“《粮食和农业植物遗传资源国际条约》的实施进展和改革动态”，载《植物遗传资源学报》2018 年第 6 期。

〔2〕 参见赵富伟、蔡蕾、臧春鑫：“遗传资源获取与惠益分享相关国际制度新进展”，载《生物多样性》2017 年第 11 期。

〔3〕 参见张小勇、王述民：“《粮食和农业植物遗传资源国际条约》的实施进展和改革动态”，载《植物遗传资源学报》2018 年第 6 期。

（一）针对实体问题的规则

相比于获取行为，国际社会对于国际海底区域海洋遗传资源惠益分享所衍生的有关自由和公平问题的争议更大，现阶段针对该问题的谈判焦点大都集中于惠益分享的类型、分享内容、设定方式等方面。

首先，关于惠益分享方式与内容的选择。货币性惠益分享与非货币性惠益分享是当前国际社会关于惠益分享方式的主流话语选项，应当明确的是，国际海底区域中遗传资源的惠益分享主要是为了促进同此处海洋资源相关的生物勘探、与研究利用和保护有关的数据与研究成果的共享、能力建设、科学合作等，也即以非货币性惠益分享为主，而不是构建一种货币惠益分享的制度。国际海底区域海洋遗传资源不同于国家管辖范围之内具有权属的遗传资源，是大自然的组成部分。虽然前文已论及开发利用此处遗传资源的行为应受人类共同继承遗产原则规制，但是遗传资源有其自身特殊性，此利用过程并不是简单地从采集获取到产出收益，[1]无法像渔业、矿业一般直接转化成金钱利益；而且，从有利于人类长远福祉的角度分析，至少强制性的货币分享对于促进现阶段人类对国际海底区域海洋遗传资源的研究与认识并不会起到正面作用，若仅仅因为国际海底区域遗传资源应由全人类共享，就要求在该领域具有技术和资金优势的国家（主要是发达国家）在负担全部高额研究与开发成本的前提下，利用其从国际海底区域获取的遗传资源去研发改善人类生活的产品，并且将后续所得金钱收益分享给其他国家，那么这样在很大程度上会打击这些国家的积极性，因为很难找到足够动机来支持他们这样做。此外，与货币分享相比，非货币分享的方式具有更高层次的可预期性和受惠性，并且有助于通过缩小研发中不同国家间能力建设的公平差距来应对内部的确定性需求。[2]总体来说，发展中国家对于货币惠益分享机制情有独

---

〔1〕主要是指遗传资源从研究、开发到成果出现，或正式利用所耗费的时间、金钱、人力成本很高，这一点不同于海底矿产资源，矿石产品一经开采即可立即提炼利用，而且矿产资源开发的陆基产业链更加成熟。

〔2〕See E. Tsioumani, "Beyond Access and Benefit-Sharing: Lessons from the Emergence and Application of the Principle of Fair and Equitable Benefit-Sharing in Agrobiodiversity Governance", in F. Girard, C. Frison, *The Commons*, *Plant Breeding and Agricultural Research: Challenges for Food Security and Agrobiodiversity*, Routledge. https://pureportal. strath. ac. uk/en/publications/beyond-access-and-benefit-sharing-lessons-from-the-emergence-and-. Retrieved January 19, 2020.

钟，要求设立一种按照遗传资源利用层次和阶段不同有所区分、货币和非货币并存的惠益分享机制，而海洋开发利用强国则反对货币性的惠益分享，仅对有限形式下的非货币性惠益分享持开放态度。[1]为此，与现有相关文书一样，国际海底区域遗传资源惠益分享机制需充分考虑发展中国家的长远发展需求，通过信息交流、技术分享、设施建设等非货币性惠益分享的方式帮助其提升开发利用海洋遗传资源的水平。

其次，知识产权与惠益分享机制的设定。参考传统的国家管辖范围内遗传资源的开发实践可知，依靠国际海底区域海洋遗传资源获利的最主要方式便是通过知识产权规则申请专利以获得一定程度的独占性权利，这是货币惠益出现的标志。由这些权利带来的经济利益可以激励和催化人们不断研发与国际海底区域海洋遗传资源相关的产品，助推全人类共同利益的最大化。换言之，知识产权制度正像是催化剂一般的存在，不断激励着利益的形成，也为人类揭开未知迷雾注入动力。具体在国际海底区域遗传资源领域，需要解决的现实问题是维护利益平衡。虽然，国际知识产权制度在该领域有着上述多项益处，但其为许多发展中国家所诟病的也正是这一所谓的激励效应。由于目前绝大多数的海洋遗传资源专利及相关研发技术都掌握在少数的几个发达国家手中，[2]知识产权的激励作用对其他国家并未有所体现，反而成为发达国家抢占国际海底区域遗传资源的有力工具。这不得不说是知识产权制度的先天缺陷，正因如此在 BBNJ 会议上各方对于是否将知识产权问题放入新文书还存在争议。有鉴于此，针对国际海底区域遗传资源问题，应明确知识产权制度与惠益分享并不矛盾，而且还可形成互补。一方面，遗传资源研究、开发与成果产出周期长，需要有诸如知识产权制度来保护开发者的大量投入能够有所收益和回报，从而从源头上促使惠益产生；另一方面，为了解决知识产权制度可能会造成少数国家在国际海底区域遗传资源领域形成技术、产

〔1〕 此外，发达国家普遍强调知识产权的重要性，其认为专利方法可以合理恰当地分配资源与价值，而海洋遗传资源的保护与私有化、商业化呈正相关。

〔2〕 有国外研究分析了从 862 种海洋生物中提取的 12 988 个与专利相关的基因序列，发现这些专利的所有者共来自 30 个国家和欧盟，其中拥有专利基因序列数量前十的国家垄断了总数的 98%，有多达 165 个国家的利益未得到体现。在拥有专利基因序列数量最多的国家中，德国、美国和日本占了前三，其中，仅德国化工巨头巴斯夫一家就拥有所有专利基因序列的 47%。See R. Blasiak, Jean-Baptiste Jouffray, C. C. C. Wabnitz, et al., "Corporate Control and Global Governance of Marine Genetic Resources", *Science Advances*, Vol. 4, No. 6., 2018, p. 5237.

品垄断地位的问题，公平合理的惠益分享机制可以对其进行限制，以此消弭发达国家与发展中国家在此问题上的分歧与矛盾。

（二）多边系统下的程序保障

全球多边机制是解决国际海底区域遗传资源问题不可或缺的方式，也是当前国际社会为应对该问题正在努力的方向。从现实角度来看，通过知识产权制度维护自身对于国际海底区域海洋遗传资源的利益是发达国家不会放弃的权利，而许多发展中国家仍旧坚持将强制性货币分享列入 BBNJ 新文书之中。然而，从已有遗传资源惠益分享国际规则中所汲取的重要经验来看，无论是发展中国家所期盼的货币分享，还是发达国家可接受的非货币分享，都需要合适的执行程序以保障这些分享能够有效落实。因此，在多边系统之下，遗传资源来源披露机制、资金运作机制和监测机制对于保障有关惠益分享顺利进行十分关键。

1. 惠益使用与资金运作机制

针对国际海底区域遗传资源所生的各项惠益进行分享有两个重要原因，其一是前已提及的人类共同继承遗产原则，其二是基于养护国际海底区域生物多样性的需要。为了能够实现养护此处生物多样性的目标，利用者需为其基于国际海底区域海洋遗传资源所开发的专利产品缴纳一定比例的费用（该比例可由未来新文书的缔约方大会或者专门成立的管理机构拟定，有关该问题将在下文讨论），这笔费用应当支付给一个专门成立的特别信托基金。在用途方面，该基金将用于资助国际海底区域生物多样性相关的科研项目，以及用于中长期养护国际海底区域的生物多样性。该基金的运作模式可参考《粮农条约》的惠益分享基金的基本形式，即一旦出现商业化利用行为，则应当将由此产生的一部分经济利益转移到基金之中，但在付款率方面应结合实际情况作出相应调整，并根据资源与产品是否能够供给他人无限制研究的不同情况，制定差异化的费率（具体费率可参照商业化后的销售额设定）。

2. 资源开发利用的监测机制

任何主体使用了来自国际海底区域中的海洋遗传资源进行研究开发，并获得了惠益，则应进行分享。但是，如何确保众多的资源利用行为能够处于相应的监测之下？除了在前节遗传资源的获取中提到的原生境获取遗传资源的报备制度外，还可以参考《名古屋议定书》的规定建立有关惠益分享信息交换所制度，以及针对知识产权事项建立遗传资源来源披露机制。

其中，信息交换所应该能够简便、快捷、高效、安全地提供有关各国与国际海底区域相关的立法、行政和政策措施信息、监测收集到的有关国际海底区域遗传资源利用情况的信息、为监测遗传资源而制定的工具和方法，以及各个国家联络机构的情况等。这些信息交换所以互联网门户为主要渠道，在搜集有关国际海底区域遗传资源利用信息的同时，可为已经向有关国际管理机构表示需要获取这些信息的缔约国提供一种在线提交和获取信息的机制。相应地，国家当局（如国内主管单位）需积极向这些信息交换所提供完整、最新的相关信息，协助经国家授权的用户和信息交换所的其他使用者建立网络联系和提高建设能力。

对遗传资源的利用者通过申请专利的方式获利进行监测必须配套相应的来源披露机制，也即要求专利申请人应当披露其请求保护的研发成果所使用的遗传资源的来源地点。[1] 这与信息交换所制度相互契合，既有利于针对国际海底区域遗传资源开发利用活动的监测工作的展开，也有利于保障国际社会对于国际海底区域遗传资源这些人类共同继承遗产的知情权，从而保证惠益分享能够得以实现。

综上，公平合理的惠益分享机制是未来国际社会致力于达成的最终理想方向，但各国对具体的机制设计都存在于自身相关的特殊利益考量。尽管如此，随着国际社会合作规范国际海底区域发生的各类活动，一方面，相对的公海自由已成为某种共识；另一方面，从国际海底区域所获取的生物样品一旦被用于提取遗传资源，则应适用人类共同继承遗产原则，在满足规定条件时惠益分享是应有之义。最终只有符合全球大多数国家利益的方案才能为国际社会所接纳。

---

[1] 在 BBNJ 谈判中，已有国家提出建立来源披露制度的设想，如墨西哥。虽然，也有观点认为这一主张在现阶段可能不容易被各方所接受，尤其是发达国家，因为它从根本上改变了传统国际知识产权的设计。但是围绕是否强制披露来源展开的争论早已有之，如果借助 BBNJ 议题使其得到观点突破也不失为一项进步。See D. Leary, "Agreeing to Disagree on What We Have or Have Not Agreed on: The Current State of Play of the Bbnj Negotiations on the Status of Marine Genetic Resources in Areas Beyond National Jurisdiction", *Marine Policy*, Vol. 99, 2019, p. 21-29.

国际海底区域生物多样性
保护的法律规制

　　保护与可持续利用是生物多样性问题紧密联系的两个方面。国际海底区域生物多样性的可持续利用需要建立在保护好国际海底区域生物多样性的前提之下。完整的国际海底区域生物多样性不仅是维系全球生态系统健康运行的关键部分，同时也是保障生物多样性资源实现可持续利用的基本要素，为了达成该目标，相应的保护规制措施是最为重要的手段。目前，与国际海底区域生物多样性有直接关联的两部国际公约分别是 UNCLOS 和 CBD，但是由于条约制定年代久远和人类知识积累有限，它们均未对有关国际海底区域生物多样性保护问题作出明确规定，至今仍留有立法空白。面对日益频繁的人类深海活动，上述境况也使得国际海底区域脆弱的栖息地和生活在此处的生物种群处于危险之中。现阶段，围绕国际海底区域生物多样性的保护工作已经展开，主要可分为两类：划区管理工具和规则管理工具。它们从不同的侧面实现保护国际海底区域生物多样性的目标，但是如何将各有特点和侧重的众多具体规制工具进行有效地设计、安排，并使之相互配合，不至于干扰现有机制是本章探讨的重点。

第一节　国际海底区域生物多样性保护的划区管理工具

　　现行有关海洋生物多样性的国际、国内法律规范与政策文件，不仅为全人类共同向保护与可持续利用海洋及其资源的目标迈进提供了方针指引，更是设定了相应的规制工具以落实该共同目标。由于规制工具制定时间、产生背景、适用范围和最终目标等存在不同，其实践情况和效用亦存在差别。通过对这些多样化的现有规制工具展开分析，并加以有效归整，对于缓解当前国际海底区域生物多样性领域国际立法与规制手段的缺档问题具有重要意义。

一、基本类型

保护和可持续利用海洋资源及其生物多样性取决于国家管辖范围外的人类开发利用活动是否经过合理规划和采取相应管理。国际社会已经认识到诸如海洋保护区（Marine Protected Areas/MPAs）、[1]污染控制区（Pollution Control Zones）或禁渔区（Fisheries Closures）之类的划区管理工具（Area-Based Management Tools/ABMTs）是通过恢复和稳定人类从海洋中获得的价值来维持脆弱的生物多样性的关键工具。（见表7）根据IUCN认可的定义，划区管理工具是"为实现保护和可持续资源管理目标而针对特定区域内人类活动的规制"，[2]而这一概念又可细分为单部门划区管理工具（Sectoral ABMTs）和跨部门划区管理工具（Cross-sectoral ABMTs）。

1. 单部门划区管理工具是"国际主管组织为实现特定地区生物多样性保护目标而采取的措施。"[3]例如，国际海事组织设立的"特别敏感海域"

---

〔1〕　根据IUCN的定义，海洋保护区是指在海岸或海洋中所有的动、植物及其历史与文化，借由法律或有效的管理来加以保护的地区。See IUCN, "Measures Such As Area-Based Management Tools, Including Marine Protected Areas: Suggested Responses to Questions on Area Based Management Tools (ABMTs), Based on the Document Entitled, Chair's Indicative Suggestions of Clusters of Issues and Questions to Assist Further Discussions in the Informal Working Groups at the Second Session of the Preparatory Committee", https://www. un. org/depts/los/biodiversity/prepcom _ files/area _ based _ management _ tools. pdf. Retrieved September 23, 2019.

〔2〕　See IUCN, "Measures Such As Area-Based Management Tools, Including Marine Protected Areas: Suggested Responses to Questions on Area Based Management Tools (ABMTs), Based on the Document Entitled, Chair's Indicative Suggestions of Clusters of Issues and Questions to Assist Further Discussions in the Informal Working Groups at the Second Session of the Preparatory Committee", https://www. un. org/depts/los/biodiversity/prepcom_files/area_based_ management_ tools. pdf。Retrieved September 23, 2019. 国内也有学者将ABMTs界定为：基于国际公约的授权，诸多国际组织设立划区管理工具来保护海洋生态环境，如国际海事组织的"特殊区域"和"特别敏感海域"工具等。参见邢望望："划区管理工具与公海保护区在国际法上的耦合关系"，载《上海政法学院学报（法治论丛）》2019年第1期。

〔3〕　See IUCN, "Measures Such As Area-Based Management Tools, Including Marine Protected Areas: Suggested Responses to Questions on Area Based Management Tools (ABMTs), Based on the Document Entitled, Chair's Indicative Suggestions of Clusters of Issues and Questions to Assist Further Discussions in the Informal Working Groups at the Second Session of the Preparatory Committee", https://www. un. org/depts/los/biodiversity/prepcom_ files/area_ based_ management_ tools. pdf. Retrieved September 23, 2019.

（PSSAs）、MARPOL 特别区域，区域渔业管理组织（RFMOs）设立的"脆弱海洋生态系统"（VMEs），以及 ISA 设立的"具有特别环境意义的区域"（APEIs）等。[1]

2. 跨部门划区管理工具指"目前需要多个组织和机构进行协商、合作与协调的工具，主要包括海洋保护区和海洋空间规划"。[2]其中，（1）海洋保护区是指一个可通过法律或其他有效手段加以确认、专用和管理，以实现同生态系统服务和文化价值相协调的长期自然保护的明确地理空间。[3]建立海洋保护区的核心目的在于保护其边界内所有具有重要保护意义的内容，包括生态系统的整体健康和生物多样性。（2）海洋空间规划则是指分析和配置海洋区域内人类行为在时空分布方面的公共过程。[4]从规制对象上分析，跨部门的两项管理工具所调整的是在划定范围内的人类活动，并非直接用于规制海洋环境与生物多样性。因此，无论是海洋保护区，还是相应的空间规划，

---

[1] 就 ISA 而言，该国际组织为特定范围定制的环境保护规制工具被统称为"区域环境管理计划"（REMP），REMP 是根据所关注的特定地区以及该地区的不同栖息地、社区结构、生物多样性、连通性和恢复能力，以及生态系统结构和功能所量身定制的。通常，REMP 可分为划区管理工具和规则管理工具（Rules-based management tools），前者即正文中提及的 APEIs。在具体实践中，ISA 后续又引入"影响参照区"（Impact Reference Zones）和"保全参照区"。其中，"影响参照区"是指反映国际海底区域环境特性，用作评估国际海底区域内活动对海洋环境的影响的区域。"保全参照区"是指不应进行采矿以确保海底的生物群具有代表性和保持稳定，以便评估海洋环境生物多样性的任何变化的区域。而规则规制工具则是一系列有关国际海底区域开发活动的具体规则，例如要求更新基线数据、考虑累积影响并确保应用最佳环境实践。有关"影响参照区"与"保全参照区"概念可参见《"区域"内富钴铁锰结壳探矿和勘探规章》第 33 条第 6 款；《"区域"内多金属结核探矿和勘探规章》第 31 条第 7 款；《"区域"内多金属硫化物探矿和勘探规章》第 33 条第 6 款。

[2] See IUCN, "Measures Such As Area-Based Management Tools, Including Marine Protected Areas: Suggested Responses to Questions on Area Based Management Tools (ABMTs), Based on the Document Entitled, Chair's Indicative Suggestions of Clusters of Issues and Questions to Assist Further Discussions in the Informal Working Groups at the Second Session of the Preparatory Committee", https://www.un.org/depts/los/biodiversity/prepcom_files/area_based_management_tools.pdf. Retrieved September 23, 2019.

[3] IUCN, "Matrix of Suggestions: for a Marine Biodiversity Agreement", http://www.bbnjmatrix.org/b_1_3.html. Retrieved September 23, 2019.

[4] See G. Wright, K. M. Gjerde, A. R. Finkelstein, et al., "Marine Spatial Planning in Areas Beyond National Jurisdiction", IDDRI Issue Brief (July, 2018). https://www.iddri.org/en/publications-and-events/issue-brief/marine-spatial-planning-areas-beyond-national-jurisdiction. Retrieved September 23, 2019; C. Ehler, F. Douvere, "Introduction to the Practive of Marine Spatial Planing anol Sea Use Management", Visions for a Sea Change: Report of the First International Workshop on Marine Spatial Planning (2006), http://msp.ioc-unesco.org/msp-guides/visions-for-a-sea-change/. Retrieved January 19, 2020.

它们需要解决的关键问题是实施综合系统管理。以海洋空间规划为例，其旨在为各国提供一个能够平衡可持续利用与保护生物多样性的可操作框架。[1]为此它必须兼顾以下两方面内容：一是保护海洋生物多样性，维持海洋生态系统及其功能；二是关注海洋自然资源的可持续利用和利益攸关者。此外，海洋环境的动态变化与立体空间特性，使得人类在进行海洋空间规划时，需充分考虑和照顾海洋的空间特性，根据管理与保护的实际需求决定海洋保护区等划区工具的具体空间范围，如是否从各水域层面延伸至海底区域。总之，海洋空间规划作为一种基于生态系统的海洋战略管理整合规划机制，通过政治、法律决策过程，并根据对利益相关群体特定用途的分析，系统配置海洋空间资源，从而实现保护海洋环境与自然资源利用相互平衡的目标。

　　总体来看，以上两类划区管理工具并不完全一致，尤其是在海洋保护区与单部门划区管理工具之间。它们的最大区别在于，虽然单部门划区管理工具同样也为海洋生态提供了重要的保护，但它们通常只针对一种用途，且可能是短期保护，因此并不能为一个地区的所有功能提供全面系统的保护。[2]相比之下，以海洋保护区为代表的跨部门划区管理工具则是从生态系统角度出发，综合考虑多种因素的长期保护。

表 7　国际划区管理工具的主要类型

工具名称	管理机构	创设时间	现行有效国际公约/协议	对应领域及类型
特别敏感海域（PSSAs）	国际海事组织（IMO）	1991 年	《经修订的〈特别敏感海域鉴定和指定导则〉》	国际航运/单部门工具

---

〔1〕　See P. K. Dunstan, N. J. Bax, J. M. Dambacher, et al. , "Using Ecologically or Biologically Significant Marine Areas（EBSAs）to Implement Marine Spatial Planning", *Ocean & Coastal Management*, Vol. 121, 2016, pp. 116-127.

〔2〕　See T. Greiber, "An International Instrument on Conservation and Sustainable Use of Biodiversity in Marine Areas Beyond National Jurisdiction: Exploring Different Elements to Consider, Paper V. Understanding Area-Based Management Tools and Marine Protected Areas", https://www.iucn.org/sites/dev/files/import/downloads/paper_ v_ _ _ understanding_ abmt_ and_ mpa. pdf. Retrieved September 23, 2019.

续表

工具名称	管理机构	创设时间	现行有效国际公约/协议	对应领域及类型
脆弱海洋生态系统（VMEs）	联合国粮农组织（FAO）	2009 年	《联合国大会 2006 年 12 月 8 日通过的决议》〔1〕	拖网捕鱼/单部门工具
特别环境利益区（APEIs）	国际海底管理局（ISA）、生物多样性公约（CBD）	2012 年	《理事会有关克拉里昂-克利珀顿区环境管理计划的决定》〔2〕	海底采矿/单部门工具
海洋空间规划（MSP）	政府间海洋学委员会（IOC）	2006 年		发展海洋保护区需要/跨部门工具
海洋保护区（MPAs）		倡议于 20 世纪 80 年代；2002 年首次呼吁对接国际条约〔3〕		海洋环境保护长期目标及相关生态系统服务与文化价值/跨部门工具

二、实践中的划区管理工具分布与表现

进入 21 世纪以来，通过划区管理工具方式保护国家管辖范围外海域的设计思路逐渐开始成为全球海洋保护的共识与潮流。目前，上述各类划区管理工具在实践中越来越多，对国家管辖范围外海域海洋环境保护与生物多样性养护起到了重要的作用。其中，可能与今后国际海底区域生物多样性存在最直接关联的划区管理工具包括：公海保护区、具有特别环境意义的区域。分析它们的实践状况对于未来国际社会选定国际海底区域生物多样性问题法律

〔1〕 United Nations General Assembly, "Resolution Adopted by the General Assembly on 8 December 2006", Sixty-first Session（A/RES/61/105）, para. 90.

〔2〕 Council International Seabed Authority, "Decision of the Council Relationg to An Environmental Management Plan for the Clarion-Clipperton Zone", Eighteenth Session（ISBA/18/C/22）.

〔3〕 1988 年第十七届国际自然保护联盟（IUCN）大会倡议建立保护区域；2002 年，首届"可持续发展世界首脑会议"倡议 10 年内建立符合国际法并以科学信息为基础的海洋保护区。

规制工具而言具有现实意义。

（一） 公海保护区

在 “第十届生物多样性公约缔约方会议” 所设立的爱知目标中，第 11 项即在 2020 年之前海洋保护区面积达到全球海洋面积 10% 的目标依旧难以完成。截至 2018 年 5 月，已达成海洋保护区面积约占全球海洋面积 7.26% 的目标，CBD 秘书处在会议中曾乐观预测在 2020 年将会略微超过初始目标。[1]不过，就公海保护区而言，目前按照时间顺序排列，国际社会已经建成的包括：

1. 地中海佩拉格斯海洋哺乳动物保护区 （Pelagos Sanctuary for Mediterranean Marine Mammals）

“地中海佩拉格斯海洋哺乳动物保护区” 最初被称为 “利古里亚海国际鲸类保护区” （International Ligurian Sea Cetacean Sanctuary），是一个旨在保护海洋哺乳动物 （鲸类） 的海洋保护区。该保护区成立于 1999 年底，是世界上第一个公海保护区，其面积约为 8.75 万平方千米，保护范围覆盖法国、意大利和摩纳哥公国的地中海地区。[2]

1999 年生效的《巴塞罗那公约》之《关于地中海特别保护区和生物多样性的议定书》（Protocol concerning Specially Protected Areas and Biological Diversity in the Mediterranean） 规定了 “地中海重要特别保护区”（Specially Protected Areas of Mediterranean Importance，SPAMIs） 清单制度。[3]根据该议定书，SPAMIs 可以在国家管辖范围内海域和公海范围内创建。如果应受保护区域部分或全部位于公海，公海保护区的建立则由两个或两个以上有关的毗邻缔约方进行。[4]据此，1999 年底法国、意大利和摩纳哥等三国在共同签订《关于建立海洋哺乳动物保护区 （佩拉格斯） 的协议》 的基础之上，携手建立了上

---

〔1〕 See UNEP, "Updated Status of Aichi Biodiversity Target 11", CBD/SBSTTA/22/INF/30, Convention on Biological Diversity, https://www.cbd.int/doc/c/5a93/21ba/d085c6e64dcb8a505f6d49af/sbstta-22-inf-30-en.pdf. Retrieved September 23, 2019.

〔2〕 See G. Notarbartolo-di-Sciara, D. Hyrenbach, T. Scovazzi, "The Pelagos Sanctuary for Mediterranean Marine Mammals", *Aquatic Conservation: Marine and Freshwater Ecosystems*, Vol. 18, No. 4., 2008, pp. 367-391.

〔3〕 参见《关于地中海特别保护区和生物多样性的议定书》第 8 条, https://eur-lex.europa.eu/legal-content/EN/TXT/? uri=CELEX%3A21999A1214 （01）, 最后访问时间：2019 年 9 月 25 日。

〔4〕 参见《关于地中海特别保护区和生物多样性的议定书》第 9 条第 2 款, https://eur-lex.europa.eu/legal-content/EN/TxT/? uri=（ELEX%3A21999A1214101）, 最后访问时间：2019 年 9 月 25 日。

述保护区。

2. 南极南奥克尼海洋保护区

2009 年，南极海洋生物资源养护委员会（CCAMLR）基于保护南极海洋生态系统之目的，决定在南极半岛西部的凹形区域建立南极公海范围内首个海洋保护区，即南奥克尼群岛南大陆架海洋保护区。次年，该保护区正式建立，总面积约 9.4 万平方千米。作为全球首个完整的公海保护区，其覆盖范围之广，基本将南大洋的大部分划入其管理之下。[1]

3. 东北大西洋海洋保护区

2008 年，位于欧洲西海岸流域的 15 个国家共同商议决定保护东北大西洋中央海脊处拥有着大量未开发自然资源但却十分脆弱的地区，总计面积约 30 万平方千米。在此后的数年内，《保护东北大西洋海洋环境公约》（The Convention for the Protection of the Marine Environment of the North-East Atlantic，简称 "OSPAR"）委员会和 ISA 经过反复讨论，决定建立并管理 "查理·吉布斯断裂带南部保护区"，该海洋保护区与其周围的米尔恩海隆、阿尔塔海山、安蒂阿尔泰海山和约瑟芬海山，以及雅素尔群岛公海以北大西洋海岭海洋保护区共形成了六个海洋保护区，从而在大西洋的国家管辖范围以外海域中建立起了首个公海保护区管理网络。不过，东北大西洋欧洲国家所做的努力仍然无法达到 CBD 设定的、保护全球 10% 的海洋区域的平均目标水平。不仅如此，新的研究亦显示，以拖网捕捞为例，东北大西洋地区约 700 个海洋保护区的情况可能比保护区外更加严重。

4. 南极罗斯海海洋保护区

南极罗斯海海洋保护区根据《南极海洋生物资源养护公约》《养护措施91-05（2016）》于 2016 年 10 月 28 日建立，该保护区由阿根廷等 36 个缔约方共同组建。该海洋保护区的总面积接近 160 万平方千米，其中约 112 万平方千米被设为时长 35 年的禁捕区。作为全球最大的 "公海保护区"，南极罗斯海海洋保护区包括基础保护区、特殊研究区和磷虾研究区，保护区所有边界均处于公海之内。除上述公海保护区外，目前德国还在积极推进于南极威

---

〔1〕 参见桂静等："国际现有公海保护区及其管理机制概览"，载《环境与可持续发展》2013 年第 5 期。

德尔海域约 280 万平方公里的范围内建设保护区。[1]

（二）　具有特别环境意义的区域（APEIs）

截至 2018 年，位于东太平洋的"克拉里昂-克利珀顿断裂区"（Deep Clarion-Clipperton·Fracture Zone，以下简称"CCZ"）是唯一经由 ISA 批准的区域环境管理计划（简称"REMP"）区域。按照 ISA 的计划，其准备在每个拥有勘探合同的地区创建 REMP，而 CCZ 恰可以成为经验范本。具体来说，ISA 理事会于 2012 年批准的克拉里昂-克利珀顿区环境管理计划（以下简称"CCZ REMP"）是"确保有效保护海洋环境的适当和必要措施之一"。[2] 科学家通过一系列研讨会制定了该计划的特殊环境利益的区域（简称"APEIs"）的网络，并向 ISA 提交了若干设计方案。整体设计包括制定由 9 个大型 APEIs 组成的网络计划，以及一整套其他具有保护意识的管理目标。不过，ISA 理事会和大会最终批准的 REMP 将拟议的 APEIs 从 CCZ 的中心向外围移动，目的是使保护区域与当前已确定的勘探区域不会发生重叠。

CCZ REMP 最初被批准的实施周期为 3 年。该计划包括 9 个保护区的修订网络和相关额外的管理目标。ISA 法律和技术委员会（LTC）于 2016 年对 CCZ REMP 的项目实施进行了审核，[3]并注意到大多数的管理目标仍尚未实现。为此，LTC 审查建议增加两个额外的保护区，即制定"影响参照区"和"保全参照区"的准则，并建立相应的专家工作组。ISA 之前计划在 2019 年底再次审查 CCZ REMP，以纳入获得的重要新数据。此外，在 2018 年 7 月，ISA 还批准了一项为期两年的计划，以支持 REMP 的发展，该保护方案覆盖西太平洋海山地区（锰铁结壳的所在地，正在勘探的矿产资源）、大西洋中部的热液喷口系统以及印度洋（正在探索多金属硫化物）。ISA 已为每个区域安排了一系列研讨会。目前，深海空间面临着区域划分、筹建 APEIs 和其他保护项目，以及具体化可用以判断 REMP 成效的指标等诸多任务。

总之，制定 REMP 应在所有利益攸关方的积极参与和投入下进行，因为

---

[1]　参见黄惠康："国际海洋法前沿值得关注的十大问题"，载《边界与海洋研究》2019 年第 1 期。

[2]　国际海底管理局，"理事会关于克拉里昂-克利珀顿区环境管理计划的决定"（2012 年），IS-BA/18/C/22，https://www.isa.org.jm/documents/isba18c22，最后访问时间：2019 年 9 月 26 日。

[3]　国际海底管理局，"审查克拉里昂-克利珀顿断裂区环境管理计划的执行工作"（2016 年），ISBA/22/LTC/12，https://www.isa.org.jm/document/isba22ltc12，最后访问时间：2019 年 9 月 26 日。

正如 UNCLOS 规定的那样，国际海底区域是"人类的共同继承遗产"。同样重要的是，除非正式批准该地区的 REMP，否则国际海底区域中任何地区都不应进行资源开采作业。[1]

（三）海洋空间规划

从实践来看，上述公海保护区和 APEIs 等工具的建立均无法直接帮助海洋生态系统维持相应功能，以及保护海洋生物多样性。若要发挥它的功效，还需要依赖于科学、合理和完备的海洋空间规划，即借助科学规划达成保护目标和实现有效的管理。换言之，海洋空间规划是连通保护理想与管理现实之间的关键桥梁。[2]目前，除各国已在其享有主权海域范围内开展的海洋空间规划外，国家管辖范围外的海洋空间规划项目也在逐步推进过程中，而这些项目由于与国际海底区域具有直接相关性，因此是本书分析的重点。

1. 具有生态或生物学重要意义的海域（EBSAs）

2008 年 CBD 正式确定并制定和运用科学标准来识别和描述公海水域和深海生境中的 EBSAs 的进程。2014 年 CBD 实施了上述进程。迄今为止，已有 14 个区域专家研讨会描述了 300 余个 EBSAs，经 CBD 缔约方大会审查通过的将被添加至 EBSAs 名录中，并请各国和国际组织考虑加强保护和管理。上述成果与海洋空间规划框架内的潜在用途直接相关，而广泛存在的 EBSAs 或可成为实施海洋空间规划的基础。

2. ATLAS 项目

北大西洋 H2020 ATLAS 项目的重点是通过强化证据基础以支持在深海实施基于生态系统的管理（EBM）。[3]ATLAS 将采用一般的海洋空间规划框架和方法论，为一系列具有代表性的区域案例制定"蓝色增长"方案。诸如生态系统连通性、功能和人类行为影响等详实科学信息将有助于提升深海划区

---

[1] See D. Amon, C. Smith, "How to Protect the Deep Sea", *PEW Charitable Trusts*, https://www.pewtrusts.org/en/research-and-analysis/fact-sheets/2018/12/how-to-protect-the-deep-sea. Retrieved September 26, 2019.

[2] 参见张晓："国际海洋生态环境保护新视角：海洋保护区空间规划的功效"，载《国外社会科学》2016 年第 5 期。

[3] ATLAS 项目是一项跨大西洋评估和基于深水生态系统的欧洲空间管理计划，旨在提高人们对不断变化的复杂深海生态系统的理解。ATLAS 汇集了来自社会科学和自然科学的跨学科专家，在探索深海新知识领域的同时，也将这些知识直接提供给相关国家、地区的海洋政策制定者。更多信息请参见 https://www.eu-atlas.org/。

管理工具的运行效率，而信息共享机制则是开展高效海洋空间规划的关键，ATLAS 项目便是致力于同企业、非政府组织和政府合作，建立开放访问的共享知识库，提供解决路径。

3. 大西洋战略环境管理规划（SEMPIA）

2013 年，欧盟 MIDAS 项目发起了以专家为主体的咨询和数据收集活动，[1]该活动随后被称为"SEMPIA"。参与 SEMPIA 的专家已经起草了中大西洋海脊 APEI 的设计原则，并提出了相应的科学依据以证明该 APEI 的间距和位置是合理的。随着这项工作的推进，未来 SEMPIA 将可能发展成为一个类似于海洋空间规划的过程，即认识到不完善的环境基准；考虑海床和海域中的生物资源和非生物资源；平衡利益相关者，包括邻国的利益和主权；更好地加强底栖和中上层系统之间的相互联系；并考虑与该地区其他用途（例如海底电缆和深海渔业）的相互作用。

4. 发展中的全球性海洋空间规划

由于国家管辖范围外海域尚缺乏有关海洋空间规划的全球框架，上述举例代表了改善合作与管理的第一步，尽管它们仍远远赶不上完整的海洋空间规划。近些年，国际社会出台的三项宣言为正在进行的海洋空间规划倡议提供了进一步的支持与动力。其一，2016 年，联合国环境大会（UNEA）通过的一项决议鼓励区域性海洋条约的缔约方考虑扩大其地理覆盖范围；其二，全球环境基金科学和技术咨询小组提出建议以支持国家管辖范围外海域中有关划区管理工具的发展，并增强"扮演整合国家管辖范围外海域与现有相邻海域综合保护和管理平台角色"的相关机构的能力；其三，联合国教科文组织政府间海洋学委员会（IOC-UNESCO）和欧盟委员会海洋事务与渔业理事会（DG MARE）通过了一项联合路线图，以加快实现海洋空间规划，并强调海洋空间规划在实施《联合国 2030 年可持续发展议程》中的作用。[2]

---

〔1〕　MIDAS 项目是一个关注深海资源开发影响的跨学科研究计划，旨在调查人类从深海环境中提取矿物和能源资源对环境的影响。MIDAS 项目从 2013 年 11 月起在欧盟委员会框架 7 的倡议下获得资助，为期 3 年，最近已完成相关研究计划。

〔2〕　See G. Wright, K. M. Gjerde, D. E. Johnson, et al. , "Marine Spatial Planning in Areas Beyond National Jurisdiction", *Marine Policy* (Feburary 12, 2019), https://doi org/10. 1016/j. marpol. 2018. 12. 003. Retrieved October 12, 2019, S. Altvater, R. Fletcher, C. Passarello, "The Need for Marine Spatial Planning in Areas Beyond National Jurisdiction", in J. Zaucha, K. Gee, eds. , *Marine Spatial Planning*, Palgrave Macmillan, 2018, pp. 397-415.

第二节　国际海底区域生物多样性保护的规则管理工具

海洋环境与国际海底区域生物多样性保护是 UNCLOS 确立的基本目标之一。为了能够有效保护国际海底区域环境，维持生物多样性以及生态系统功能的完整，除建立起能够代表该地区典型物种、栖息地和生态系统功能的 MPAs、APEIs 等一系列相互勾连的划区保护网络外，还需要能够具体规制可能影响国际海底区域生物多样性的人类行为的规则管理工具（Rules-based management tools）。[1]其主要包括环境评估与监测、预防与适应性管理和生态系统方法等。

一、环境评估与监测

环境评估和监测活动可以为制定特定地区的优先事项和政策提供科学依据，特别是确定环境问题的原因及其严重程度和对区域的影响。这些监测和评估活动应该包括：科学基线研究；深海海底污染物及破坏的来源、水平和影响的研究与监测；生态系统研究以及沿海和海洋活动的研究。除此之外，还需评估与国际海底区域环境退化以及国际立法、国家环境立法的状况和效力有关的社会和经济因素。其中，最重要的当属环境基线研究、环境影响评价和监测管理。

（一）环境基线研究

开展环境基线研究的目的在于确定开发项目实施前的地区特征，并确立初始的环境状况。当前，人类在国际海底区域的活动充满了不确定性和未知性，尤其表现在环境基线数据方面的空白。例如，由于尚未进行大规模的环境影响试验，因而缺乏能够证明物理干扰后深海生物群恢复情况的基础数据，以及因后勤保障复杂和探索深海海底的资金限制等原因，当前人类仅对一小部分国际海底区域进行了勘探与研究，以致对于潜在的海底采矿地点仍然缺

---

〔1〕　See D. Amon, C. Srnith, "How to Protect the Deep Sea", *PEW Charitable Trusts*（December 28, 2018）, https://www.pewtrusts.org/en/research-and-analysis/fact-sheets/2018/12/how-to-protect-the-deep-sea. Retrieved September 26, 2019.

乏足够的环境基线数据。以深海海底矿产开发为例，现有的相关国际采矿规则规定，"每一合同应要求承包者参照法律和技术委员会根据第 41 条提出的建议，收集环境基线数据并确定环境基线"。〔1〕虽然，ISA 认为国际海底区域矿产资源勘探活动对此处生物多样性以及生境造成的影响属于可控范围之内，但仍然要求各承包商在从事勘探工作时尽可能多地收集各类环境信息，在正式采矿之前能够建立起相应的特定国际海底区域环境基线，并以此同采矿开始之后的环境状况形成对照。ISA 于 2005 年制定的"指导承包者建议"明确了承包者在勘探过程中应当收集的物理、化学和生物等方面的基线数据，主要包括：〔2〕

（1）物理海洋学方面，在整个水柱沿线，特别是海底附近收集海洋状况资料，除其他外包括海流、温度和浊度状态等；

（2）化学海洋学方面，收集地下水柱化学资料，包括关于资源上覆水层的资料，尤其是可能在采矿过程中释放出的金属和其他元素的资料；

（3）沉积物特性方面，确定沉积物的基本特性，包括土力学和构成的测量数据，以了解作为采矿作业引起的深水羽流潜在来源的表层沉积物的分布特性；

（4）生物群落方面，收集分布在不同底层地形、沉积物类型、结核分布区的生物群落、海底群落的数据，同时记录主要物种中可能在采矿时释放出的金属的基线水平；观察记录的数据应当覆盖各种大小动物，包括生活在结核及其周围的底栖食腐动物、浮游生物和可观察到的海洋哺乳动物等，并评估时间的变化；

（5）生物扰动方面，酌情收集按生物分类的沉积物混合数据；

（6）沉积作用方面，收集关于从上水柱流入深海的物质通量和构成的时序数据。

总之，在任何人为环境影响产生之前获得充分的环境基线数据十分必要，这意味着可以监测到因人类开发活动而引起的原生境变化，这也是确保国际社会针对国际海底区域生物多样性问题作出科学、正确的规制与决策的基本

---

〔1〕　例如，《"区域"内富钴铁锰结壳探矿和勘探规章》第 34 条。

〔2〕　参见《指导承包者评估"区域"内海洋矿物勘探活动可能对环境造成的影响的建议》（ISBA/19/LTC/8）第 15 条。

前提。

（二）环境影响评价

环境影响评价（EIA）作为确保产业项目实施坚实有效环境管理的关键，常被用于预测、评估和减轻项目所附带的环境和社会风险。它在项目规划和执行过程中起着重要作用，通常也是获得融资、规划许可和监管批准的前置条件。特别是对于ISA及其成员国来说，其可通过环境影响评价来履行一些关键义务，例如采用预防性方法，同时须按照UNCLOS第145条之要求确保国际海底区域海洋环境处于有效监管之下，使之免受有害影响。目前，在围绕国际海底区域环境保护问题的有关讨论中，国际社会已经普遍认为需要确立环境影响评价的地位。[1]不仅如此，根据UNCLOS第206条规定，环境影响评价是各缔约国必须履行的直接义务；[2]海底争端分庭（the Seabed Disputes Chamber）亦确认该制度是各担保国对其担保的深海海底采矿活动应履行的尽职调查义务。从该制度所承载的功能上分析，环境影响评价过程应当确保ISA对所有从事国际海底区域矿产开发活动的承包商适用统一且高标准的环境要求。但是，现阶段要求该领域担保国及承包商进行环境影响评价的相关法律文书仍不健全，特别是缺乏国际性的具有法律约束力的规定以及监督、遵从和执行机制。

目前，ISA所制定的一系列"采矿规则"（Mining Code）为国际海底区域环境影响评价提供了初步依据，后续与环境、开采活动有关的法规尚在进一步制定当中。尽管"采矿规则"还处于完善之中，但就现有内容来看，申请从事海底矿产开发者必须提交以下环境影响评价文件方能被授予勘探开发许可：[3]

（a）关于提议的勘探方案的一般说明和时间表，包括在未来五年的活动

---

[1] See Griffith Law School, International Seabed Authority, "Environmental Assessment and Management for Exploitation of Minerals in the Area", International Seabed Authority, https://ran-s3.s3.amazonaws.com/isa.org.jm/s3fs-public/documents/EN/Pubs/2016/GLS -ISA-Rep.pdf. Retrieved January 19, 2020.

[2] UNCLOS第206条（对各种活动的可能影响的评价）：各国如有合理根据认为在其管辖或控制下的计划中的活动可能对海洋环境造成重大污染或重大和有害的变化，应在实际可行范围内就这种活动对海洋环境的可能影响作出评价，并应依照第205条规定的方式提送这些评价结果的报告。

[3] 例如，《"区域"内富钴铁锰结壳探矿和勘探规章》第20条。

方案，例如对勘探时必须考虑的环境、技术、经济和其他有关因素进行的研究；

（b）……海洋学和环境基线研究方案的说明，以便能够根据法律和技术委员会提出的建议，评估提议的勘探活动对环境的潜在影响，包括但不限于对生物多样性的影响；

（c）关于提议的勘探活动可能对海洋环境造成的影响的初步评估；

（d）关于为防止、减少和控制对海洋环境的污染和其他危害以及可能造成的影响而提议的措施的说明；

（e）理事会根据第 13 条第 1 款做出决定所需的数据；

（f）未来五年期活动方案的预期年度支出表。

综观之，上述规定为国际海底区域生物多样性新文书中有关环境影响评价部分的设计提供了极具价值的参考。

（三）环境管理与监测

在规则管理工具中，上述两项偏向于事前阶段，因此有必要为各国在国际海底区域开发行为的全过程，特别是勘探与采矿活动，制定相应的环境管理与监测计划（Environmental Management and Monitoring Plan，EMMP），也即旨在采取一切必要措施以确保最大限度地减少人类对包括国际海底区域在内的海洋环境与生物多样性的影响，同时监测开发计划的实施影响，履行与国际海底区域环境相关的国际法规、程序以及相应的国内法规则。[1]

这类工作的展开首先应明确如何通过制定包含特定目标、组件、工作内容、投入（人、财、物），以及成果输出等方面的详尽计划来实现环境管理和监测工作。从时间维度看，有关国际海底区域的环境管理与监测必须贯穿事前、事中和事后等多个阶段。其次，在管理与监测过程中需要基于相关指标、阈值和响应机制的发展，以期能够在风险变为现实前触发预警信号帮助有关主体及时采取行动，并防止严重损害的发生。例如，管理与监测计划需对人类在国际海底区域的实际影响作出评估，即在基线数据研究的基础上将其与自然变化预期的变量进行比较。再其次，环境监测还需证明环境影响评价中的预测在大体上是否正确、减轻环境影响的相关措施是否正在按预设计划正

---

〔1〕　See D. O. B. Jones, J. M. Durden, K. Murphy, et al., "Existing Environmental Management Approaches Relevant to Deep-Sea Mining", *Marine Policy*, Vol. 103, 2019, pp. 172-181.

常进行；是否已解决不确定性问题；证明合规性在批准条件下，可以及早发现意外或不可预见的影响，并支持"适应性管理"原则等。最后，为了保障该规制工具顺利进行，需要设计清晰的预算和实施时间表，并确定负责融资（资源）、监督和实施的机构，以及其他相关利益方的利益、角色和责任。

二、预防与适应性管理

人类深海作业活动具有许多不确定性，但鉴于其可能造成的潜在严重环境后果，在管理深海活动时需要考虑其涉及的诸多不确定性因素。ISA 作为 UNCLOS 确定的国际海底区域国际管理机构，在过去的二十年间已经就国际海底区域内的多金属结核、多金属硫化物和富钴铁锰结壳等三种矿产资源开发活动制定了相应的"探矿和勘探规章"。其中，为了解决不确定性问题，同时防止或降低国际海底区域内人类活动可能对海洋环境造成的有害影响，这些规章中均设定了基于预防与适用性管理理念的规制工具，主要包括"预防措施"、"最佳环境做法"和"适应性管理"。不仅如此，这些工具也对 ISA、担保国以及承包者具有法律约束力。[1]

目前，由于预防措施和最佳环境做法尚缺乏明确的国际标准，以及各国在科技水平和资金能力方面的差异，使得 ISA 可能需要让各国根据自身国情来决定适用上述两项措施的实际程度。[2]其中，（1）通常认为，采取预防措施的义务是国际环境法的基本原则，以国际海底区域采矿问题为例，其首先要求 ISA 宁求稳妥，并采取早期措施保护海底环境免受不利影响，即使此时对于风险存在的判断仍然存在较多不确定性。[3]具体包括在环境规划中纳入预防性缓冲措施，并确保各项必要的环境保护措施在各国向商业化矿产开发迈进的过程中不被忽视，这也需要环境战略规划的支持；它还包括进一步开展战略选择的研究，以减少科学的不确定性。其次，担保国具有尽职调查义

---

〔1〕 在解决不确定性的问题上，环境基线评估与监测、划区管理工具也发挥着各自的作用，但特点不同。其中，前者过程耗时较长，且需要在较大的时间尺度范围内进行；后者通过保护具有代表性的环境区域使得生态结构、生物多样性、功能获得相应保护。

〔2〕 参见张丹："浅析国际海底区域的环境保护机制"，载《海洋开发与管理》2014 年第 9 期。

〔3〕 See A. Jaeckel, "The Implementation of the Precautionary Approach by the International Seabed Authority", ISA Discussion Paper No. 5, https://www. isa. org. jm/files/documents /EN/Pubs/DPs/DP5. pdf. Retrieved October 23, 2019.

务，要求它们采取一切适当措施，以防止可能因其担保的承包者的活动对国际海底区域环境造成损害。该义务适用于以下情况：若所涉活动的范围和潜在负面影响的科学证据不足，但有迹象表明存在潜在风险。如果担保国无视这些风险，则视为未履行尽职调查义务。[1]而且，由于新的科学或技术知识等原因，尽职调查的标准可能会随着时间的推移而变得更加严格。对于风险较大的活动，标准也需相应提升。最后，尽管预防措施必须以最佳的科学建议为基础，但也必须顾及公众价值观，因为管理决策必须面对不确定性。其中包括对矿产开采的风险和利益的价值判断，以及对保护生物多样性和生态系统服务的支持。（2）最佳环境做法和行业良好做法（good industry practice）是 ISA 制定的国际海底区域矿产资源开发规章中经常出现的一对相近概念，前者通常是指在考虑到特定监管机构所设定标准的情况下，应适用最适当的环境控制措施和策略组合，也即环境和风险管理的公认准则或习惯；[2]后者根据基本的理解看，是指在特定的场地内，以具有相关经验的技术人员能够合理且正常预见到的方式进行特定活动。[3]最佳环境做法主要考虑的因素是建立可靠的环境基准，其目的在于确定触发遵从行为（compliance action）的阈值，例如，何时停止作业；而且，最佳环境做法还要求在最佳时间以正确的方式收集环境监测数据，在对获取的最优数据进行分析后，以可理解的方式传递给内部和外部的利益相关者。可以说，行业良好做法反映了实现目标的过程，最佳环境做法则建立了可描述的数据获取过程，即根据触发阈值确保环境受到保护，以及实施合规性监管的过程。总体来说，最佳环境做法的实施有助于行业良好做法的落实，并且便利相关方调整其管理策略，以实现行业和环境的最佳结果。

---

〔1〕　See Responsibilities and Obligations of States Sponsoring Persons and Entities with Respect to Activities in the Area（Request for Advisory Opinion Submitted to the Seabed Disputes Chamber），Seabed Disputes Chamber of the International Tribunal for the Law of the Sea, Case No 17, 1 February 2011, at para. 131.

〔2〕　See M. R. Clark, H. Rouse, G. Lamarche, et al.，"Preparation of Environmental Impact Assessments：General Guidelines for Offshore Mining and Drilling With Particular Reference to New Zealand"，National Institute of Water and Atmospheric Research. https://niwa. co. nz/sites/niwa. co. nz/files/EMOM_ EIA_ guidelines_ Revision_ Jan2017. pdf. Retrieved January 19, 2020.

〔3〕　See L. J. Gerber, R. L. Grogan, "Challenges of Operationalising Good Industry Practice and Best Environmental Practice in Deep Seabed Mining Regulation", *Marine Policy*, Vol. 114, 2020.

三、生态系统方法

自 Aldo Leopold 提出环境保护伦理以来，生态系统管理的类似概念就已出现。[1]生态系统方法（Ecosystem Approach）并非具体的生态系统管理方法，它是一种综合运用多种方法以应对复杂的社会、经济和生态问题的生态系统管理策略。它提供了一个将多学科的理论与方法应用到具体管理实践的科学和政策框架。[2]与之意思相近的表述还有两个，即"基于生态系统的管理"和"生态系统管理"，其共同之基础都是一种以科学为基础保护和管理自然资源的全面方式。由于三者在操作层面的差异较小，而且上述概念之间也经常互换使用，[3]故也可视作等同概念。

根据目前国际社会公认的概念，1992 年 CBD 将生态系统方法定义为一种针对土地、水和生物资源的综合管理战略，旨在以公平的方式促进对生物多样性的保护和持续利用。运用生态系统方法将有助于均衡地实现 CBD 的三个目标——（1）有效保护；（2）可持续利用；（3）公平、公正地享有开发遗传资源所带来的利益。同样，UNCLOS 也提出，全球海洋范围内的所有人类活动都应采取生态系统方法的法律框架；[4]与之配套的 1995 年《鱼类种群协定》要求各国采用生态系统方法和预防方式管理跨界鱼类种群和高度洄游鱼类种群。作为一种跨学科的、涉及参与过程的系统性方法，生态系统方法侧重于应用各级生物组织结构的相应科学方法，而这些生物组织结构包括生物体及其环境之中的重要过程、功能及相互作用。同时，该方法还认可人类以及基于人类而形成的文化多样性也是生态系统不可或缺的重要部分。[5]

---

〔1〕 See FAO Fisheries Department, "The Ecosystem Approach to Fisheries", Food and Agriculture Organization of the United Nations, 2003. http://www.fao.org/documents/card/en/c/6de19f1f－6abb－5c87－a091-3cc6e89c3a88. Retrieved January 19, 2020.

〔2〕 参见周杨明等："自然资源和生态系统管理的生态系统方法：概念、原则与应用"，载《地球科学进展》2007 年第 2 期。

〔3〕 See S. Leech, A. Wiensczyk, J. Turner, "Ecosystem Management: A Practitioners' Guide", *BC Journal of Ecosystems and Management*, Vol. 10, No. 2., 2009, pp. 1–12.

〔4〕 参见《联合国秘书长 2006 年 3 月 9 日有关海洋和海洋法问题的报告》，A/61/63（2006/03/09）。UNCLOS 序言："各海洋区域的种种问题都是彼此密切相关的，有必要作为一个整体来加以考虑"。

〔5〕 CBD Secretariat, "Ecosystem approach", Document UNEP/CBD/COP/5/6, Decision V/6, Secretariat of the Convention on Biological Diversity.

从概念的文本内容分析，生态系统方法主要涉及系统级别的管理，而不是关注单个物种或栖息地。它旨在兼顾自然环境和社会环境，从而提供一种更加综合的管理方法。其关键特征包括环境保护、系统思维、空间尺度、可持续利用和人为因素。可以说，生态系统方法是比传统站点保护更广泛的一种系统方法。不论保护状态如何，该方法不仅可以应用于大尺度下的未知海底环境，而且还可以在多种规模层面使用，并顾及人类活动的相互作用。因此，该方法为在海洋景观尺度上的使用提供了良好的工具适应性，即能够顾及和响应不断变化的海洋环境形势。当然，将生态系统方法应用于特定的问题场景目前仍然存在争议。[1]具体在实际应用方面，生态系统方法常适用于区域海洋方案、行动计划和大型海洋生态系统项目之中。例如，联合国环境规划署区域海洋方案、南极条约体系之《关于环境保护的南极条约议定书》、北极理事会的《北极海洋战略计划》和欧盟制定的《欧盟海洋战略框架指令》等均明确提到使用生态系统方法，使区域海洋处于良好的环境状况。[2]此外，部分国家在其制定的综合性海洋治理框架或相关政策与立法中也纳入了生态系统方法。

第三节　规制工具之间的关系梳理与组合

根据上述对国际海底区域生物多样性保护相关的各类法律规制工具的分析可知，由于法律依据、制定与实施主体、适用范围和应用背景等方面的不同，这些工具相互之间既存在各自的管辖领域，同时又在不同程度上冲突与耦合。因此，本节通过分析、梳理上述工具之间的潜在关系，并进行合理的分配，以期能够使它们更好地实现相互协作、提升规制功效，从而对国际海底区域生物多样性进行更优保护。

一、多种划区管理工具的关系与选择

基于海洋生态环境保护的需要，国际上已存在着多个组织或公约创设的

---

〔1〕　See R. D. Smith, E. Maltby, *Using the Ecosystem Approach to Implement the Convention on Biological Diversity: Key Issues and Case Studies*, IUCN The World Conservation Union, 2003

〔2〕　例如，美国《发展区域海洋生态系统管理方法》。M. C. Holliday, A. B. Gautam, *Developing Regional Marine Ecosystem Approaches to Management*, U. S. Department of Commerce, National Oceanic and Atmospheric Administration, National Marine Fisheries Service, 2005.

不同类型的划区管理工具，主要包括单部门划区管理工具和跨部门划区管理工具。从所映射问题的数量差异可以发现这些工具在内涵、功能、地理空间等方面有着不同程度的重叠。一方面从理论上看，国际社会对于现有划区管理工具的定义尚未明晰，不同工具之间的界限也较为模糊。CBD 与 UNCLOS（主要是 BBNJ 部分）均关注如何建立与实施海洋保护区，但却未给出有利于公约执行与国家履约的准确定义。通过分析 BBNJ 会议讨论文本可知，其将划区管理工具与海洋保护区并列使用的做法无异于将划区管理工具缩限于仅海洋保护区一项。[1]联合国粮农组织的观点则认为，基于生物多样性保护或渔业管理需要而提供比周边水域更充分保护的任何海洋地理区域都可称为海洋保护区。在此定义之下，单部门划区管理工具因为提供了相应领域的规制保护也可以算作海洋保护区。此时海洋保护区的内涵扩大到几乎与划区管理工具等同，但它们最终的生态保护结果却非如此。[2]这种模糊的、未取得共识的理论界定不仅造成了划区管理工具之间的内部交叠及混乱，而且还会因为管理和保护范围等问题对实现海洋生物多样性长期养护目标十分不利。另一方面从实践上看，单部门划区管理工具通常仅在海底采矿、国际航运、深海拖网捕鱼等单一特定领域发挥规制功能，而像公海保护区这般的跨部门划区管理工具则更多考虑的是所划定区域的海洋环境及相应生态系统的整体保护，两者之间恰如"短期、特定领域保护"与"长期、系统全面保护"的角色关系。此外，现有的划区管理工具设计在地理空间上也存在互相贯通和交叠的情况，但各工具之间操作规则的差异却导致保护目标难以首尾相顾。

以现有的国际海底区域相关划区管理工具为例，这些工具主要包括前面提到的影响参照区、保全参照区、特别环境利益区和海洋保护区等，而 ISA 和其他国际海洋组织创设或推动建立上述工具的目的在于减少人类活动对国际海底区域环境的影响。按照中国政府在 BBNJ 国际文书谈判会议上发表的观点，"划区管理工具（包括海洋保护区）的对象是海洋生物多样性，即海洋遗

---

〔1〕 BBNJ 会议记录中涉及划区管理工具的大多数表述通常为"关于划区管理工具，包括海洋保护区"。参见联合国大会：《会议主席在第一届会议闭幕式上的发言》（A/CONF.232/2018/7），第3/23 页。

〔2〕 有研究显示，在全球海洋保护区中，其海洋生物数量总体平均增加了446%，而特定区域内的动植物数量增加约166%，物种数量增长达21%。在单部门划区管理工具中这些成就并不存在。参见"海洋保护区：就是在地图上画格子吗？"，载创绿研究院，http://www.ghub.org/? p=10175，最后访问时间：2019 年 10 月 28 日。

传资源、物种和生态系统"；同时"应包括所有基于区域的管理措施和方法，不限于海洋保护区。"〔1〕因此，在围绕国际海底区域生物多样性问题存在着多种拥有共同规制对象和目标的划区管理工具的情况下，如何选择和有效地配置工具是对特定范围内的生物多样性实现综合管理的关键步骤。

具体而言，首先，包括采矿、科研探勘等在内的国际海底区域人类活动虽然直接作用于国际海底区域底土层，但是活动过程却始终无法绕开其上覆水域——公海海域。然而，目前公海与国际海底区域内资源所各自适用的法律归属原则相斥，即分别适用公海自由原则与人类共同继承遗产原则，使得多种划区管理工具在地理空间上垂直相连、法律属性却不同的国家管辖范围外海域及其底土上难以做到相互连贯与自洽。ISA 通过强化和其他设计划区管理工具的国际组织/公约的协作，可能会有助于避免这些工具在海洋地理空间上的重合。但需注意的是，由于诸如国际海底区域采矿等活动将不可避免地对公海和国际海底区域造成不同程度的环境影响及污染、破坏，ISA——作为国际海底区域矿探勘开发的管理机构——设计的前述划区管理工具在终极追求上同强调"海洋环境与生态系统长期养护目标"的海洋保护区并不协同，甚至背道而驰。因此有学者质疑，可能存在以下情况：如果公海保护区覆盖水域（即公海）所对应的国际海底区域成为 ISA 设计的影响参照区、保全参照区或具有特别环境意义的区域，此时承包商在国际海底区域中实施的矿产资源勘探或开采行为实际无法绕过公海保护区而"隔水"进行。由此则会出现以下问题：（1）若要将公海保护区和 ISA 划区管理工具在水平和垂直空间上对应并不易达成；（2）即使地理空间可协调，国际海底区域矿产勘探开发活动引发的海洋环境变化、生境扰动、有毒物质污染会对栖息在深海海底的生物造成不利影响，将阻碍公海保护区的保护目标的达成。特别是，若开发与保护的不同追求发生冲突时，ISA 的勘探开发活动规则具有法律上的拘束力，且国际海底区域矿产资源作为人类共同继承遗产也具备法律上的正当性，而其他海洋组织创设的公海保护区的法律拘束力不及于第三方，此时国际海底区域的勘探或开采行为很可能会激起国际环保 NGO、区域性海洋组织和利

----

〔1〕 "中国代表团团长马新民在 BBNJ 国际文书谈判政府间大会第一次会议上的发言"，载 https://papersmart. unmeetings. org/media2/19408260/item - 7 - abmts - including - mpas - chinese - statement - cn. pdf，最后访问时间：2019 年 10 月 27 日。

益攸关国家的反对。[1]其次，无论是 ISA 设计的划区管理工具，还是其他国际组织已经布局的公海保护区，均位于海洋生态环境整体之下，这种客观存在的地理和生态系统上的连通性，使得两者又具有难以分割的关联。

基于此，为了避免未来因划区管理工具设置不当或相互重叠而可能引发的问题，需要对适用于国际海底区域的划区管理工具提供原则性指引。首先，未来根据 BBNJ 新文书确定的国际管理机构需要联合其他国际组织共同对划区管理工具进行优化配置，根据国际海底区域生物多样性规制的发展阶段选择适用恰当的划区管理工具。其次，国际社会应就划区管理工具的定义和范围尽快达成共识，明确划区管理工具包括海洋保护区，但并不限于此；同时，强调前者是工具、手段，但不一定有实际的空间范围（如海洋空间规划），后者是具体的地理空间同时也是为了达到目的的方式。最后，明确划区管理工具的实施标准与计划。一个成功的管理网络需要能够在国际海底区域资源开采作业期间有效保护海洋环境，并维持生物多样性和维护生态系统功能完整。具体包括：

（1）所建立的划区管理工具能够涵盖该地区具有代表性的栖息地、物种，以及拥有独特生物多样性并提供重要生态系统服务或功能的重要生态区域；

（2）为种群提供必要的连通性。即确保各划区管理工具之间相互接近并且可连通，以帮助处于不同生命阶段的海底生物能维持和/或恢复种群数量；

（3）备置保护措施，使多个划区管理工具都涵盖国际海底区域中的重要物种、栖息地和生态过程；

（4）确保划区管理工具中的生物物种有足够的种群规模和保护措施，能够维持其生态功能与自给自足；

（5）关于规模的标准，将至少 30%～50% 的管理区域纳入划区管理工具规制网络，这也是目前 ISA 在保护东太平洋地区的克拉里昂－克利珀顿（Clarion-Clipperton）区域——迄今为止唯一具有相应管理计划的目标海底区域——时所采取的策略。

二、规则管理工具的统合

在众多国际海底区域环境与生物多样性规则管理工具之中，环境评估与

---

〔1〕 邢望望："划区管理工具与公海保护区在国际法上的耦合关系"，载《上海政法学院学报（法治论丛）》2019 年第 1 期。

监测、预防与适应性管理和生态系统方法一直是 ISA 采矿规则和 BBNJ 会议关注的重点。然而，这些多样化的规则管理工具并不是相互孤立存在的。在大多数情况下，若要实现国际海底区域生物多样性保护与可持续利用的目标，往往需要上述工具的相互配合，即建立起系统的国际海底区域生物多样性规则网络，使诸规制工具之间能够彼此借力与支撑。

首先，生态系统方法是总体思路设计。作为一项系统级别的规制管理思维，生态系统方法需贯穿于国际海底区域生物多样性规制的各环节，其具体适用涉及规则管理工具与划区管理工具。基于生态系统方法的理念，国际海底区域生态系统具有弹性，同时各组成要素与功能之间也是相互联系的。因而，围绕国际海底区域环境及生物多样性所展开的相关评估、调查、监测和管理必须建立在一个广泛的范围之上，考虑和规划不同工具的组合，以达成最优的规制效果。例如，在设计海洋保护区、海洋空间规划等划区管理工具时，除其本身需具有保护生态系统与服务、物种及栖息地的意识外，还应充分认识到特定海域内多种人类海洋活动产生的复合影响，因此需确保新建规制措施与既有规制措施能够统合互补，并在综合评估多重海洋活动的复合影响、不同工具间差异及其对生态系统整体影响的基础上，设立相应的划区管理工具。

其次，环境基线研究是基础。目前，人类对于大规模深海海底活动的潜在影响知之甚少，受这些活动影响地区的生态学观测也不甚清晰。同时，国际海底区域开发项目环境管理的各个方面都存在高度不确定性：

（1）在所有时空尺度上缺乏对环境的了解；

（2）仍处于研究中的开发和保障技术；

（3）仍处于草稿形式的国际环境法规。

解决上述问题的基础在于对环境基线数据的搜集和分析评估，其可作为环境影响评价、后续监测、规制实施等必要的参照物。由于相关环境基线数据范围需要覆盖到某地区开发活动开始前的较长时间，尽早完成国际海底区域，特别是即将准备实施商业化作业区域的环境基线研究十分重要。

最后，"预防措施""适应性管理""环境影响评价""最佳环境做法"等工具相互依存。国际海底区域生物多样性规制是生态系统工程，要求以综合的方式管理影响此处生物多样性的人类活动，以系统视角考虑人类活动对诸如物理环境、化学环境、生物要素及其相互之间累积作用的影响。因此，在解决相关具体问题时，需要加强各领域工作部门的合作，广泛吸纳多学科背景知识；同时，还需要有效串联起"预防措施""适应性管理""环境影响评价""最佳环境做法"等规则管理工具，使之形成互相配合的"链条"。例如，预防措施和适应性管理是解决不确定性问题的两大重要工具，并与环境影响评价密切相关。其中，就预防措施而言，进行环境影响评价是实施预防措施的基本要素，在评估预期风险和选择最佳环境实践时，应在环境影响评价流程的所有阶段均采用预防措施。同样，适应性管理也可与预防措施类似地应用于环境影响评价之中。由于国际海底区域人类活动的潜在影响尚不确定，适应性管理要求评估主体根据现有初步发现，提前开展实验、收集数据并传递给环境影响评价。同时，适应性管理还要求相关主体对勘探开发活动提前进行阶段划分、监控和报告，并根据环境影响评价所确定的结果采取相应的具体行动。[1]可以说，预防措施和适应性管理都是通过在资源开发过程中获取和审查监测数据来不断完善环境影响评价。[2]

总之，上述各种规制方法目前在国际海底区域内的适用都具有明确的法律授权。现阶段[3]的挑战主要在于面对复杂且充满未知的海底生物多样性问题，如何通过有效实施这些规制方法以达成保护国际海底区域生物多样性的预期目标。因此，处理该问题不仅应站在生态系统的整体视野之下，科学合理地配置"弹药库"中的各类规制工具，而且还需要有适当的管理体制安排和执行机制。

第四节 规制机构的选择与协作机制

系统完备的法律规制工具设计是为保护国际海底区域生物多样性提供有效规制的前置条件，而科学合理地安排相关规制管理机构则是实现国际海底区域生物多样性保护规制目标的行动力。同时，由于国际海底区域生物多样

---

〔1〕 See J. I. Ellis, M. R. Clark, H. L. Rouse, et al., "Environmental Management Frameworks for Offshore Mining: the New Zealand Approach", *Marine Policy*, Vol. 84, 2017, pp. 178-192.

〔2〕 See J. M. Durden, L. E. Lallier, K. Murphy, et al., "Environmental impact assessment process for deep-sea mining in 'the Area'", *Marine Policy*, Vol. 87, 2018, pp. 194-202.

〔3〕 现阶段主要是指 ISA 在国际海底区域矿产资源开发领域通过这些规制工具以实现生物多样性保护与人类开发利用相协调。

性受损风险正在与日俱增，为了能够提升规制效率，保障规制目标基本实现，设计可行的规制实施机构和改进现有国际规制协作机制迫在眉睫。

一、国际海底区域生物多样性的管理机构设置

如果将此前讨论的有关国际海底区域生物资源法律属性——"公海自由"原则和"人类共同继承遗产"原则的选择——视作内核性问题，有关国际海底区域生物多样性的管理机构则是践行上述适用原则的主体形式问题，后者也正因国际谈判的推进而逐渐成为争议性的焦点。虽然，现阶段涉及 BBNJ 问题的全球性（如表 3 所示）和区域性管理机构数量不在少数，但它们在管辖职能、管辖范围、法律授权基础、组织架构等诸多方面呈现出的"碎片化"管理样式促使国际社会正在加快形成 BBNJ 新协定，以建立一个有助于增强机构（机制）间国际协作，能够对包含国际海底区域生物多样性在内的 BBNJ 实施全面、系统且长远规制以及具有实质约束力的全球性管理机构。

从现有的角色和职能看，ISA 是当前与国际海底区域生物多样性联系最密切的正式国际管理机构。一方面，ISA 是在 UNCLOS 及《1994 年协定》法律框架下代表全人类利益管理国际海底区域矿产资源的唯一机构，同时也承担着防止国际海底区域开发活动对海洋环境造成严重损害的监管职责，以及促进国际海底区域海洋科学研究的任务。例如，收集环境基线数据，设立保全参照区以维持海底生物群的典型性和稳定性；举办海底环境和资源相关研讨会，掌握海底沉积物及结核中的生物关系，开展海底生物资源勘察工作和监测受扰动区生物群落恢复、再生情况等。[1]另一方面，国际海底区域生物多样性作为 BBNJ 的重要组成，却是其中基线数据和科学认知最为欠缺的领域，而 ISA 长期跟踪、关注着此处变化，并且形成了相对成熟的机构运作体系、利益协调机制和一定的国际海底区域生物多样性规制能力。可以说，ISA 在处理国际海底区域生物多样性问题上积聚了相当的优势。因此，国际社会对其未来在包括国际海底区域生物多样性在内的 BBNJ 问题上的定位主要有两种设想，一是将 ISA 当前主要管理矿产资源和偏重协调经济利益的职能安排进一

---

〔1〕　参见国际海底管理局：《"区域"内多金属结核探矿和勘探规章》；中华人民共和国常驻国际海底管理局代表处："国际海底管理局秘书长南丹在联大有关深海生物多样性问题非正式工作组会议上的发言摘要"，载《国际海底信息》2006 年第 26 期。

步扩展至规制所有深海生物多样性问题（包括基因资源等），并增强其海洋环境管理权限。[1]二是各国决定在现有国际机构中选定一个牵头主体，负责加强国家、相关政府间组织和机构、其他社会主体之间的协调与合作。这个管理机构需要在整合当前碎片化的 BBNJ 管理机制的同时，强化各关联机构的管理能力，[2]ISA 可成为扮演上述角色的被选择对象之一。

除此之外，关于管理机构的设置还有缔约方大会和新设国际组织两种选择。[3]就前者而言，缔约方大会作为新文书的国际谈判平台，未来可继续发挥为讨论与议定 BBNJ 重要议题提供正式场合的功能，同时设立常设机构，以及秘书处、科学/技术机构等，而在 IGC-2 上各代表也对此机构安排形成了一定的共识。关于新设国际组织的方案是为 BBNJ 建立全新的管理体系，在全球层面的设置包括决策机构、科学/技术机构、秘书处、惠益分享平台等。综观上述方案，目前分歧犹在，不过最终选择应以符合目的原则和成本-效益原则为上。

二、倡导更加灵活、高效的协作机制

随着需求和现代科技水平的增长，人类在不久的将来大规模实施国际海底区域矿产资源和生物资源探索、开发的场景已可推见，随之而来的是相对封闭的国际海底区域环境将遭受来自外界的更大扰动和不可逆损害，甚至生态灾难。对此，各国已达成基本共识并正在朝着保护与可持续利用的方向共商、努力。然而，由于对国际海底区域生物多样性及其与资源开发活动的关联性等领域认知的欠缺，国际社会处理国际海底区域生物多样性保护与资源开发利用议题时好似在海底的"迷雾"中摸索前行，但是各国不断推进的资源开发活动并未留给我们更多时间去将"迷雾"完全拨开。因此，相关谈判

---

〔1〕 参见联合国大会："研究国家管辖范围以外区域海洋生物多样性的养护和可持续利用问题的不限成员名额非正式特设工作组的报告"，第 61 届会议（A/61/65，2006 年）。

〔2〕 See R. Rayfuse, R. M. Warner, "Securing a Sustainable Future for the Oceans Beyond National Jurisdiction: the Legal Basis for an Integrated Cross-Sectoral Regime for High Seas Governance for the 21st Century", *The International Journal of Marine and Coastal Law*, Vol. 23, No. 3., 2008, pp. 399-421.

〔3〕 参见崔皓："国际海底管理局管理生物多样性问题可行性研究"，载《武大国际法评论》2019 年第 1 期。

注定是一场关乎人类命运的时间赛跑。[1]

在此背景下，国际社会如果单纯地依靠传统的多边合作方式——发生在国家与政府间组织之间——解决国际海底区域生物多样性问题，将难以满足当前的规制需求。作为一项全球性问题，国际海底区域生物多样性保护的"公共性"决定了它需要多元主体基于合作基础共同开展全球治理（协调、规划与实施）。国际海底区域生物多样性为全人类供给着必要的物质和服务，无论是各国政府、国际机构与组织，还是企业和个人，若这些利益相关者充分发挥各自作用，广泛开展合作，将有助于更好地实现对该问题的全球治理。具体如下：

首先，拓展多边合作的形式和途径。在世界趋向多极化的大背景下，[2]解决国际海底区域生物多样性保护这样急迫的新兴环境问题，不能仅寄希望于通过达成全球性的国际文书（如 BBNJ 新协定书）以提供法律与政策规制，而是应当发挥这些多"极"在地区的引导和组合作用，如我国的 21 世纪海上"丝绸之路"项目、亚太经济合作组织（APEC）等已经将环保、能源等问题纳入其中。具体在国际海底区域生物多样性问题上，可采取如下方式：

（1）可借助已有多双边合作机制，在地区国家之间分享保护理念与实践经验，推动共同制定和实施双边、多边、次区域与区域保护战略与行动计划。同时，总结先进绿色深海经验、技术，并在各自地区推广。

（2）加强合作机制和平台建设，建立信息共享机制。一方面，运用好政府间高层交流模式，通过"中国-东盟""上合组织""欧亚经济论坛""中非合作论坛"等现有相关平台，强化国际海底区域生物多样性问题在地区层面的交流与合作。同时，借助已参与或开展国际海底区域生物与非生物资源项目国家的力量建设大数据平台，加强深海环境信息共享，提升环境风险评估与防范水平。另一方面，贯通现有相关国际条约与机构之间的协作，增加共

---

〔1〕 国际上也有观点认为，深海采矿等开发活动对环境的影响研究仍依赖于公共资金对科学和技术研究的进一步投资，以填补现有知识的缺失，而在制定和采用强有力的法律规制框架之前，不应将深海采矿视为一种选择。See M. C. Ribeiro, R. Ferreira, E. Pereira, et al., "Scientific, Technical and Legal Challenges of Deep Sea Mining: A Vision for Portugal-Conference Report", *Marine Policy*, Vol. 114, 2018.

〔2〕 即美国作为唯一超级大国，构建自己主导的单极世界的形势逐渐开始受到挑战；欧盟不断扩张、发展，并在全球问题上表现十分积极；中国作为最大的发展中国家，国际地位及影响迅速提升，参与国际治理与国际秩序构建的热情极高；日本主动参与国际事务，谋求政治大国地位的步伐也在加快；其他小岛国家、非洲国家、新兴发展中国家等也在不断发展、进步。

同议题治理的联动性。碎片化管理在国际海底区域生物多样性这样的交叉学科领域表现十分明显，虽然该议题存在专项国际立法缺失的问题，但现有国际规则中零散地涉及与之相关的问题，如深海海底采矿的环境规则、地区性公海保护协定等。因此，可在现有国际规则的基础上建立相关条约及组织间定期联合会议机制，围绕国际海底区域生物多样性议题相互分享信息和交换意见，并以备忘录和联合工作方案的形式就目标实现安排具体任务。在实践中，CBD 于 2002 年牵头组织《濒危野生动植物种国际贸易公约》《保护迁徙野生动物物种公约》《国际捕鲸管制公约》等 8 个相关公约的行政首脑成立了生物多样性联络小组（Liaison Group of Biodiversity-related Conventions），为共同实现生物多样性保护与可持续利用的目标在国际、国家和地区层面采取行动。

其次，国际海底区域生物多样性保护还要来自企业、非政府组织以及公众的共同理解和参与。其中，各国相关企业需要真正认识到国际海底区域生物多样性的重要，在接受外部规制的同时，发挥自我规制作用、肩负企业责任。公众则需要更好地了解和知晓当前人类活动对国际海底区域生物多样性的潜在威胁与影响，在必要时承担起行动角色，为决策者以更为科学、更加合理的方式正确应对国际海底区域生物多样性提供帮助。对于此前在国际决策中无处不在的国际非政府组织而言，其同样活跃在包含国际海底区域生物多样性的 BBNJ 问题讨论之中。结合已有实践，这类组织主要可通过以下方式在国际海底区域生物多样性议题上发挥作用：

（1）提供科学和法律专业知识，特别是在非政府组织所擅长的海洋保护区和环境影响评估领域。

（2）保持整个多边谈判过程的连续性。政府间组织以及国家的高级官僚（senior bureaucrats）和高级外事官员（senior foreign affairs officials）存在轮换现象，这一点在西方国家更为明显。[1]在大量人员更替的情况下，如何保持代表们在 BBNJ 谈判这种长期事项中专业知识的连贯性和对谈判过程中先前步骤的熟悉度？此时，非政府间组织可以通过出版物、开展讲习班及会外活动

---

〔1〕 有统计显示，在 1523 名参加过一次以上 BBNJ 工作组会议的人员中，仅 45 人总计参加过半数以上的会议。See R. Blasiak, C. Durussel, J. Pittman, et al., "The Role of NGO in Negotiating the Use of Biodiversity in Marine Areas Beyond National Jurisdiction", *Marine Policy*, Vol. 81, 2017, pp. 1-8.

帮助新的政府代表熟悉 BBNJ 事项并更加理性地承担其国家责任。

（3）促成联盟形成。例如公海联盟（High Seas Alliance），非政府组织可通过形成集中力量（联盟）来提升其在公开场合与国家主体交流的力度，以及问题的可见度等。

（4）建立人际关系。人际关系对于建设性信息的沟通十分重要，通过建立人际关系，可以增加非政府组织与政府代表之间的互动和信任，这将使得相互之间的讨论和磋商变得更加容易。

立场与行动：中国因应国际海底区域生物多样性法律规制的思路

受人类迈向海洋工业革命的影响，国际海底区域生物多样性所面临的威胁将更加严重，而该领域对系统性法律规制的需求也在与日俱增。既有的国际海底区域生物多样性相关法律规制体系不仅难以应对快速变化的国际海底区域人类活动与国际海底区域科学认知的不确定性状态等挑战，而且其自身所存在的各种局限性也严重阻碍了保护与可持续利用国际海底区域生物多样性这一国际目标的有效达成。

为此，国际社会从海洋遗传资源的获取与惠益分享、划区管理工具（含海洋保护区）、环境影响评价和能力建设与技术转让等四个主要部分入手，试图构建能够针对国际海底区域生物多样性议题的专项国际法律规则，并已经完成了第一版"根据《联合国海洋法公约》的规定就国家管辖范围以外区域海洋生物多样性的养护和可持续利用问题拟订的协定案文草案"。中国作为负责任的海洋大国和利益攸关国，应积极参与这一国际法律规则的制定。如何在处理国际海底区域生物多样性法律规制问题和参与国际规则制定过程中，展现与"新时代"海洋强国战略、人类命运共同理念相匹配的立场与行动至关重要。本章结合目前国际海底区域生物多样性法律规制的需求，在中国已有实践与贡献的基础上，结合中国国情与基本利益诉求，提出中国未来因应国际海底区域生物多样性法律规制的具体进路与策略。

第一节　中国参与国际海底区域生物多样性开发与保护的概况

随着国家海洋实力的逐步提升，中国已经成为快速发展中的海洋大国。

中国共产党第十九次全国代表大会报告明确提出要加快海洋强国建设，同时也要推动构建人类命运共同体。近年来，国际社会针对包括国际海底区域生物多样性在内的 BBNJ 问题及其新文书的制定展开了多次政府间谈判，中国高度重视并积极参与其中。值得注意的是，中国对待海洋开发利用与保护的观念自古有之，并且至今已经发展出符合时代变化的新形式和新样态。在认清现实的基础上，明确符合自身利益的需求是未来中国参与相关法律规制设计、提供中国方案与智慧、争取国家合法利益的重要前提。

一、中国的主要实践与贡献

经过长期的发展，中国在保护与开发国际海底区域上已经积累了独特的优势和需求。时至今日，不仅出现了"天鲲"号、"蛟龙"号等国产深海特种装备，深海生物基因资源产业在取样、实验室分离培养等部分领域也取得了具有一定国际影响力的研究成果，且目前中国已经在国际海底区域拥有三类重要矿产资源矿区的勘探开发授权，[1]这些现实情况表明未来中国还有进一步迈向国际海底区域的迫切需求，尤其是对于此处大量的矿产资源与潜力巨大的海洋遗传资源。中国自 UNCLOS 制定之时起就积极参与国际海底区域生物多样性相关事务，具体如下。

（一）科技与开发领域

中国在过去的几十年间高度重视深海战略，深海及海底的勘探调查能力与分析技术不断提升。诸如"蛟龙号"深潜器、矿物结核观测系统等一批高技术装备的应用，使中国已对太平洋赤道海域、太平洋中部海盆、太平洋东部海盆，以及部分印度洋、大西洋等海区进行了 50 多个航次的调查研究，在此过程中不仅圈探出多达 30 万平方公里的远景矿区，而且也对多种不同深海海底特殊生境下生存的生物资源及其生物群落结构特征进行了调查，在深海热液喷口、海山地貌、海沟地貌、深渊地貌等处获取了大量深海微生物样本。目前，针对这些从深海海底获取的生物，中国已经对超过百余个新物种进行

---

〔1〕根据从 ISA 网站获得的资料，截至 2022 年 7 月，中国和 ISA 签订的国际海底区域矿产勘探开发授权合同已达 5 项，约占全球所有承包商的 1/6，其中多金属结核矿区 3 项，多金属硫化物矿区 1 项，富钴结壳矿区 1 项，See ISA, "Exploration Contracts", https://isa.org.jm/exploration-contracts, Retrieved July 2, 2022.

了鉴定并做了大量生物作用机制方面的研究，完成了 4000 余株微生物资源的利用价值潜力评估工作，共申请专利 200 余件（其中获得专利授权的达几十件），建成了中国大洋深海生物及基因资源研究开发中心、海洋微生物菌种保藏管理中心等深海基因资源库与工作平台。[1]

在与国际海底区域生物多样性密切相关的深海海底矿产开发领域，中国早在 20 世纪 90 年代便独立向 ISA 申请注册成为先驱投资者，并在东北太平洋海底多金属结核矿区得到了 15 万平方千米的开辟区。[2]此后，中国大洋矿产资源研究开发协会、中国五矿集团、北京先驱高技术开发公司分别在 2001 年、2017 年、2019 年同 ISA 签订了多金属结核勘探合同；中国大洋矿产资源研究开发协会在 2011 年和 2014 年同 ISA 就多金属硫化物和富钴铁锰结壳签订了矿产资源勘探合同，总共在国际海底区域获得授权合同的矿产资源专属勘探区面积达 23.474 万平方千米。

（二）制度建设与外交领域

自 1971 年中华人民共和国在联合国恢复了合法席位之后，中国在国家管辖范围以外的海洋及海底资源上的态度一直与其他发展中国家保持一致，即原则上为世界人民所共有，对其使用应当各国共同商量，并非由个别大国所垄断。因此，在 UNCLOS 起草和制定过程中，中国也支持适用国际海底区域及其资源"人类共同继承遗产原则"，并由专门国际机构进行规制。[3]而且，中华人民共和国常驻国际海底管理局代表在 ISA 章程、组织机构设置与表决程序等许多问题上提供了代表中国立场的观点。不仅如此，ISA 已经颁布的 3 部有关深海探矿的法律规则以及正在制定中的采矿规则，中国代表都贡献了相应的智力支持。

进入 21 世纪后，随着国家管辖范围外地区海洋生物多样性议题被推上国际舞台焦点，中国全程参与了联合国组织的相关磋商、讨论与谈判工作。为了促成 BBNJ 相关问题能够尽可能被各国科学地认知以及取得更多共识，中国

---

〔1〕参见胡学东、高岩："深海生物基因产业 蓝色经济新希望"，载胡学东、郑苗壮编：《国家管辖范围以外区域海洋生物多样性问题研究》，中国书籍出版社 2019 年版，第 81 页。

〔2〕参见金永明："国际海底区域的法律地位与资源开发制度研究"，华东政法大学 2005 年博士学位论文。

〔3〕参见杨震、刘丹："中国国际海底区域开发的现状、特征与未来战略构想"，载《东北亚论坛》2019 年第 3 期。

不仅积极将人类命运共同体理念付诸实践，朝着渐进发展、公平合理与普遍参与的方向努力推动相关谈判进程，而且还在正式谈判之外组织筹办国际研讨会，与不同国家专家开放交流，加深共识。[1]

在国内法建设方面，于 2016 年通过并实施《深海法》，其最大特色之一在于高度重视深海海底环境保护。该法共包含七章 29 条，总体篇幅与其他国家同类法案相比偏短，但涉及环境保护的相关条款却十分齐备，几乎各章均有体现。从立法用语的角度分析，仅"环境"一词的表述在《深海法》中便出现多达 20 次。[2]《深海法》基于保护深海环境与可持续利用深海海底资源的思路，要求从事深海海底矿产资源勘探开发活动的承包者遵守相应的行政许可、环境评价、监督检查等规定，这些规定同时也要求承包者在进行作业过程中采取符合法律规定的环境保护措施。具体而言，《深海法》"总则"部分首先阐明了该法重要立法目的之一是保护海洋环境和促进深海海底区域资源的可持续利用；其次，将环境保护置于国际海底区域矿产资源勘探开发活动应遵从的基本原则之中；最后，要求国家在制订国际海底区域矿产资源勘探开发计划时应采取经济的、技术的政策和措施来提升海洋环境保护能力，同时表示国家鼓励和支持开展相关国际保护合作。《深海法》之所以被称为一部绿色法案，主要原因便在于其第三章专门规定了环境保护制度，将环境基线、环境影响评估、环境监测等相关制度纳入海底矿产资源利用全过程，并且要求承包者采取必要的措施来保护和保全稀有或脆弱的生态系统以及濒临衰竭、受威胁或者有灭绝危险的物种和其他海洋生物的生存环境。除此之外，《深海法》的其他章节中亦可寻见有关海洋环境保护之规定。[3]（见表 8）

---

[1]　例如，2018 年 10 月 16-17 日，在厦门召开的"国家管辖范围以外区域海洋生物多样性（BBNJ）养护和可持续利用国际研讨会"吸引了 15 个国家专家围绕 BBNJ 国际文书谈判展开对话，交换意见。

[2]　参见张梓太："加强深海环境保护 可持续利用深海资源——《深海海底区域资源勘探开发法》环保条款解读"，载《中国海洋报》2016 年 3 月 10 日，第 1 版。

[3]　参见沈灏："我国深海海底资源勘探开发的环境保护制度构建"，载《中州学刊》2017 年第 11 期。

表8 中国《深海法》中环境保护条款概览

所在章节	具体条款	内容概要
总则	第1条	立法目的强调保护海洋环境和促进深海海底区域资源的可持续利用
	第3条	将保护环境作为深海海底区域资源勘探、开发活动的立法原则
	第4条	将提升海洋环境保护能力列入国家相应勘探规划、政策和措施
勘探、开发	第7条	深海海底勘探开发海洋环境应急预案
	第9条	承包者的海洋环境保护义务
	第11条	发生或者可能发生严重损害事故时的应急措施
环境保护	第12~14条	环境基线、环境影响评估、环境监测
监督检查	第19~21条	国家海洋主管部门对海洋环境保护的监管义务，承包者关于定期报告环境监测情况的义务
法律责任	第26条	海洋环境法律责任

二、中国的海洋规制思维及其发展

（一）中国古代的海洋发展观

中国的海岸线漫长、岛屿广布，自先秦以下，沿海地区的民众世代与海为生，经过数千年的发展开创出了灿烂的中国古代海洋文明。最早从旧石器时代开始，山顶洞人利用海蚶壳作为装饰，及至夏商周时期开始出现"祭海活动"，再到战国时代齐鲁先贤提出渔盐之利为富国之本的思想等，每一个具体时代背景下古代中国的发展与沿海民众的生活都离不开海洋，即便古代中国在很长时间内仍然以陆地农耕为国家基本方略。随着朝代更迭，古代中国的政治中心不断迁移，这也使得海洋文化更趋多样化，但总体上呈现出较强的农业性，海洋文化的根本内涵即"籍海为活""以海为田"。[1]

综观中国古代海洋开发利用进程，基本离不开"衣食住行"这些基本点。

---

〔1〕（明）郑洪图："蛎蜅考"，载霞浦县志地方志编纂委员会编：《霞浦县志》方志出版社1999年版；（清）郁永河撰：《采硫日记》。

在"食"之方面，《竹书纪年》中有关于夏商时期"东狩于海，获大鱼"的记述，春秋战国时期沿海渔业已经相对成熟，秦汉之后开始出现水产养殖业（牡蛎），而在此后的宋明清时期则进一步扩大了养殖品种范围，例如珍珠贝、蚝、蛏、蟹、鲻鱼等。此外，海盐生产也是一项重要沿海农业活动。同样，在"住（用）"之方面，常见的包括利用海洋生物入药，或是使用货贝等。[1]与此同时，为了能够指导海洋生物资源的有效开发与利用，沿海人民在与海洋的长期接触中不断积累着对海洋的认知，涵括海洋生物、沿海地貌、水文气象等诸多方面，不同朝代均有海洋专著和思想出现，并且由此形成了独特的海洋自然观。早在春秋时期，《吕氏春秋》中就曾提及海陆大循环之观点；同样，《管子》一书中也曾有维护生态平衡与合理开发海洋生物资源的思想，[2]秦汉至南北朝时期的《临海水土异物志》《博物志》《南越志》等文献中则按照传统海洋生物学的体例（种类、名称、形态、习性、分布和功能等）记载了许多海洋生物，隋唐以后至宋明时期各种有关潮汐和水产的专著则更加丰富。[3]在"行"之方面，中国古代一些时期曾出现了多次大规模远航，其中尤以明朝为甚，但主要是不脱离陆标的近海航行，在科技体系方面与彼时西方的航海地理模式也并不相同，而且更多是基于政治目的的活动并非民间的商业活动，有限的海上通商也完全是朝贡性质的单向外商来华。[4]这极大地限制了全国海洋经济、科学技术等相关方面的发展，与古代西方海洋国家鼓励海外贸易、发展海洋经济、拓展殖民地与维护侨民利益的开放政策形成鲜明对比。

总体上，古代中国的沿海人民在海洋发展过程中虽然积聚了一定程度的海洋文化、自然成果，形成了对利用与保护海洋的自我认识，但历朝历代的

---

〔1〕 较早的如汉代《神农本草》曾记载海藻药性和主治疾病，及至宋代《本草衍义》则记载了更多品种。

〔2〕 《管子·八观》："江海虽广，池泽虽博，鱼鳖虽多，罔罟必有正。船网不可一财而成也。非私草木爱鱼鳖也，恶废民于生谷也。" https://ctext.org/guanzi/ba-guan/zh，最后访问时间：2019 年 7 月 28 日。

〔3〕 如春秋时期师旷所著《禽经》、范蠡所著《养鱼经》，汉代朱仲所著《相贝经》，唐代陆龟蒙所著《蟹志》，宋代傅肱所著《蟹谱》、高似孙所著《蟹略》，明朝黄省曾所著《鱼经》、杨慎所著《异鱼图赞》、郑洪图所著《蛎蚌考》，清朝孙之騄所著《晴川蟹录》等。

〔4〕 参见宋正海等："试论中国古代海洋文化及其农业性"，载《自然科学史研究》1991 年第 4 期。

统治者始终未将开发海洋资源、控制海洋列入国家发展战略，而是长期轻视海洋经略，执行严格控制海洋航行的政策。[1]不过从某种意义上看，这也使今日中国更加深切地认识到走向深海的重要价值，并且从有着几千年历史积累的有关海洋生物学说、思想中汲取海洋治理灵感。

（二）人类命运共同体理念

中华文明一脉相承，中国古代对于海洋的许多认识和观念对当代全球海洋治理仍然具有一定的参考价值。人类命运共同体理念作为新时代背景下中国对于中华文化"和而不同"的新诠释，是一项倡导"共商、共建、共享"理念，涵盖国际关系、经济发展、文明交流、生态建设等方面的重大理论体系。人类命运共同体最初是作为一个政治理念被提出的，从国际法角度看，人类命运共同体承载着中国在新时代的国际秩序观，涉及国际事务治理与国际法律规则的构建，这不仅是习近平外交思想的核心，也是对我国在全球治理方面如何作出应有贡献而提出的一个重大理论问题。[2]2012年中国共产党第十八次全国代表大会明确提出："要倡导人类命运共同体意识，在追求本国利益时兼顾他国合理关切。"2013年习近平在其发表的题为"顺应时代前进潮流 促进世界和平发展"的演讲中，对人类命运共同体理念进行了进一步阐释，"这个世界，各国相互联系、相互依存的程度空前加深，人类生活在同一个地球村里，生活在历史和现实交汇的同一个时空里，越来越成为你中有我、我中有你的命运共同体。"[3]在经历了一系列理论构建与完善之后，人类命运共同体理论已经成为中国迈向世界、为全球治理贡献特色智慧，以及转型发展的理论支撑与战略指引。

责任共担与利益共享是人类命运共同体理念融入全球海洋治理运行语境的两个重要部分。海洋法律秩序是国际法律秩序的重要组成部分，参与包括BBNJ在内的新型国际海洋规则的谈判亦是中国今后外交条法工作的重点方向之一。开发与利用国际海底区域生物多样性相关资源，是未来全球发展的趋

---

〔1〕 参见胡学东："公海生物资源管理制度研究"，中国海洋大学2012年博士学位论文。

〔2〕 参见邹克渊、王森："人类命运共同体理念与国际海洋法的发展"，载《广西大学学报（哲学社会科学版）》2019年第4期。

〔3〕 参见习近平："顺应时代前进潮流 促进世界和平发展——在莫斯科国际关系学院的演讲（2013年3月23日，莫斯科）"，载《人民日报》2013年3月24日，第2版。

势。国际海底区域的特性，决定了实现这一进程需要各国共担责任和共享利益、成果。在该领域相关具体法律规则的构建与变革过程中，维护全人类的共同利益、关心全人类的共同命运，是中国应当承担的国际责任和应当做的长远打算。人类科学技术的不断进步，一方面促使国际海底区域中的矿产资源可能在不远的将来会进入到商业化开发阶段，另一方面也让各国看到了深海遗传资源所蕴含的巨大潜力。为了协调各国的海洋权益，UNCLOS 对全球海洋作了界限划分，但海洋生物物种的迁移和栖息，却不受限于这些人为边界。一国无论是在其延伸大陆架上进行破坏式的资源开发作业，还是在国际海底区域这一公共场域开采资源，都会严重影响其他国家对海洋生物与非生物资源的利用，同时也容易导致公海与国际海底区域生物资源面临短期内枯竭的风险。实践中，由一国海洋活动造成跨界污染并进而给其他国家带来损害的案例可以寻见不少。换言之，人类在海洋资源的利用方面是"你中有我，我中有你"的状态，而人类活动对海洋环境的破坏却可能是"一损俱损"的现实风险。任何国家在国际海底区域进行资源开发利用时，都不能因为此处不属于国家管辖范围便"肆无忌惮"，其行为最终仍然会反作用于该国自身的海洋发展计划，而且国际海底区域独特的生物多样性一旦覆灭则难以再生。

　　正是认识到海洋的开发、利用关乎全人类的共同命运，UNCLOS 在序言中便提出要将各海洋区域中的种种问题作为一个整体进行考虑，在构建海洋秩序时要充分照顾全人类的共同利益和需要。例如，设置专属经济区；将国际海底区域（矿产）资源列入人类共同继承遗产；规定各国在开发海洋资源时应当承担相应的环境保护义务，同时负有养护海洋生物资源之义务；不影响其他国家正常的海洋活动；以及关注内陆国家和地理不利国家的公平公正权利等。由此可见，国际社会在制定 UNCLOS 的过程中，已经充分认识到海洋的开发与利用同全人类的命运休戚相关，海洋规则的构建也更趋符合"共赢、共享"的目标。[1]同样，未来在国际海底区域生物多样性新规则的制定与实施中，人类命运共同体所蕴含的责任共担与利益共享的基本理论也应当继续发展和生长下去。这要求各国将国际海底区域生物多样性的养护与可持续利用作为关乎人类今后命运的长远议题来对待，即在保护中寻求人类可持续发展，在从海底获取各类资源以满足人类需求时认真安排养护制度。一方

---

〔1〕　参见陈思静："人类命运共同体与海洋法的拓展"，载《理论探索》2018 年第 5 期。

面，各国应认识到国际海底区域矿产资源和海洋遗传资源的人类共同继承遗产法律属性，各国均有义务为保护好此处生物多样性并承担相应的责任，而且亦应认识到任何不当的国家行为或私人行为都可能对此处历经长久时间形成的生态系统与生物多样性造成不可估量的危害。另一方面，要在开发利用国际海底区域矿产资源和海洋遗传资源的过程中注重"共享"思维，避免利用自身暂时的优势形成垄断独占，在利益和技术装备方面进行适当分享，从而实现对资源更加高效的利用，加快推动人类福祉进步。

三、国家利益诉求：生态安全与国际海底区域资源开发权利的考量

当今世界正处于海洋工业革命时代，或者说深海时代。有实力的海上强国都在加快脚步迈向深海，此处的战略形势将在很大程度上影响着今后国际海洋政治的格局。同样，国际海底区域对中国的主权、国家战略安全与海洋经济发展而言有着极为重要的特殊意义。[1]具体从环境与资源的角度分析，有关国际海底区域资源的开发权利和生态安全是其中两项最值得重视的内容。[2]

（一）开发权利

在陆地资源被人类利用至极限的今天，开发包括矿产资源、生物资源等在内的各类海洋资源，是人类继续生存和发展的必然选择。国际海底区域属于国际公域，[3]此处丰富的生物资源（基因资源）、油气资源、空间资源和矿产资源是维系今后人类可持续发展的物质基础，这对于人口数量众多、相

---

〔1〕 习近平指出：21世纪，人类进入了大规模开发利用海洋的时期。海洋在国家经济发展格局和对外开放中的作用更加重要，在维护国家主权、安全、发展利益中的地位更加突出，在国家生态文明建设中的角色更加显著，在国际政治、经济、军事、科技竞争中的战略地位也明显上升。习近平："进一步关心海洋认识海洋经略海洋 推动海洋强国建设不断取得新成就"，载《人民日报》2013年8月1日，第1版。

〔2〕 参见胡波："中国的深海战略与海洋强国建设"，载《人民论坛·学术前沿》2017年第18期。

〔3〕 UNCLOS将总面积3.61亿平方公里的海洋依其法律地位分为国家管辖海域、公海和国际海底三类区域。假如所有沿海国家都主张宽度为200海里的专属经济区，则国际海底区域面积约2.517亿平方公里。实际上，国际海底管理局管理的区域达2.3亿平方公里。参见中华人民共和国常驻国际海底管理局代表处："国际海底概况"，载http://china-isa.jm.chineseembassy.org/chn/gjhd/t218858.htm，最后访问时间：2019年7月29日。

对资源承载力低、生存发展压力大的中国也同样具有重要价值。

目前，中国已成为全球第一大能源矿产与主要金属矿产（粗钢、十种有色金属、黄金等）的消费国和进口国，对于矿产品需求也在持续增加；同时，在国际海底区域资源开发利用技术领域已经具备一定的基础，实践方面也走在国际前列。可以说，在坚持海洋环境保护的前提下积极开发国际海底区域资源是我国成为海洋强国的基本保障和战略依托。以矿产资源开发为例，截至 2019 年 7 月，中国已累计获得了 5 份国际海底区域的矿产勘探合同；[1]同时，《中华人民共和国国家安全法》（2015）、《深海法》（2016）的出台也直接在法律上明确提出了中国在国际海底区域的矿产相关利益诉求。此外，中国深海生物基因产业正处于上升期，深海生物遗传资源的获取与储备支撑着国家战略性新兴产业的发展，同样也涉及重大国家安全利益。进一步说，法律属性尚不明晰的国际海底区域海洋遗传资源是中国今后必须争取的战略要素。如何保障中国能够在国际海底区域资源相关问题上获得同自身国情、国家战略需求相匹配的开发权利，是中国当前必须考虑的。

（二）生态安全

广袤的国际海底区域以及此处独特的生态系统作为全球海洋大生态系统中的关键部分，是一个巨大的生态调节器，影响着地球的健康与安全。如前所述，由于人类在此处正在或即将开展的各类开发活动可能直接引起国际海底区域乃至更广范围内的海洋环境不利变化，由此导致的诸如生物多样性丧失、气候变化和海啸地震等生态问题，关乎包括中国在内的世界各国（地区）的经济发展与国家安全。

在新时代中国特色社会主义的背景下，党的十八大提出了人类命运共同体思想，不仅提炼总结出中国对未来世界发展格局的期许，而且更为我国今后参与海洋国际治理奠定了政治理论基础。在海洋领域，人类命运共同体可描述为以 1982 年 UNCLOS 为基础和框架继续构建更加公平、合理、开放的国际海洋法律秩序，以造福全人类。[2]一直以来，中国都在积极推动国际海洋

---

〔1〕　参见王立彬：“我国在国际海底区域再获专属勘探区”，载新华网，http://www.xinhuanet.com/2019-07/16/c_1124761504.htm，最后访问时间：2019 年 7 月 29 日。

〔2〕　参见黄惠康：“国际海洋法前沿值得关注的十大问题”，载《边界与海洋研究》2019 年第 1 期。

治理，倡导在 UNCLOS 下科学合理地划分海域的国家管辖内外范围及其权益，平衡海洋资源合理开发与科学保护，通过和平与协作的方式解决国家之间存在的海洋争端。但随着全球资源利用形势的变化，尤其是人类对国际海底区域资源进行大规模开发的日程迫在眉睫，愈发暴露出现行国际海洋法存在的不足与缺陷，如部分条约规定偏原则性、概念模糊或不周延、对于新出现的问题无法有效解决等。因此，在人类命运共同体思想之下，没有任何国家和地区能够在日益加深的海洋危机面前独善其身，为了防范在国际海底区域范围内可能发生的污染环境、过度开采资源、破坏生境等不可持续与非理性的人类行为，保护国际海底区域生物多样性，减轻海洋生态系统的压力，需要各国认真对待上述议题，共同推动海洋生态文明建设，承担全球海洋治理的责任，加强国际合作，形成能够适应新形势的国际海洋法律规则。就中国而言，除了争取合法合理的海洋资源及其权益外，更重要的是利用自身在海洋资源利用与保护领域积累的丰富国家实践经验在当前诸如 BBNJ 新协定的制定或者 UNCLOS 的条款解释与适用中贡献中国方案，增强我国在国际海洋法律规制中的制度性话语权。

第二节　中国需克服的国际挑战与障碍

现阶段，中国在国际海底区域生物多样性有关问题的讨论与磋商中面临着一些外在的重大客观挑战。根据已知的科学预测，人类在国际海底区域的活动可能会成为海洋环境的重要压力来源。[1]然而，对这些人类行为的规制却并非易事，诸如深海海底采矿，目前尚处于商业化开采之前的计划阶段，规制相关开发活动以防止减损国际海底区域生物多样性的过程将面临一些独特的挑战，特别体现在科学不确定性方面。同样，利益博弈、规制路径等方面存在的问题也为相关规制目标与谈判共识的达成增加了难度。

一、有限科学认知及不确定性的影响

科学知识的进步导致了国际海底区域人类活动的不确定性与环境风险

---

〔1〕 See C. L. Van Dover, J. A. Ardron, E. Escobar, et al., "Biodiversity Loss from Deep-Sea Mining", *Nature Geoscience*, Vol. 10, No. 7., 2017, pp. 464-465.

相互竞争的景象，其背后的原因更多还是来自人类的未知，包括初始生态状况与人类活动可能对之造成的影响、生物多样性及其价值、人类深海活动的社会和经济成本效益等。然而，这些未知与不确定性恰是横亘在国际海底区域生物多样性有关立法、政策制定、规制实施与人类开发实践之间日益严重的问题。换言之，人类在国际海底区域生态系统与生物多样性领域的巨大知识鸿沟可能在客观上阻碍各国作出正确、适当的决策和规制实施，这些认知缺失对于希望深入参与国际海底区域资源开发利用（尤其是对深海海底采矿）有关国际规则的中国而言，自然也是需要着力解决的问题。

（一）国际海底区域生物多样性与人类活动影响

首先，与陆地和沿海生态系统相比，人类对于深海生态系统及生物多样性的未知之处很多，但就当下国际海底区域资源采掘即将成为现实的时间节点来说，[1]已知相关环境信息之有限着实令人担忧，许多情况仍待进一步研究查明。例如，深海海底热液喷口（科学家认为，俾斯麦海的马努斯盆地可能包含4万多个热液喷口）及其周遭是极其恶劣和具有极大毒性的环境，人类难以接近，但同时又具有独特且非凡的生态系统与生物多样性，生活在此处的许多物种是人类以前从未见识过的，相关研究十分缺乏；诸如管状蠕虫、蛤和螃蟹等热液喷口生态系统的独特支撑物种直到20世纪70年代才被发现。[2]在此背景下，由于基线信息的缺乏，若要对影响国际海底区域生物多样性的人类行为实施有效规制，难度较大。

其次，关于人类活动的影响。目前尚不清楚诸如国际海底区域采矿等人类活动所造成的环境损害、生物多样性损失是否会比陆地矿产开发造成的损害更少抑或是更多。此前位于巴布亚新几内亚的 Solwara 1 曾被视作世界首个

---

〔1〕 一方面，根据 ISA 与承包商签订的为期 15 年的勘探合同，一旦 ISA 出台正式的采矿规则，这些国家和公司便有权获得开采权或进行实际的商业开采；而且，其中一些勘探合同已于 2021 年到期，使得有关开采作业的问题迫在眉睫。另一方面，有专家预测商业深海海底采矿可能会在 2025 年或者更早的时间开始。

〔2〕 See D. Dodwell, "As China Leads the Hunt for Deep-sea Minerals, Environmental and Financial Concerns Come to the Surface", *South China Morning Post*, https://www.cnbc.com/2018/05/07/china-leads-hunt-for-deep-sea-minerals-environmental-concerns-surface.html, 最后访问日期：2019 年 11 月 8 日。Retrieved November 8, 2019.

海底采矿项目，[1]巴布亚新几内亚政府向负责作业的加拿大鹦鹉螺矿业公司（Nautilus Minerals）发出了为期20年的采矿租约。但是，鉴于美拉尼西亚地区海域的生物多样性程度极高，国际社会深切关注在此处进行深海海底采矿作业对海洋生物的影响认识不足的问题。有科学家表示："就我们现在对深海环境的了解而言，解决所有不确定性将花费很长时间""确实需要再进行10年~15年的海洋研究，以便在着手进行深海采矿之前更好地了解深海生态系统。"[2]上述鹦鹉螺矿业公司虽然承认某些海底生境将受到深海采矿作业的破坏，但却坚持相比陆基作业，深海海底采矿优势明显，而且相关环境干扰主要来自水流，对当地渔业、社区并无直接影响。有专家在审查该公司环境影响声明时指出，有关洋流、潮汐和海底羽流毒性的关键信息缺失，因此许多问题仍未得到解答，如污染物从深海向外输送和转移到海洋及其食物链的可能性。此外，ISA和太平洋共同体秘书处（SPC）早前也提出，当前人类对深海生态的知识和了解水平无法得出任何有关大型商业海底采矿效果的结论性风险评估。[3]由于人类目前对深海生态系统的结构和功能的了解有限，故而无法确定与深海海底采矿等活动有关的生物多样性丧失的严重性和可接受性。[4]总之，国际社会围绕人类国际海底区域开发活动及其影响所展开的争论可能只是一个开始，但却是开展相应规制必须首先解决的问题。中国如果想在国际

---

〔1〕 Solwara 1项目位于巴布亚新几内亚领海约1600米水深的位置。由加拿大鹦鹉螺矿业公司开发，旨在从巴布亚新几内亚俾斯麦海开采大量高品质的海底硫化物（SMS）矿藏，包括铜、金、锌和银。该项目原本预计于2018年开始运营，并被视为世界上第一个深海商业采矿项目。然而，巴布亚新几内亚政府在向该项目颁发经营许可证时，并未征得附近沿海社区的事先知情同意。因此，该项目公布后遭到了来自当地和国际非政府机构的强烈反对，加之鹦鹉螺矿业公司后期自身财务状况不佳和面临破产危机，Solwara 1项目于2019年下半年废止。

〔2〕 See G. Wilson, "Environmental Uncertainties Halt Deep Sea Mining", Inter Press Service, http://www.ipsnews.net/2012/12/environmental-uncertainties-halt-deep-sea-mining. Retrieved November 8, 2019.

〔3〕 See G. Wilson, "Environmental Uncertainties Halt Deep Sea Mining", Inter Press Service, http://www.ipsnews.net/2012/12/environmental-uncertainties-halt-deep-sea-mining/. Retrieved November 8, 2019. 已有报导称，关于Solwara 1项目，"当地村民已经报告了死鱼在岸上泛滥的事件，其中包括陌生的深海生物，这些生物是任何人都不熟悉的。" See U. Dallman, "The Uncertainty of Deep Sea Mining", *The Student Newspaper*, http://www.studentnewspaper.org/the-uncertainty-of-deep-sea-mining/. Retrieved Nov. 10, 2019.

〔4〕 See H. Thiel, G. Schriever, E. J. Foell, "Polymetallic Nodule Mining, Waste Disposal, and Species Extinction at the Abyssal Seafloor", *Marine Georesources & Geotechnology*, Vol. 23, No. 3., 2005, pp. 209-220.

海底区域生物多样性有关国际规则的制定与国家权益争取方面获得影响力、说服力，则必须继续加强针对深海科学的资金投入和研究力量，用技术和数据来辅助支撑中方代表在国际舞台上所提出的观点和方案。

（二）人类国际海底区域活动的"成本–效益"

随着国际海底区域开发利用项目的不断推进，法律、政策制定者承受着越来越大的压力，他们需要就允许这些活动的范围和条件作出决策。决策过程的重要组成部分是对潜在国际海底区域开发活动的运营成本和收益进行准确估算，例如通过经济估值的方式。然而，这一过程却是困难的，因为已知的深海生态系统与生物多样性相关经济成本或收益方面的信息甚少，而且有关保护这些生物多样性的经济价值的确凿证据仍然极为匮乏。

以深海海底采矿活动为例，其一，对于深海海底采矿是否可能产生净收益以及其成本，国际社会尚无共识。现有部分研究认为，该类开发将产生积极的经济利益；[1]但另一些研究亦提出，这将给社会带来高昂的经济成本，并可能对国际海底区域生物多样性造成不可逆转的破坏。[2]其二，现有对深海海底采矿的评估局限于实际采矿区域和短期效益。从更加宽广的时间和地理空间维度看，深海海底采矿所获得的短期利益与此处生物多样性所附带的产品和服务功能方面的长期利益相比，两者的经济估值高低，以及是否能够共存发展尚不能完全确定。[3]其三，对国际海底区域生物多样性与深海生态系统进行经济价值评估的重点仍然有待明确。对国际海底区域生物多样性与深海生态系统进行评估的目的在于增进国际社会对生态系统商品和服务如何

---

〔1〕 See C. Bertram, A. Krätschell, K. O'Brien, et al., "Metalliferous Sediments in the Atlantis Ⅱ Deep—Assessing the Geological and Economic Resource Potential and Legal Constraints", *Resources Policy*, Vol. 36, No. 4., 2011, pp. 315-329.

〔2〕 See C. L. Van Dover, S. Arnaud-Haond, M. Gianni, et al., "Scientific Rationale and International Obligations for Protection of Active Hydrothermal Vent Ecosystems from Deep-Sea Mining", *Marine Policy*, Vol. 90, 2018, pp. 20-28; C. W. Armstrong, N. S. Foley, R. Tinch, et al., "Services from the Deep: Steps Towards Valuation of Deep Sea Goods and Services", *Ecosystem Services*, Vol. 2, 2012, pp. 2-13.

〔3〕 有推测表明，深海遗传资源若用于生物勘探和医药产品则有每年可产生 500 亿美元的收入，深海海底采矿的年产值为 10 亿美元，且为短期项目。See C. L. Van Dover, S. Arnaud-Haond, M. Gianni, et al., "Scientific Rationale and International Obligations for Protection of Active Hydrothermal Vent Ecosystems from Deep - Sea Mining", *Marine Policy*, Vol. 90, 2018, pp. 20 - 28; C. W. Armstrong, N. S. Foley, R. Tinch, et al., "Services from the Deep: Steps Towards Valuation of Deep Sea Goods and Services", *Ecosystem Services*, Vol. 2, 2012, pp. 2-13.

影响人类福祉的理解，确定如何使深海海底的经济价值最大化，从而有效应对当前面临的深海海底环境挑战。但先前的生态系统评估研究主要集中于特定生态系统商品和服务的最终市场价值，包括有可能用货币来量化的深海市场最终产出值（例如，深海捕鱼的收入或深海海底遗传资源开发生物药品的潜在收入），深海海底生态系统与生物多样性的整体功能及其运行还未得到进一步评估，因此目前还无法有效应对深海海底环境的挑战。[1]

可以说，有关国际海底区域资源利用的未来决策和立法应基于估值角度充分考虑社会效益和成本，即何种资源使用与保护可能产生最高的社会效益，这可以成为中国方案所追求的一个方向；而且，影响国际海底区域经济价值大小的政策、法律，以及相应的市场机制也是未来深海生态系统评估需要考虑的。

二、达成共识的困境与中国的"两难"处境

自国际海底区域生物多样性受到国际社会广泛关注以来，围绕该议题展开的相关讨论也随着深海海底矿产开发活动的不断推进而愈发热烈。这些讨论既包括事实层面，如人类开发活动对国际海底区域生物多样性的影响；也包含相应的法律与政策规制层面，如当前各国为制定 UNCLOS 新协定而正在紧张进行的"国家管辖范围外海洋生物多样性的养护与可持续利用问题"的谈判。然而，无论是哪一层面的问题，它们在不同主体间都存在着巨大的争议。通过观察其内容可知，这些问题中多方利益交织，而且在短期内可能难以达成新的共识，这给法律规制的制定与实施，以及中国在该领域相关议题中发挥引领作用增添了障碍。

（一）事实层面

国际社会在国际海底区域生物多样性保护与国际海底区域人类开发利用活动（当前主要是深海海底采矿）之间一直存在着诸多争议，主要表现为在上文所讨论的不确定性尚未充分消除的情况下，是否有必要担负着减损国际海底区域生物多样性的巨大风险进行深海海底采矿之类的开发活动。持支持

---

[1] See M. V. Folkersen, C. Fleming, S. Hasan, "Depths of Uncertainty for Deep-Sea Policy and Legislation", *Global environmental change*, Vol. 54, 2019, pp. 1-5.

态度的政府和公司认为深海海底采矿等国际海底区域资源开发利用活动对于维持高度数字化的现代社会和蓬勃发展的绿色技术（例如太阳能电池板、风力涡轮机和电动汽车）市场至关重要。不过，相比获取实际的矿物而言，也有一些政府对深海海底采矿所产生的技术进步更感兴趣。类似的观点认为，陆基矿物正变得稀缺且质量较差，再加上陆基矿物开采所产生的负面社会影响，使寻找深海海床进行矿物开采变得更加值得。[1]

　　然而，越来越多的学者、保护组织和一些政府对实施深海海底采矿之类的高强度海洋环境干扰活动的需求持怀疑态度。例如，其认为：一是更高效的工业产品设计和回收政策可以减少从深海海底提取矿物的需求；二是关于深海海底采矿等活动的真正长期影响，存在科学上的不确定性，但初步证据表明，对深海生态系统的干扰可能需要"数十年至数百万年"才能恢复，而完全消除负面影响的可能性较小。[2]在此背景下，围绕国际海底区域资源开发活动与生物多样性保护的争论在现实层面并无缓和趋势，而且由于科学上不确定性的存在，国际上出现了越来越强烈的声音呼吁大幅增加相关科学调查投入，或者在"迷雾"消除前充分贯彻预防原则，甚至暂停诸如深海海底采矿活动，以免因无法完全掌握这些人类活动的真实影响而损害国际海底区域生物多样性。[3]

（二）法律与政策规制层面

　　基于上述客观现实的存在，国际社会在有关国际海底区域生物多样性议题的法律、政策制定方面虽然已经取得了一定的成果，但就现有进度来看，

---

　　[1]　例如，每辆电动汽车需要近10kg的钴，仅中国就计划在未来几十年内生产超过400万辆混合动力汽车，因此对新型原材料的需求将激增。See E. Solimeo, B. Schwartz, "Mining in the Deep-Sea Bed: Are We Ready?", International Institute for Environment and Development, https://www.iied.org/mining-deep-sea-bed-are-we-ready. Retrieved November 11, 2019.

　　[2]　See A. G. Glover, C. R. Smith, "The Deep-Sea Floor Ecosystem: Current Status and Prospects of Anthropogenic Change by the Year 2025", *Environmental Conservation*, Vol. 30, No. 3., 2003, pp. 219-241.

　　[3]　类似的观点还包括，由于国际海底区域环境的脆弱性，加上目前最小化人类活动损害的技术能力有限和生态知识方面的重大差距，以及深海生态系统恢复潜力的不确定性，现阶段降低人类活动造成的生物多样性损失的唯一可行方法便是避免和最大程度地减少人为影响。See H. J. Niner, J. A. Ardron, E. G. Escobar, et al., "Deep-Sea Mining With Net Loss of Biodiversity—An Impossible Aim", *Frontiers in Marine Science*, Vol. 5, 2018, p. 53; E. Solimeo, B. Schwartz, "Mining in the Deep-Sea Bed: Are We Ready?", International Institute for Environment and Development, https://www.iied.org/mining-deep-sea-bed-are-we-ready. Retrieved November 11, 2019; C. L. Dover, J. A. Ardron, E. Escobar, et al., "Biodiversity Loss from Deep-Sea Mining", *Nature Geoscience*, Vol. 10, No. 7., 2017, pp. 464-465.

同样面临着不确定性与分歧。其中最直接关联的场域主要包括以下两个方面，一方面，ISA 在对深海海底矿产勘探与开发活动进行国际监管的同时，也注意到了国际海底区域中有关环境保护与生物多样性养护的重要问题。特别是认识到国际海底区域丰富的物种以及蕴藏于这些物种之中的基因多样性是海洋生物多样性谱系中不可或缺的组成，但人类对它们的了解却十分有限。根据 UNCLOS 的规定（第 137 条，第 145 条，第 153 条），ISA 有义务建立国际管理规则、法规和程序，以防止、减少和控制国际海底区域内活动对海洋环境的污染，并保护和养护国际海底区域内的自然资源，防止对国际海底区域海洋环境中的动植物（即生物多样性）造成破坏。为此，ISA 也确实颁布了一系列国际海底区域矿产勘探规则，并正在着手制定采矿规则；但是仍有部分人认为当前 ISA 制定的国际规则、当前扮演的角色和采取的一些措施不足以[1]或无法实现保护国际海底区域生物多样性的目标。[2]另一方面，围绕 BBNJ 展开的磋商是国际社会为弥补 UNCLOS 历史缺陷所做的最新努力，[3]其目的便在于解决当初 UNCLOS 未给予充分关注的国际海底区域生物多样性问题，并制定一项新的具有法律约束力的国际文书（ILBT）。然而截至 2019 年 11 月，在历经 3 轮政府间国际磋商讨论后，因各国对其中所涉多项核心议题分歧巨大，达成的共识相对有限（具体内容可参见"表 5 截至 IGC-4 各国代表团关于 BBNJ 新文书谈判的主要共识与分歧点"），故仍然无法形成比较完整的国际文书草案。虽然按照最初计划，新的协定将于 2020 年 IGC-4 会议结束后完成，但从当时的进度看这一目标能否实现尚无法保证，以至于在 IGC-3 上有参会代表提出筹备第 5 次政府间会议的设想。[4]造成上述现象的重要原因之

---

〔1〕 例如，有学者提出 ISA 的角色定位应重新明确，不是注重开发矿产资源，而是更偏向保护各类国际海底区域自然资源。See R. E. Kim, "Should Deep Seabed Mining be Allowed?", *Marine Policy*, Vol. 82, 2017, pp. 134-137.

〔2〕 美国由于不是 UNCLOS 缔约国，因此也不属于 ISA 成员国，在处理国际海底区域相关事务时依照的是其国内法、与他国缔结的双边文书以及国际习惯法规则，这对于构建统一的国际海底区域生物多样性国际法律规制体系而言也是一大挑战。

〔3〕 See W. A. Qureshi, "Marine Biodiversity Conservation: the International Legal Framework and Challenges", *Houston Journal of International Law*, Vol. 40, No. 3., p. 845.

〔4〕 See T. Kantai, J. Bansard, T. Goldbery, et al., "Summary of the Third Session of the Intergovernmental Conference (IGC) on the Conservation and Sustainable Use of Marine Biodiversity of Areas Beyond National Jurisdiction: 19-30 August 2019", *Earth Negotiations Bulletin*, Vol. 25, No. 208., 2019, pp. 1-24. http://enb. iisd. org/oceans/bbnj/igc3/. Retrieved November 13, 2019.

一，便是国际海底区域资源开发利用与生物多样性保护之中所涉及的各种利益问题，例如第三章所述的国际海底区域生物资源适用"公海自由"原则或者"人类共同继承遗产"原则不仅是历次 BBNJ 会议讨论重点，而且其最终决定也意味着完全不同的资源利益分配模式。

（三）中国面临的"两难"国际处境

结合中国国情与长期的外交态度看，中国在应对国际生物多样性治理问题上正面临着"左右为难"的处境。

一方面，自 1971 年在联合国恢复合法席位以来，中国处理国家管辖范围以外地区的海洋资源问题的态度一直与其他发展中国家保持基本一致，包括支持国际海底区域及其资源适用"人类共同继承遗产"原则。在当前 BBNJ 政府间大会上，中国同样与 77 国集团等大多数发展中国家站在一起，主张在维护各国共同利益、全人类整体利益的同时，特别顾及发展中国家利益。另一方面，作为崛起中的海洋利用大国，中国在全球"海洋工业革命"浪潮中逐渐成长，深海矿产开发、生物基因技术等日渐成熟。在地球存量资源愈发紧缺和国内资源需求不断提升的背景下，具备资金和技术实力的中国实际上迫切需要在拥有丰富生物与非生物资源的深海海底找到一条相对宽松的资源开发利用路径，以获取更多支撑国家未来发展的战略资源利益，而该思路在制度设计方案上与发达国家所提主张更为接近。

发展中国家是中国外交的基础，也是长期以来中国在处理全球治理事务方面最重要的伙伴。同时，国内的资源现状与发展需求又迫使中国必须从有利于自身的角度出发，为开发利用深海海底各类资源创造更便利的条件。但是，这与发展中国家所强调的诸如人类共同继承遗产原则以及强制性货币惠益分享、强制技术转让等主张存在冲突。如何跳出当前"两难"困境，处理好自身角色问题，是未来中国参与深海生物多样性治理的关键。

三、全球合作规制的路径障碍

国际海底区域生物多样性保护作为全人类的共同问题需要依靠各方合作规制，然而涉及多元主体的规制并非易事。

其一，在制定和实施国际海洋环境保护措施方面，南北国家因文化、经济社会发展等方面存在的巨大鸿沟，长期以来处于一种矛盾与依合并存的状态，这使得以往的诸多海洋环境规制面临着合作不畅、各自管辖的情况。[1]这一现象从当初"人类共同继承遗产"原则写入 UNCLOS 第十一部分有关国际海底区域内容时便可窥见。自该原则于 1967 年被正式提出以来，主要的发达国家与发展中国家对其含义的理解就表现出极大的不同，前者认为后者赋予这一原则超出其本身应有的意涵。例如，以 77 国联盟为代表的发展中国家将其作为一项拥有具体法律含义的概念，美国则认为这是发展中国家试图控制海洋活动的表现，并成为其拒绝加入 UNCLOS 的潜在原因之一。[2]虽然 UNCLOS 最终成功达成，而且许多发展中国家在过去的 25 年间经济增长也十分迅速，但南北国家之间的发展差距仍然明显并仍在持续拉大，尤其体现在基础设施、就业和数字化建设等领域。[3]南北国家长期以来存在的隔阂使得它们在应对国际海底区域生物多样性保护等国际议题上，难以高效地展开对话、制定法律与政策、实施规制等，类似景象从 UNCLOS 及其相关协定的制定历程，以及近几年 BBNJ 国际谈判的状态中可以发现。

其二，现阶段围绕国际海底区域生物多样性相关问题所构建的制度体系和展开的具体法律规制大多数是通过"多边协议"（multi-lateral agreement）来实现的，如 UNCLOS 及其协定、《与贸易有关的知识产权协定》（TRIPs）、ISA 制定的一系列勘探规则和《保护东北大西洋海洋环境公约》，而欲就特定问题，尤其是各方争议较大、利益博弈紧张的问题，达成统一性的多边协议往往需要投入大量人力、物力和时间。UNCLOS 及其协定与 ISA 正在制定的采矿规则便是最好的例证。虽然，国际社会普遍认为制定新的有法律约束力的国际海底区域多边协定是解决该问题的关键模式，但公约、条约等多边协议自身制定过程漫长、难以有效实施与监督手段缺乏的弊端，使其在解决国际海底区

---

〔1〕 最典型的情形之一即前述各类区域性法律机制的管辖效力通常仅限于签订相应条约的成员国，无法及于非成员国；类似的，由于美国不是 UNCLOS 缔约国，因此可不适用第十一部分国际海底区域开发利用与环境保护的相关规定，而美国的实践亦证明，其通过先于 UNCLOS 制定的国内法和相关双边条约、备忘录从事着国际海底区域资源开发活动。具体内容还将在下节继续展开。

〔2〕 See J. N. Barkenbus, *Deep Seabed Resource: Politics and Technology*, Free Press, 1979, p. 3.

〔3〕 例如，中国的数字化产业虽然近年来发展迅速，但从 2017 年的信息通信技术发展指数排名来看，第 80 位的排名表明中国与发达国家的差距仍很大。UNCTAD, "From development to differentiation: Just how much has the world changed?", *United Nations Conference on Trade and Development*, UNCTAD Research Paper No. 33, 2019, UNCTAD/SER. RP/2019/5/Rev. 1.

域生物多样性保护问题方面恐难以跟上当前紧迫的规制需求。[1]目前，一些区域性的法律机制对特定范围内的深海生物多样性提供规制保护，其进程先于全球统一的法律规制，但由于这些机制的法律效力不超过其成员国，因而规制效能相对有限。

其三，能否突破"不损害现有机制"？在海洋环境保护方面，上文表3所示的ISA、联合国粮农组织（FAO）、国际海事组织（IMO）、联合国教科文组织（UNESCO）等机构已经实施了许多法律规制。只是它们所提供的规制的形式、力度和范围各有不同，例如，CBD仅提出了识别"具有生态或生物学重要意义的海域"（EBSAs）的标准，却无实际保护行动，ISA引入了"影响参照区"和"保全参照区"的设置，并要求各成员国在识别区域的基础上，采取相应的管理措施。"不损害现有机制"原则要求未来新制定的公约、条约不推翻现有国际机制对相应人类活动所形成的一套正在运行的管理体制；同时，现有机制与新机制之间的规制进程应相互协调、共存，并非前者可被后者取代或者成为其附属。该原则已经成为目前BBNJ谈判中的重点内容，正在商议中的新协定是否可能突破这一原则，代表全人类对区域/行业组织起到监督和指导的作用还未可知。从IGC-3会议谈判进展来看，各国对"不损害现有机制"原则在新协定之上的适用仍存在相当的争议，而且还有国家反对"现有机制"的表述，因为其无法涵盖未来各类机制中的可能与BBNJ新协定相抵触的内容。[2]

对中国而言，如果想在BBNJ国际谈判中崭露头角，将具有中国特色的治理思想和模式传递给世界，则必须提供有利于解决以上技术性难题的设想或方案，这也对国内相关研究者和智库团队提出了更高的要求，即如何将人类命运共同体、人海和谐等理念，以各国能够普遍接受或认可的形式具体运用

---

〔1〕　前文已述，诸如海底采矿项目的试验性商业开采已经开始，而国际海底区域矿产资源的正式商业开采很可能将于5年内成为现实。

〔2〕　例如，非洲集团建议删除新协定中的"不损害UNCLOS所规定的国家的权利，管辖权和义务"，并质疑如何在不与若干权利相抵触的情况下执行新协议，特别是在MPAs和ABMTs方面。欧盟、加拿大、澳大利亚和日本则反对删除。参见"关于国家管辖范围外区域海洋生物多样性第三届政府间会议（IGC-3）"，See T. Kantai, J. Bansard, T. Goldbery, et al., "Summary of the Third Session of the Intergovernmental Conference (IGC) on the Conservation and Sustainable Use of Marine Biodiversity of Areas Beyond National Jurisdiction: 19-30 August 2019", *Earth Negotiations Bulletin*, Vol. 25, No. 208., 2019, pp. 1-24.

到 BBNJ 各项治理议题之中。

第三节 中国应对国际海底区域生物多样性法律规制的策略

近年来，中国政府以生态文明建设为统领，积极倡导人类命运共同体思想，践行"创新、协调、绿色、开放、共享"五大理念，使中国海洋生态环境保护工作正努力实现由"开发与保护并重"向"生态保护优先"转变。[1]在保护与可持续利用国际海底区域生物多样性这一新兴海洋治理问题上，目前国际社会正就此开展着紧张而激烈的谈判。面对这项全球性的"治理赤字"（deficit of governance），中国未来的应对思路为何？如何在维护自身合法利益的同时，发挥大国应有作为？如何通过深入参与 BBNJ 国际立法，将具有中国特有智慧的立法方案推向世界，进而引领海洋法新领域国际规则和机制的变迁与进步？这些问题是当前急迫需要解决的。

一、"新时代"[2]中国的自身立场与角色定位

（一）基于国家利益需求明确自身定位

中国作为发展中的海洋大国，在全球"海洋工业革命"浪潮中逐渐成长，深海采矿、海底资源勘探、生物技术等方面日渐成熟，2019 年全国海洋生产总值已达 89 415 亿元。[3]这些基本国情的变化使得未来中国在国际海底区域生物多样性的谈判中不能单纯地站在发展中国家的角度，而是需要根据情势和需求作出符合自身利益的安排。

基于本章第一节有关中国在国际海底区域生物多样性问题上的利益诉求，中国参与该国际事务的中心点应该是通过积极参与有关商议进程、提出建设

---

〔1〕 参见霍传林等："携手合作共促全球海洋可持续发展——联合国海洋大会 7 场伙伴关系对话会纵览"，载中华人民共和国自然资源部（中国政府网），http://www.mnr.gov.cn/zt/hy/lhgkcxfzhy/201707/t20170705_2102 732.html，最后访问时间：2019 年 7 月 25 日。

〔2〕 中共十九大报告提出了中国发展新的历史方位——中国特色社会主义进入了新时代。其中，在处理国际环境事务领域，中国倡导"人类命运共同体"理念以追求作为整体的"共同利益"，维护生态系统完整，关注人类世代间代际公平。

〔3〕 参见中华人民共和国自然资源部海洋战略规划与经济司："2019 年中国海洋经济统计公报"，载中华人民共和国自然资源部（中国政府网），http://gi.mnr.gov.cn/202005/t20200509_2511614.html，最后访问时间：2020 年 5 月 9 日。

性意见、开展针对性实践等多种方式，影响相关国际制度设计以争取自身权益的最大化，从而争取有限的地球存量资源，保障中国在国际海底区域的权益。同时，国际海底区域矿产资源和生物多样性资源的形成都需历经数百万年时间，一旦遭到来自外界的破坏则难以在短期内恢复。为了能够从国际海底区域获得持续性的自然资源供给，并向世界展现新时代的生态文明思想，中国在重点关注开发利用国际海底区域自然资源的同时，也需要着力推动国际海底区域的生物多样性保护工作，实现养护与可持续利用的双重规制目标。

（二）发挥既有角色优势，化被动两难为主动进取

国际海底区域生物多样性以及 BBNJ 是有着强烈的现实紧迫性、与全人类命运密切相关的国际议题。中国是 UNCLOS 和 CBD 两大公约的首批缔约国，十分重视 BBNJ 和国际海底区域生物多样性议题的发展及自身角色塑造，一直不遗余力地参与其中的各项任务，包括全程参与新文书的制定、谈判工作。回顾过去几次海洋法的编撰过程，中国因自身原因未能在其中扮演关键角色，但这种状况已经随着中国国际影响力和深度参与国际海洋治理决心的增强而出现改变。[1] 概言之，如今中国在全球环境治理活动中的角色已逐渐从被动寡言、跟踪国际动向的参与者转变为积极的建设者与引领者，在利益交织的激烈博弈进程中发挥着愈发主动的推进作用。

在对待和处理深海生物多样性相关问题上，中国既要追求自身利益，更要秉持道义和公平正义；在南北国家围绕 BBNJ 谈判存有大量分歧的背景下，中国应主动站出、调和立场，展现新形势下的独特领导能力。具体而言，中国今后要继续强化发展中国家在本国深海外交事务中的基础性地位，把握和利用好自己在发展中国家阵营中长期积累下来的口碑与声望。首先，在形式上与发展中国家抱团取暖、互壮声势，争取发展中国家成为中国推动公平正义的深海生物多样性治理的稳固战略盟友。其次，在当前仍然由西方主导的海洋治理领域，中国需要摆正"利与义"的位置，主动承担起调和南北国家阵营不同利益诉求的重任，在此过程中将更多有利于中国开发深海生物资源与非生物资源的治理方案推向国际磋商舞台，获取国际认同。中国早前在气

---

〔1〕 国务院于 2003 年在《全国海洋经济发展规划纲要》中首次提出"海洋强国"并将其列为今后海洋经济发展的总体目标，而中共十八大、十九大又分别对实施"海洋强国"战略作了更加全面的部署。

候变化问题谈判上的行动也为此积累了一定经验，不仅让国际社会看到中国负责任的态度与作为，而且有助于中国继续以"负责任的利益攸关者"〔1〕的形象参与到深海生物多样性这项新规则的制定之中。最后应强调的是，中国未来更加应注重通过深度参与国际海底区域生物多样性议题进而提升本国在海洋治理方面的影响力，即真正有能力影响该领域国际秩序的建构，获得开发和分配深海资源利益的主动权。

二、积极参与国际法律规制体系建设

（一）倡导合适的路径选择

国际海底区域生物多样性保护与可持续利用不是针对某单一或几个要素，而是必须基于生态系统思维将其作为整体予以考虑。目前，有关国际海底区域生物多样性存在两种不同的声音，其一是建立一套以生态系统为导向、完整的、科学的新型国际法律规制体系，该观点已经获得国际社会的普遍认可，正处于国际谈判中的 BBNJ 政府间会议便是以在 UNCLOS 框架下达成一份新的协定书为最终目标；其二是进一步整合并扩展现有相关领域的国际规制，使其能够适应新需求、新变化与新挑战，该方法的优势便是可以节约时间与谈判成本，为已经受到巨大威胁的国际海底区域生物多样性尽快提供针对性的法律规制保护。〔2〕中国应当充分把握住这次国际海洋规则新修的机会，在科技、军事、经济、政治等硬实力方面都已做好准备的情况下，在国际海底区域这一新的海洋规则领域融入更多符合中国自身以及大多数国家利益的制度设计。

在国际海底区域生物多样性问题上制定一项新的具有法律约束力的国际文书，有助于从根本上按照生态系统的理念设计相对完备的国际法律规制体系，打破多头管理但效果不佳的局面（当前该领域国际管理关系见图6）。其间，虽然耗费的人力和时间成本较高，但却可创造相对长久和稳定的规制供给；相比之下，期冀通过整合、改进已有文书和规制方式的设想看似成本较

---

〔1〕 参见齐晔、邬桐："应对气候变化 中国担起新角色"，载《中国日报（欧洲版）》2015 年12 月 4 日，第 14 版。

〔2〕 国内持类似观点的如，"规制公海 MPAs 并不一定要依靠普遍性的国际公约，只要各利益相关国家和企业就有关问题自行商讨、制定协议或达成条约即可"。参见何志鹏："在国家管辖外海域推进海洋保护区的制度反思与发展前瞻"，载《社会科学》2016 年第 5 期。

低，其中需要解决的规制协调、制度配套等问题难度更大，而且由于受制于既有框架和规定，可能难以作出有利于国际海底区域生物多样性保护，反而可能对现行制度具有颠覆性的调整。例如，关于国际海底区域生物资源的法律属性、海洋遗传资源的获取与惠益分享机制等。因此，中国应通过继续积极支持和深入参与 BBNJ 新协定的制定过程，以及后续制度实践与具体机制完善工作，实现保护与可持续利用国际海底区域生物多样性，并且维护中国自身海洋资源利益的最终目标。

　　但是，为了应对新型法律规制体系建立前的空档期，中国应当倡导采取双管齐下的问题解决思路——扩展现有区域性规制作为过渡保护和发展新的全球法律框架，从而建立一个能够充分涵盖国际海底区域生物多样性各项议题的完备的全球法律机制。就进行中的 BBNJ 新协定谈判而言，其中仍存在诸多复杂、争议的问题有待国际社会协商跟进、求得共识，这一过程可能是漫长的。[1]在新文书最终形成之前，可以通过扩展与利用区域协定、加强跨界协作的方式在一定程度上填补海洋生物多样性治理的大面积空白；相应地，全球法律框架最终亦可"得到区域协议的支持，从全球维度对划区管理工具在区域层面所取得的成果实施整合，实现全球和区域互补，加强趋同和联系"。[2]例如，《保护东北大西洋海洋环境公约》的缔约国于 2010 年起在东北大西洋海域设立了 7 个公海保护区，用以保护一系列的海山和部分大西洋中部海脊，以及诸多脆弱的深海栖息地和物种。这些区域协定虽然留下了巨大的海洋空间缺口未能覆盖，但其作为一种务实的问题解决方案，在对特定区域及时供给规制工具给予保护的同时，也为未来的全球框架提供了原型参考。综上，应对国际海底区域生物多样性问题时可能需要一种组合方法，即在短期内支持现有的区域机制，同时在中长期内寻求一项具有法律约束力的新的全球执行协定。此外，亦有学者提出，可以在一些特别领域，如深海渔业，先达成相关的国际条款，并将其作为未来 BBNJ 新文书的制度参考。[3]

---

〔1〕　虽然按照计划，有关 BBNJ 的谈判将在第四次政府间会议结束时（即 2020 年上半年）形成最终协定文本，并完成谈判工作。但从以往两次 UNCLOS 执行协定的谈判周期以及该议题的复杂程度来看，对预设完成时间的估计可能过于乐观。

〔2〕　"凝聚共识 加强合作 推动进程——国家管辖范围以外区域海洋生物多样性养护与可持续利用国际研讨会专家观点集萃"，载《中国海洋报》2018 年 10 月 24 日，第 4 版。

〔3〕　See G. A. Oanta, "International Organizations and Deep-Sea Fisheries: Current Status and Future Prospects", *Marine Policy*, Vol. 87, 2018, pp. 51-59.

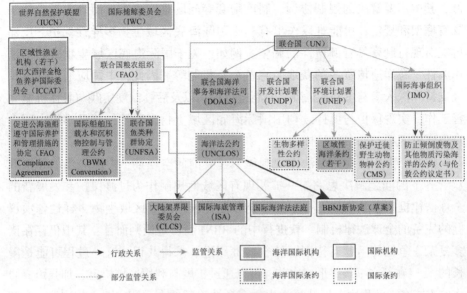

图 6　BBNJ 相关国际规制体系

（二）新国际法律规制体系的设计思路

在存在科学未知性以及各国利益冲突明显的情况下，国际社会欲制定并通过能够针对性保护国际海底区域生物多样性的新国际法律规制体系并非易事。自 2015 年联合国大会决定在 UNCLOS 框架下就国家管辖范围外区域海洋生物多样性保护与可持续利用拟订一份具有法律约束力的国际文书以来，[1]在经过耗时 2 年多的筹备组会议和 2 年的政府间正式会议谈判后，2019 年第三次政府间会议（IGC-3）前终于形成了新文书的初稿。[2]虽然，该版本的草案整体还显粗糙，存在大量较模糊的立法用语，而且有关具体议题的主要分歧仍未消除；[3]但其作为首份具有法律语言的草案，已将"一揽子"计划中的核心

---

〔1〕　See United Nations General Assembly, "Letter Dated 13 February 2015 from the Co-Chairs of the Ad Hoc Open-Ended Informal Working Group to the President of the General Assembly", Sixty-Ninth Session (A/RES/69/780).

〔2〕　参见联合国大会："根据《联合国海洋法公约》的规定就国家管辖范围以外区域海洋生物多样性的养护和可持续利用问题拟订的协定案文草案"，第 3 届会议 A/CONF.232/2019/6。

〔3〕　例如，草案中许多条款使用了"酌定"，而且在部分条款处设置了多个备选表述以供讨论。参见联合国大会："根据《联合国海洋法公约》的规定就国家管辖范围以外区域海洋生物多样性的养护和可持续利用问题拟订的协定案文草案"，第 3 届会议 A/CONF.232/2019/6。

要素纳入，使与会代表能够开展更具针对性的讨论，促进了 BBNJ 的协商进程。由于各方代表对于精简 BBNJ 新文书案文的呼声愈发强烈，因此在第四次政府间会议结束后，一份新修订的文书草案于 2022 年 5 月公布。[1]本书在此结合前面章节所得分析结果，为中国在国际谈判中建言设计保护国际海底区域生物多样性的国际法律规制体系及 BBNJ 新文书时提供一些思路和理论支持。

1. 体现应遵循的基本原则。国际海底区域生物多样性保护作为一项 UN-CLOS 制定之后才逐渐受国际社会关注的议题，其法律规制体系的设计思路必须充分体现与国际海底区域相适应的基本原则，但同时也需要与其他文书不相冲突。其中最重要的即生态系统方法和预防措施/原则，其余可供选择的还包括人类共同遗产原则、污染者付费原则、公平原则、利用现有的最佳科学和传统知识原则、公开透明原则、惠益分享原则、保护和维护海洋环境的义务原则、代内和代际公平原则等。上述各原则虽然均十分重要，但并非必须逐一纳入未来的国际海底区域生物多样性法律规制体系，实际适用情况可能需结合政治层面的国家间谈判决定。其中，在 UNCLOS 和 CBD 的推动下，生态系统方法已经成为当前国际法律与政策框架解决生物多样性这项具有多维度、复杂影响问题的首选原则。[2]由于生态系统方法中的一些要素仍处于国际谈判之中，且该方法在具体问题上适用的程度也不同，所以在未来国际海底区域生物多样性法律规则制定时，可能不容易使用一种清晰的、具体的方式于正文中来描述该方法。例如，环境影响评价和基线数据研究对生态系统方法需求较高。因此，将该方法真正融入新的国际立法中的一种方式是通过附录来设定评价标准和更进一步的实施规则。为了保证附录中设定的细节具有可操作性，

---

〔1〕　"Further Revised Draft Text of an Agreement under the United Nations Convention on the Law of the Sea on the Conservation and Sustainable use of Marine Biological Diversity of Areas beyond National Jurisdiction"，https://un. org/bbnj/sites/www. un. org. bbnj/files/igc_ s_ - futher_ revised_ draft_ text_ final. pdf. Retrieved July 2，2022.

〔2〕　需注意的是，生态系统方法已在 UNCLOS 及其《1994 年协定》、CBD、区域渔业管理计划等之中，以较为隐晦的方式体现。例如，UNCLOS 规定："各海洋区域的种种问题都是彼此密切相关的，有必要作为一个整体来加以考虑。"保护和保全海洋环境的基本原则要求各国保护海洋所有区域，使其免遭一切退化来源的损害，并采取特别措施，保护稀有或脆弱的生态系统，以及衰竭、受威胁或有灭绝危险的物种和其他形式海洋生物的生存环境。此外，公约要求国际海底管理局保护和养护国际海底区域的自然资源，并防止国际海底区域内的采矿活动对海洋环境中的动植物造成损害。但是，科学地阐明该方法，并确保其对国家管辖范围以外地区的海洋生物多样性治理发挥效用是新的法律规制体系应予重点关注的。

就必须具有充分的科学基础以便能够了解、保护和监测相关生态系统。同样，惠益分享原则、预防原则、公平公正原则、最佳技术原则等不仅是通过修辞性法律用语出现在立法条文中，而且是可以通过具体机制的设计将其体现出来。例如，通过在"海洋遗传资源"章节对惠益的类型、分享方式以及与知识产权制度的连接等问题作出规定，体现惠益分享原则；同时考虑发展中缔约国，特别是最不发达国家、内陆发展中国家、地理不利国家、小岛屿发展中国家、非洲沿海国家和中等收入发展中国家的特殊需求，以此贯彻公平原则。

2. 系统性国际立法的结构体例方面。国际海底区域生物多样性保护与可持续利用的国际立法应该包含实体性规则和程序性制度。前者除立法宗旨、立法用语表述、适用范围、与其他文书/部门机构的关系和上述基本原则等常见必备立法内容外，主要还应包括"一揽子"计划所确定4类重要事项：

（1）海洋遗传资源（含惠益分享问题）。内容涉及目标与适用范围、获取行为、公平和公正的分享行为、知识产权等；

（2）包括海洋保护区在内的划区管理工具等措施。内容涉及管理目标、国际合作与协调、保护区域的确定、提案协商与评估等；

（3）环境影响评估。内容涉及评估义务设置、与现有评估机制的关系、评估门槛与标准、累积影响和跨界影响的评估、战略环境影响评价（待定）、负面清单制度等；

（4）能力建设和海洋技术转让。内容涉及基本目标、国际合作义务、模式选择（建议以自愿前提下多边模式为设计思路）、可转让的项目类型等。

后者作为服务于实体规则的内容，包括决策机制、监测与审查机制、执行与监督机制、新文书的体制安排、财务机制、争议解决机制等。其中，前3项程序性内容在设计时可与上述4类重要的实体规则配套出现，以提供针对性的程序保障，提升实体规则的可操作性；后3类程序规则是从整体出发维系新文书有效实施的关键内容。例如，关于生态系统方法，新制定的BBNJ规则体系需要为该方法设计具体的程序性规则，以确保其自适应管理的需求中得到满足，即相关实体规定是可以随着科学认知和实际需求的变化而不断得到更新的。同样，对国际海底区域生物多样性保护具有关键意义的环境影响评估的有关程序事项至关重要，其具体的程序规则如下：明确评估范围筛选；进程公告；利益攸关方参与协商；报告编制、发布、专业机构审议；决策使用；后续的监测、报告及审查程序等。（详见图7和附录2）

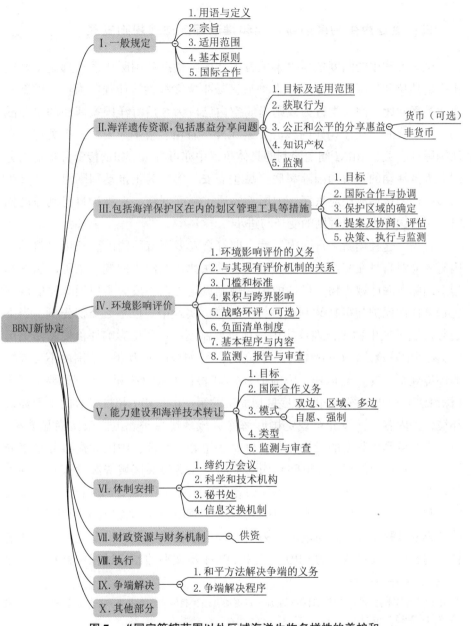

图 7 "国家管辖范围以外区域海洋生物多样性的养护和
可持续利用问题的协定"（草案）立法框架
（注：该图系作者根据附录 2 绘制）

三、透过内生制度创新引领和推动国际法律规则发展

全球治理中的制度规则"事关各国在国际秩序和国际体系长远制度性安排中的地位和作用"[1]，以国际海底区域生物多样性法律规制为代表的新兴海洋治理问题，因人类行为规则尚属空白已成为今后海洋国家博弈的主要战场。新时代海洋秩序构建的核心要素无外乎自由、公平与安全，有关这一点从国际社会关于 BBNJ 问题谈判的具体争议中亦可看出，如遗传资源惠益的分配、人类活动的自由和国际海底区域生态安全等。为了推动国际海底区域生物多样性领域形成相应秩序，中国需要通过制度创新"在维护自身利益的同时，引领国际机制或规则的变迁与进步"。[2]

首先，这种创新来自国内制度，即符合发展潮流的国内法既可以帮助中国有效应对自身在海洋法特定领域面临的法律规制缺失问题，也可以引领和塑造国际海底区域生物多样性的国际规则设定走向，成为实现国际海底区域生物多样性保护与可持续利用目标的工具。实践中，也不乏类似先例，当下国际海底区域生物多样性议题中一项重要制度——环境影响评价便是由美国《国家环境政策法》（1969）率先确立的，[3]如今已成为全球范围内不可或缺的环境规制工具。[4]同样，中国于 2016 年根据 UNCLOS 和 ISA 规则要求制定《深海法》迈出了国内国际海底区域立法的第一步，其中超过半数的条款涉及环境保护内容，且设专章规定国际海底区域环境保护。虽然条文尚显笼统，但已为今后具体制度的设计与创新铺平了道路。目前，中国大洋事务管理局针对上述法律中的行政许可问题而起草的《深海海底区域资源勘探开发许可管理办法》便反映了这一点。不仅如此，2021 年 4 月 15 日起施行的《中华人民共和国生物安全法》已将保护生物多样性列入维护国家安全的基本任务，并且充分重视遗传资源与数字序列信息等前瞻性问题。因为有关数字序列信息的问题已经在近两年的 CBD 大会和 BBNJ 新文书的制定过程中被提出，而

---

〔1〕 习近平："推动全球治理体制更加公正更加合理为我国发展和世界和平创造有利条件"，载《紫光阁》2015 年第 11 期。

〔2〕 胡波："中国的深海战略与海洋强国建设"，载《人民论坛·学术前沿》2017 年第 18 期。

〔3〕 National Environmental Policy Act, 42 U. S. C. §4321 et seq.（1969）.

〔4〕 类似的还有美国《海洋哺乳动物保护法》中与海洋哺乳动物保护标准挂钩的贸易规制条款等。

且从各国的态度看，合成生物学所带来的数字遗传序列新议题也是国际海底区域生物多样性可持续利用领域一个具有争议的备选项。[1]因此，中国可以在相关国内法制定时充分考虑这些国际前瞻问题，使法律在规范国内事项的同时，也可为国际规则的拟定提供参考。

其次，有关区域合作亦是制度创新的孕育平台。中国作为上海合作组织、21世纪海上丝绸之路的发起国、倡议国，可与其他成员国家共同就有关BBNJ和国际海底区域生物多样性保护与可持续利用进一步展开区域性制度探索，同时借助上述合作机制增加伙伴间对特定议题解决思路的认同感，最终为全球规则的制定提供区域模式经验。前文已经提到最早的公海保护区的构建模式便是通过若干国家展开合作，针对特定海域保护事项达成合意，共同实施海洋及其生物保护工作。虽然，BBNJ新文书总体上倡导全球框架下的多边体系，但在一些具体机制的设定上各国方案不一且各持一派，可能需要更多的实践经验支持，如环境影响评价的主体及模式、技术转让的途径、方式等，而区域性合作创新在探索形式和转向上更加灵活。对此，若中国利用好既有区域国家关系优势，在环境影响评价、能力建设与技术转让等方面实施相关机制探索，可以在一定程度上支援BBNJ新文书解决"武器弹药"方面不足的问题。

四、加强深海科学研究，依靠但不依赖科学技术

当下国际海底区域生物多样性法律规制所面临的挑战之一是其科学上的不确定性。对于欲深入参与这项议题的中国而言，需进一步加强该领域科研活动的投入和探索，拨开层层"迷雾"。但也应注意避免在参与设计和实施国际海底区域生物多样性法律规制时陷入单纯的科学技术主义倾向，即认为科学技术是决策、制定与实施规制的绝对依赖项。

---

〔1〕　目前，各国对于数字遗传序列信息是否应纳入BBNJ新文书存在争议。例如，瑞士认为海洋遗传资源仅包含一般理解的有形材料（physical material），而新西兰、澳大利亚、冰岛等国家和地区主张海洋遗传资源包括数字遗传序列信息。See T. Kantai, J. Bansard, T. Goldberg, et al., "Summary of the Third Session of the Intergovernmental Conference (IGC) on the Conservation and Sustainable Use of Marine Biodiversity of Areas Beyond National Jurisdiction: 19-30 August 2019", *Earth Negotiations Bulletin*, Vol. 25, No. 208., 2019, pp. 1-24.

（一）加快深海科技研发，确保法律规制有效性

无论是 BBNJ 还是本书重点论述的国际海底区域生物多样性问题，它们与海洋科学研究均具有非常密切的实质性关联，这些关联主要可以从以下几个方面认识：其一，海洋科学研究是有效确定国际海底区域生物多样性基线数据、开展环境影响评价等一系列规制活动的基础。没有充分的科学研究便无法获取足够的数据以支撑决策行动，具体内容包括：是否要对人类在国际海底区域的开发行为进行规制、实施保护规制措施的海底区域的界限划定，以及应对该地区采取何种保护和维持措施。其二，科学技术是检测国际海底区域生物多样性保护成效的重要标准。制定规则和设置标准是规制的第一步，而在规制实施过程中、结束后，需要依靠科学技术所提供的信息数据对规制实施前后的状况进行对照分析，以判断当前所适用的制度是否合适、能否发挥预期功效、如何开展后续工作，以及如果前序规制安排效果不佳，如何进行相应调整。此前在国际渔业规制、建设海洋保护区之中便已出现由于科学信息不足，或企业与规制者信息不对称而难以判断实施效果的情况。其三，国际海底区域生物多样性保护工作应支持开展纯粹的科学技术研究，拒绝借助科研名号实施其他获利目的的行为。实际上，国际海底区域生物资源开发与科研活动所开展的工作及其对生物多样性的影响较为相似，因此在实施相应规制的过程中需对期间的科学技术研究活动有所甄别。

为了推进我国深海科技顺利发展，应从以下方面入手：

1. 整合人文科学与自然科学研究力量，加强跨学科深海研究。国际海底区域位于国家管辖范围之外的深海地区，无论人类在此处进行资源开发利用还是养护活动，都离不开先进技术装备的支持和规章制度的保障。然而，由于这两项内容分别属于自然科学与人文科学的研究领域，且有关国际海底区域生物多样性可持续利用与养护属于跨学科的交叉问题，因此需要促进两类研究的相互贯通，尤其是在有关法律规则、政策的制定中充分重视来自自然科学的研究成果，适当减少政治与利益博弈中的非理性因素对国际海底区域生物多样性各项法律、决策的影响。为此，中国需要整合国内深海生物学（及海洋科学其他分支）、环境法、政治学、经济学等研究领域的力量，组成我国深海科学一体化研究的核心优势团队，使中国能够提出让国际社会认可、具有可参考价值的公共物品。同时，该公共物品不仅要顺应国际海洋规制发

展趋势，而且也要符合中国自身的国家利益。

2. 重视薄弱领域的重点研发。近十年间，原国家海洋局和大洋办已经在深海生物资源勘探开发、深海遗传资源库规范化建设、深海生物学基础研究、生物资源应用潜力评估与开发利用等资源探测与保藏领域取得了显著的阶段性成果。相比于深海探索、开发利用领域而言，我国在深海生态修复与生物多样性养护方面所取得的研究成果还较为有限。然而，一旦今后深海商业化矿产开采和大规模生物资源采集等行为出现，国际海底区域的生态系统和生物多样性将处于随时被严重破坏的风险之中。事前预防措施固然能够起到降低风险的作用，但却无法使风险完全消除；而且，随着海洋环境愈发受到国际社会重视，有关深海环境保护技术能力的瓶颈也很可能成为今后制约各国踏入国际海底区域的一道门槛。此时，针对深海生态的修复技术至关重要。一方面，中国需要从国家长远战略需求出发做好顶层设计，如十年或十五年的中长期研究规划，以加强相关薄弱领域的前瞻性布局；另一方面，要推动实施关键领域的专项研究，在探索深海资源勘探、获取和开发环节的基础上，重点辐射深海环境保护、生态安全等领域，促进深海科学迈向全面发展。

（二）避免过度依赖科学技术

虽然，有关国际海底区域生物多样性与生态系统的问题对科学研究工作要求很高，但中国在处理具体问题时也不能陷入依赖科学的陷阱，将法律、政策制定视作为"翻译"科学结论的过程。换言之，需要理清自然科学与人文科学，以及自然与社会之间的关系。在生态学的语境下，若要判断特定的生态系统在何种地理水平上是处于"连贯的状态"并非易事，因为生态系统的概念可以在不同的层面进行解释，例如，可以表现为全球生态系统、区域性生态系统，甚至某一生物群落所展示的生态系统。不仅如此，在人本主义的环境视野下，人类创造制度的核心无论是在关注点，还是服务对象上都只会是人类自己，具体在环境保护领域亦是如此。虽然，随着环境伦理学的发展和生态危机的日益显现，生态中心主义、大地伦理等思想的提出对于在观念上反思强势人类中心主义起到了助推和启示的作用，但在实践中仍然难以被用作环境制度的出发点和根本目标。就此而言，"可持续发展"理念的重要性不言而喻，即使是在环境和资源的问题上，目前人类所考虑的关怀也更多的是自身利益、自身幸福和自身发展，但也正是由于人类发展的需要，环境和资源才具有意义和价值，进而需要被保护。因此，考虑生态环境的要求固然是善意的，但如果未能充分考虑经济与社会的需求，仅凭自然科学通过技术加一些数据测算出来的各种指标变化便断言国际海底区域生物多样性的治理决策和行进方向，其结果必将是不准确和失真的，由此而形成的相关规制措施也很有可能根本无法得到有效实施。如果没有社会认可度，这些法律规则、政策规则很可能仅仅停留在纸面上。围绕国际海底区域生物多样性保护所展开的各项规制，必须要兼顾生态学上的意义和人类经济与社会生活的要求，要认真考虑利益相关方在传统上的生产与生活模式，不能完全依照自然科学研究所确定的生物多样性保护需求进行法律规制设计与实施。[1]

五、探索多样化的替代解决机制

（一）基本设想

保护处于人类活动威胁之中的国际海底区域生物多样性是国际社会正在努力实现的目标，上述针对该议题所直接展开的规制设计与实施仅为路径之一。如果将研究视野扩宽，可以发现还有一些替代性机制可以间接帮助实现对国际海底区域生物多样性的保护。

从第一章的介绍可知，国际海底区域生物多样性所面临的威胁来自人类近些年来在深海的各项开发活动，其中尤以深海海底矿产勘探与开发业务为重——一项许多国家趋之若鹜，且被部分采矿业者认为相比陆基采矿作业更加清洁、高效的矿产资源获取方式。[2]目前针对国际海底区域环境的法律规制也主要来自 ISA 制定的海底矿产资源勘探规则，以及正在制定中的采矿规则。因此，若从问题出现的根源上思考，可考虑适当阻断或限制这一对国际海底区域生物多样性造成威胁和破坏的人类行为。中国作为未来潜在的深海矿产资源利用大国，且仍有较大的发展潜力，可以率先在国内资源消耗的源头及过程中完善和落实具有全球效应的典型替代性措施。通过自身法律与政策规则设计，在国内实施替代性解决机制的同时，通过"一带一路"等途径将这些制度规则辐射影响其他国家并使其做出相应改变。

---

〔1〕 参见何志鹏："在国家管辖外海域推进海洋保护区的制度反思与发展前瞻"，载《社会科学》2016 年第 5 期。

〔2〕 See "Race to the Bottom", *The Economist*（*Technology Quarterly*），March 10 2018 edition.

（二）以循环经济的方式为例

基于此，实施循环经济便是途径之一。即通过技术升级等多种方式提升金属再利用率，并从中获益，这便包括直接的经济利益和潜在的环境利益。有学者（Bleischwitz et al.，2018）分析了最近一个多世纪以来全球铜、铝、水泥和钢铁的消费模式，并指出随着一个国家的消费水平达到饱和阶段，未来对资源的需求可能会低于预期水平。国际海底区域采矿可能造成的危害无须赘言，但对全球金属使用量与后续"命运"进行评估可以更好地为国际海底区域矿产开采活动的决策提供依据。需注意的是，选择循环经济策略同样也将是复杂的，因为它涉及诸如废弃金属管理、资源节约使用和行为改变等许多过程，不过这些挑战并不应妨碍各国，特别是像中国这样的资源消耗大国考虑和采用循环经济策略。实际上，中国现已开始加快循环经济的建设步伐，2019 年上海出台《上海市生活垃圾管理条例》，在全国率先实行强制垃圾分类便是深入推动循环经济链条的第一步。当前中国需要解决的是更广泛地梳理实施循环经济的环境成本与风险、社会与经济驱动因素、科学界与利益相关方的对话，以及强化部门间与地区间协调。

当然，对于循环经济的方式，也有人质疑，即是否有国家可以在全球可持续资源使用水平上满足基本的人类需求。[1]可以肯定的是，减少总体自然资源，尤其是金属消费量并实施循环经济将对新制造技术的产生和废物的减少产生重大影响。具体而言，一方面，改进回收技术和重视产品设计将有助于最大程度地高效利用资源。成功的循环经济要随着不断变化的消费方式进行相应调整，其间可能给国家经济社会带来巨大但并非不可承受的挑战。另一方面，法律与政策、定价和需求转移等措施组合可以在实现经济增长的同时，降低金属材料使用量。例如，制定相应的法律与政策要求企业必须使用在产品使用寿命结束时可完全回收的技术，从而延长产品寿命。[2]同时，特定国际法律与政策的引导还可能有助于在全球范围内鼓励金属回收和再利用。目前，中国以及其他国家的电子垃圾的数量正在不断增加，但是回收某些组

---

〔1〕 See D. W. O'Neill, A. L. Fanning, W. F. Lamb, et al., "A Good Life for All Within Planetary Boundaries", *Nature Sustainability*, Vol. 1, 2018, pp. 88-95.

〔2〕 此外，通过改善公共交通（包括设计自行车道、汽车共享业务）、大型家电共享使用以及降低私人产品（如手机）的更新频率等方式，也可以激励全球消费行为的改变，为循环经济助力。

件在技术和可行性上都还极具挑战性。不过，有研究表明，金属具有"几近无限的回收和再利用"潜力，只是一旦回收过程涉及先前已在垃圾填埋场中处理过的金属时，则难度会变得很大。因此，现阶段作为金属消费大国的中国，需要进一步完善以《中华人民共和国循环经济促进法》为基础的相关法律法规与政策体系，通过上述规则指导包括可回收金属在内的不可再生资源的收集、追踪、安全处理、回收和再使用等过程。对可持续发展至关重要的是循环经济及其3个R的概念：减少材料和废料、重复利用产品以及回收材料。这种范例可确保产品和服务以闭环或循环的方式进行交易，这意味着不会浪费任何东西，因此我们可以更好地保护地球的自然资源。此外，除了加大对已有金属的循环回收率，一方面可加快寻找可用于绿色技术的替代金属，以便摆脱仅依赖使用几种关键金属的局面。另一方面，区块链技术也可以为促进资源高效利用提供帮助。该技术所拥有的透明特性和可追溯特性共同促进了快速便捷地识别和确定物品的出处。例如，基于区块链的产品溯源识别功能可用于打击假冒伪劣产品和减轻其对自然资源的负面压力。同样重要的是，借助区块链技术，消费者可以直观掌握具有真正可持续性的产品的信息，从而作出明智的环保选择。区块链通过不可变的、基于时间戳的数据库简化了产品供应链的各个阶段：生产、收集、运输、到达和处置。实践中，沃尔玛、亚马逊和IBM借助区块链技术简化其供应链，不仅可以帮助公司优化流程，而且可以促进绿色创新及提高生产率。这些改变可有效降低运营成本、减少浪费和节约资源。但是，区块链技术目前还处于不断完善的状态，这意味着世界各地的公司可能需要一些时间才能想出如何有效地使用该技术以实现环境资源可持续性目标的具体方法。

　　总之，从国际海底区域获取矿产资源是满足人类发展所需的途径之一，但该途径不可避免地会给此处生物多样性带来损害或威胁，而且如果不改变资源开发利用模式，其需求只会越来越大。因此，中国不仅需要积极参与针对国际海底区域生物多样性的法律规则设计，更需要拓展自身思路，尝试多样化的问题解决策略，循环经济或许只是其中一例，诸如绿色金融、技术革新都是有助于从根本上削减海底资源消耗，从而实现保护国际海底区域生物多样性目标的选择。

结 语

  随着科技的进步和人类对满足自身发展所需资源的迫切需求，国际海底区域矿产资源、遗传资源即将实现商业化开采和大规模利用。与此同时，人类在国际海底区域从事的各类活动亦不同程度地影响和威胁着此处尚不完全为外界所了解的生物多样性。在此背景下，国际海底区域作为地球上仅存的未知之地和存量资源贮存之地，此处的自然资源和生物多样性毫无疑问已经成为当前国际社会关注的焦点。从发展趋势来看，对人类在国际海底区域开展的活动实施必要的法律规制刻不容缓。虽然在国际层面、地区层面、国家层面以及软法层面已有一些国际海底区域生物多样性的关联性规则，但是其中多数很难说是以保护国际海底区域生物多样性为宗旨的，而且相互之间并没有形成体系化与协作化。面对既有的国际规则与法律规制手段在国际海底区域生物多样性问题上存在大量监管真空，且无法适应眼前的形势与需求的情况，国际社会正在积极就国际海底区域生物多样性的保护与可持续利用展开专门国际立法，并形成了初步文稿，以求为其提供符合生态系统方法的整体安排框架和系统法律规制。更进一步说，作为现代海洋法新领域的国际海底区域生物多样性保护与可持续利用的新型法律体系，预计在不久的将来便可正式面世。

  人类对资源的索取需要文明的引领和对自身的约束，人类共同的财富应该为人类共同分享。目前，国际社会对国际海底区域生物多样性的重视有目共睹，而困扰各国多年的问题有二：其一，如何在开发利用国际海底区域资源的同时，保护其生物多样性。这也是设计相应国际法律规制的前提。一个基本原则是国际海底区域生物多样性关乎包括中国在内的世界各国（地区）的生存发展与国家安全，建立在损害或可能损害生物多样性基础上的人类活动并非理智选择，特别是在人类对于国际海底区域及其生物多样性的现有认知尚不完整的情况下。其二，选择何种理论或原则来解释国际海底区域生物资源（含海洋遗传资源）的法律地位——这一同生物多样性紧密联系的问题。无论是人类共同继承遗产原则、公海自由原则，抑或是本书所提出的分阶段的适用思路，其法律地位的最佳选择首先应体现保护国际海底区域生物多样性，其次才是合理、可持续的利用。

基于上述前提，在设计国际海底区域生物多样性的法律规制时，主要关注保护机制与利用机制两个重点方面。同样，正在拟定的 BBNJ 新文书立法框架也基本以此为主线。就最新的文书草案来看，其规定的保护机制包括：划区管理工具（含海洋保护区）和环境影响评估。后者在理论上属于本书第四章论述的规则管理工具之中的一部分。利用机制则主要是海洋遗传资源的获取与惠益分享，而这项议题既是目前国际海底区域生物多样性领域和 BBNJ 政府间会议中最受各方关注的焦点内容，同时也是各方观点争论最集中的问题。这是因为针对海洋遗传资源的开发利用不仅是市场潜力巨大的新兴领域，而且也是 BBNJ 诸议题中直接关系本国经济和战略利益的部分。除此之外，新文书还专门设置了能力建设与技术转让章节，该部分是许多发展中国家期待较高的内容，但是海洋开发强国对此仍然十分谨慎。值得提及的是，围绕 BBNJ 的争议矛盾尤其表现在美国、俄罗斯、日本等海洋开发强国与小岛屿国家、非洲联盟国家、加勒比共同体等发展中国家之间，双方各自的立场偏好差异十分明显，即前者强调自由与开发，而后者强调管制与分享。欧盟所扮演的角色更像是一个热衷于环保事业的团体，在许多问题上都强调设置严格的标准，并且也提出了较为详实的方案设计建议，其目的之一是希望借此机会，在国际海底区域及其生物多样性领域成为制度构建的领导者。相比之下，中国作为一个具有资源开发利用需求，同时又长期属于发展中国家阵营的主体，虽然目前也十分积极地参与了包括国际海底区域生物多样性在内的 BBNJ 各项议题的讨论和文书草案制定，但仍需利用好自身角色优势，进一步加强参与的深度，真正成为规则的制定者和提供者。

为此，首先，附录 2 基于本书主要观点对"国家管辖范围以外区域海洋生物多样性的养护和可持续利用问题拟订的协定案文草案"（A/CONF.232/2019/6）进行了相应的调整和修改，为中国参与该国际议题讨论时提供思路选择。其次，中国可在继续参与当前国际海底区域生物多样性全球法律框架构建的同时，在新规则最终完成之前的空档期，采取"双管齐下"的思路——即借助现有区域性规则，并加以调适、扩展与协作互补，及时规制仍在不断推进的人类国际海底区域活动。最后，除了考虑直接为国际海底区域生物多样性提供法律规制外，还应发挥中国现阶段在生态环境和海洋领域的政策活力与优势，积极寻找更加多样化的机制设计以实现前述目标。例如，加大循环经济适用范围和力度，以及利用现处于发育期中的绿色金融系统，通过在银行贷款协议和证券交易所上市规则中引入可持续性与保护标准，帮助减少各类资源开发利用活动带给国际海底区域生物多样性的损害和威胁。

总之，围绕国际海底区域生物多样性保护与可持续利用所展开的国际法律规制设计是 UNCLOS 框架下现代海洋秩序的一次重大变革，其中的诸多争议可能是现有制度长久以来形成或遗留的累积性问题，而要在这些近乎"根深蒂固"的分歧之间找到共同点并非易事，这需要各方共同努力、仔细权衡各种因素，最终才能抵达彼岸。对于正处在"海洋强国"战略建设和人类命运共同体理念背景下的中国而言，不仅要看到国际海底区域自然资源、生物多样性的重要价值，更有必要以更加主动的姿态承担起有关的国际责任，将具有符合"人海和谐""海洋命运共同体"理念的中国方案刻入国际海底区域生物多样性法律制度与深海秩序的塑造进程之中。

参考文献

一、中文文献

（一）著作类

[1] 张文显主编：《法理学》，高等教育出版社 2018 年版。

[2] 金永明：《国际海底制度研究》，新华出版社 2006 年版。

[3] 林灿铃等：《国际环境法理论与实践》，知识产权出版社 2008 年版。

[4] 刘岩、郑苗壮主编：《国家管辖外海域生物多样性养护与可持续利用》，经济科学出版社 2018 年版。

[5] 胡学东、郑苗壮编著：《国家管辖范围以外区域海洋生物多样性问题研究》，中国书籍出版社 2019 年版。

[6] 沈国英等编著：《海洋生态学》，科学出版社 2010 年版。

[7] 国家教育研究院：《海洋科学名词》，国家教育研究院 2016 年版。

[8] 刘金国、舒国滢：《法理学教科书》，中国政法大学出版社 1999 年版。

[9] 张风春、李俊生、刘文慧等编：《生物多样性基础知识》，中国环境出版社 2015 年版。

[10] 秦天宝：《生物多样性国际法原理》，中国政法大学出版社 2014 年版。

[11] 张梓太、沈灏、张闻昭：《深海海底资源勘探开发法研究》，复旦大学出版社 2015 年版。

[12] 黄异：《国际海洋法》，渤海堂文化事业有限公司 1992 年版。

[13] 林木："大陆架制度及其资源开发"，载张海峰主编：《中国海洋经济研究》（第 2 卷），海洋出版社 1982 年版。

[14] ［英］弗里德利希·冯·哈耶克：《自由秩序原理》，邓正来译，生活·读书·新知三联书店 1997 年版。

[15] ［英］霍布斯：《利维坦》，黎思复、黎廷弼译，商务印书馆 1985 年版。

［16］［美］埃德加·博登海默:《法理学——法律哲学与法律方法》,邓正来译,中国政法大学出版社 1998 年版。

［17］［美］约翰·罗尔斯:《正义论》,何怀宏等译,中国社会科学出版社 2001 年版。

［18］［法］亚历山大·基斯:《国际环境法》,张若思译,法律出版社 2000 年版。

(二) 论文类

［1］高之国:"论国际海底制度的几个问题",载《中国政法大学学报》1984 年第 1 期。

［2］江伟钰:"深海底资源开发与国际海洋环境保护",载《甘肃政法学院学报》1995 年第 2 期。

［3］刘惠荣、纪晓昕:"国家管辖外深海遗传资源的归属与利——兼析以知识产权为基础的惠益分享制度",载《法学论坛》2009 年第 4 期。

［4］王勇:"论国家管辖范围内遗传资源的法律属性",载《政治与法律》2011 年第 1 期。

［5］张磊:"论国家管辖范围以外区域海洋遗传资源的法律地位",载《法商研究》2018 年第 3 期。

［6］张湘兰、李洁:"国家管辖外海域遗传资源惠益分享机制的构建——以知识产权保护为视角",载《武大国际法评论》2017 年第 4 期。

［7］张善宝:"国际海底区域科研活动对生物资源的损害及其规制",载《西部法学评论》2017 年第 4 期。

［8］张弛:"国家管辖范围外深海遗传资源法律问题研究",载《中州学刊》2009 年第 3 期。

［9］刘乃忠、高莹莹:"国家管辖范围外海洋生物多样性养护与可持续利用国际协定重点问题评析与中国应对策略",载《海洋开发与管理》2018 年第 7 期。

［10］林新珍:"国家管辖范围以外区域海洋生物多样性的保护与管理",载《太平洋学报》2011 年第 10 期。

［11］金永明:"国家管辖范围外区域海洋生物多样性养护和可持续利用问题",载《社会科学》2018 年第 9 期。

［12］郑苗壮、刘岩、徐靖:"《生物多样性公约》与国家管辖范围以外海洋生物多样性问题研究",载《中国海洋大学学报 (社会科学版)》2015 年第 2 期。

［13］张风春、刘文慧:"生物多样性保护多方利益相关者参与现状与机制构建研究",载《环境保护》2015 年第 5 期。

［14］王丽玲、林景星、胡建芳:"深海热液喷口生物群落研究进展",载《地球科学进展》2008 年第 6 期。

［15］高岩、李波:"我国深海微生物资源研发现状、挑战与对策",载《生物资源》2018 年第 1 期。

[16] 叶泉："国家管辖范围外区域海洋遗传资源管理机制探究"，载《中国海商法研究》2013 年第 4 期。

[17] 刘芳明、刘大海："国际海底区域的全球治理和中国参与策略"，载《海洋开发与管理》2017 年第 12 期。

[18] 李晓静："国家管辖范围外海洋遗传资源的定义及其法律地位探析"，载《中国海商法研究》2017 年第 2 期。

[19] 金健才："深海底生物多样性与基因资源管理问题"，载《地球科学进展》2005 年第 1 期。

[20] 孙松："我国海洋资源的合理开发与保护"，载《中国科学院院刊》2013 年第 2 期。

[21] 于文轩："生态法基本原则体系之构建"，载《吉首大学学报（社会科学版）》2019 年第 5 期。

[22] 王继恒："论生态环境保护优先原则"，载《河南省政法管理干部学院学报》2011 年第 Z1 期。

[23] 王社坤、苗振华："环境保护优先原则内涵探析"，载《中国矿业大学学报（社会科学版）》2018 年第 1 期。

[24] 宋正海等："试论中国古代海洋文化及其农业性"，载《自然科学史研究》1991 年第 4 期。

[25] 袁雪、廖宇程："国家管辖范围外区域海洋遗传资源的获取和惠益分享：机制选择与中国方案"，载《中国海洋大学学报（社会科学版）》2019 年第 5 期。

[26] 章成："北极海域的大陆架划界问题——法律争议与中国对策"，载《国际展望》2017 年第 3 期。

[27] 侯梦涛："影响大陆架划界的自然地理因素"，载《海洋与海岸带开发》1989 年第 3 期。

[28] 朱瑛、李金蓉："北冰洋大陆架划界形势分析"，载《中南大学学报（自然科学版）》2011 年第 S2 期。

[29] 蔡育岱、李思娴："大小之争：北极圈大小国家的战略互动"，载《全球政治评论》2016 年第 56 期。

[30] 郑英琴："南极的法律定位与治理挑战"，载《国际研究参考》2018 年第 9 期。

[31] 胡波："中国的深海战略与海洋强国建设"，载《人民论坛·学术前沿》2017 年第 18 期。

[32] 黄惠康："国际海洋法前沿值得关注的十大问题"，载《边界与海洋研究》2019 年第 1 期。

[33] 孙凯："国际捕鲸机制及其变迁研究"，载《鄱阳湖学刊》2010 年第 6 期。

[34] 宿涛、刘兰："海洋环境保护：国际法趋势与国内法发展"，载《海洋开发与管理》

2002 年第 2 期。

[35] 王斌、杨振姣："基于生态系统的海洋管理理论与实践分析"，载《太平洋学报》2018 年第 6 期。

[36] 翟勇："各国深海海底资源勘探开发立法情况"，载《中国人大》2016 年第 5 期。

[37] 沈灏："我国深海海底资源勘探开发的环境保护制度构建"，载《中州学刊》2017 年第 11 期。

[38] 邢望望："划区管理工具与公海保护区在国际法上的耦合关系"，载《上海政法学院学报（法治论丛）》2019 年第 1 期。

[39] 桂静等："国际现有公海保护区及其管理机制概览"，载《环境与可持续发展》2013 年第 5 期。

[40] 张晓："国际海洋生态环境保护新视角：海洋保护区空间规划的功效"，载《国外社会科学》2016 年第 5 期。

[41] 张丹："浅析国际海底区域的环境保护机制"，载《海洋开发与管理》2014 年第 9 期。

[42] 周杨明等："自然资源和生态系统管理的生态系统方法：概念、原则与应用"，载《地球科学进展》2007 年第 2 期。

[43] 刘海江："国家管辖外生物保护的国际立法研究"，载《社会科学战线》2018 年第 1 期。

[44] 王文："论非政府组织在联合国体系中的地位和作用"，载《国际论坛》1999 年第 6 期。

[45] 何志鹏："在国家管辖外海域推进海洋保护区的制度反思与发展前瞻"，载《社会科学》2016 年第 5 期。

[46] 王勇："论'公海保护区'对公海自由的合理限制——基于实证的视角"，载《法学》2019 年第 1 期。

[47] 李汉玉："人类共同继承财产原则在国际海底区域法律制度的适用和发展"，载《海洋开发与管理》2018 年第 4 期。

[48] 李志文："国际海底资源之人类共同继承财产的证成"，载《社会科学》2017 年第 6 期。

[49] 许健："国际海底区域生物资源的法律属性探析"，载《东南学术》2017 年第 4 期。

[50] 李宏："自由与秩序的辩证关系以及法治的价值取向"，载《法制现代化研究》2007 年第 0 期。

[51] 张光耀："《海洋法公约》的法律价值与实效分析"，载《武大国际法评论》2017 年第 3 期。

[52] 杨泽伟："国家主权平等原则的法律效果"，载《法商研究》2002 年第 5 期。

［53］丁德文等："关于'国家海洋生态环境安全'问题的思考"，载《太平洋学报》2005年第10期。

［54］杨振姣、唐莉敏、战琪："国际海洋生态安全存在的问题及其原因分析"，载《中国渔业经济》2010年第5期。

［55］王印红、刘旭："我国海洋治理范式转变：特征及动因"，载《中国海洋大学学报（社会科学版）》2017年第6期。

［56］任秋娟："国家管辖范围外区域生物采探环境影响评估"，载《山东理工大学学报（社会科学版）》2017年第4期。

［57］习近平："推动全球治理体制更加公正更加合理为我国发展和世界和平创造有利条件"，载《紫光阁》2015年第11期。

［58］范金民："郑和下西洋动因初探"，载《南京大学学报（哲学·社会科学版）》1984年第4期。

［59］杨震、刘丹："中国国际海底区域开发的现状、特征与未来战略构想"，载《东北亚论坛》2019年第3期。

［60］张丹、吴继陆："我国首部深海海底区域资源勘探开发法评析"，载《边界与海洋研究》2016年第1期。

［61］刘画洁："国际海底区域国家担保义务的履行研究——兼评我国《深海海底资源勘探开发法》"，载《社会科学家》2019年第6期。

［62］江伟钰："21世纪深海海底资源开发与海洋环境保护"，载《华东理工大学学报（社会科学版）》2002年第4期。

［63］廖建基等："国家管辖范围以外区域海洋生物多样性保护的新视域：包括海洋保护区在内的划区管理工具"，载《生物多样性》2019年第10期。

［64］任秋娟、马凤成："国际海底区域矿产开发的生物多样性补偿路径分析"，载《太平洋学报》2016年第11期。

［65］胡学东："公海生物资源管理制度研究"，中国海洋大学2012年博士学位论文。

［66］纪晓昕："国家管辖范围外深海海底生物多样性法律规制研究——以人类共同遗产属性为基础"，中国海洋大学2011年博士学位论文。

［67］张善宝："国际海底区域生物资源的法律规制"，武汉大学2014年博士学位论文。

［68］王栋："海洋生物多样性维持的经济价值研究"，中国海洋大学2012年博士学位论文。

［69］于文轩："生物安全立法研究"，中国政法大学2007年博士学位论文。

（三）新闻报道类

［1］齐晔、邬桐："应对气候变化中国担起新角色"，载《中国日报（欧洲版）》2015年

12 月 4 日，第 14 版。

［2］张涛："参与全球海洋治理体现大国责任担当——聚焦国际海底矿产资源开发规章的研究与建立"，载《中国国土资源报》2017 年 5 月 17 日，第 6 版。

［3］习近平："进一步关心海洋认识海洋经略海洋推动海洋强国建设不断取得新成就"，载《人民日报》2013 年 8 月 1 日，第 1 版。

［4］张梓太："加强深海环境保护　可持续利用深海资源——《深海海底区域资源勘探开发法》环保条款解读"，载《中国海洋报》2016 年 3 月 10 日，第 1 版。

［5］胡学东："围绕海洋生物多样性的国际较量——国家管辖范围外区域海洋生物多样性最终建议性文件点评"，载《中国海洋报》2017 年 11 月 29 日，第 A2 版。

［6］谢琼："为海洋生物多样性国际保护制定新规则"，载《学习时报》2019 年 3 月 8 日，第 2 版。

［7］"凝聚共识加强合作推动进程——国家管辖范围以外区域海洋生物多样性养护与可持续利用国际研讨会专家观点集萃"，载《中国海洋报》2018 年 10 月 24 日，第 4 版。

［8］中华人民共和国常驻国际海底管理局代表处："国际海底管理局秘书长南丹在国家管辖范围外海洋生物多样性保护与可持续利用问题非正式工作组会议上的发言摘要"，载《国际海底信息》2006 年第 26 期。

［9］习近平："顺应时代前进潮流　促进世界和平发展——在莫斯科国际关系学院的演讲（2013 年 3 月 23 日，莫斯科）"，载《人民日报》2013 年 3 月 24 日，第 2 版。

（四）网络资料类

［1］中华人民共和国常驻国际海底管理局代表处："多金属结核"，载 http://china-isa.jm.china-embassy.org/chn/gjhd/hdzy/t218968.htm。

［2］中华人民共和国常驻国际海底局代表处："国际海底概况"，载 http://china-isa.jm.chineseembassy.org/chn/gjhd/t218858.htm。

［3］王立彬："我国在国际海底区域再获专属勘探区"，载新华网，http://www.xinhuanet.com/2019-07/16/c_ 1124761504.htm。

［4］中华人民共和国常驻国际海底管理局代表处："国家管辖海域外生物多样性管理问题政策和法律框架"，载 http://china-isa.jm.china-embassy.org/chn/hdxx/ P020070115223111563710.pdf。

［5］"中国代表团团长马新民在 BBNJ 国际文书谈判政府间大会第一次会议上的发言"，载 https://papersmart.unmeetings.org/media2/19408260/item-7-abmt s-including-mpas-chinese-statement-cn.pdf。

［6］中华人民共和国自然资源部海洋战略规划与经济司："2019 年中国海洋经济统计公报"，载中华人民共和国自然资源部（中国政府网），http://gi.mnr.gov.cn/202005/

t20200509 _ 2511614. html。

二、英文文献

(一) 著作类

[1] M. A. Rex, R. J. Etter, *Deep-Sea Biodiversity: Pattern and Scale*, Harvard University Press, 2010.

[2] C. L. Van, Dover, *The Ecology of Deep-Sea Hydrothermal Vents*, Princeton University Press, 2000.

[3] J. N. Barkenbus, *Deep Seabed Resource: Politics and Technology*, The Free Press, 1979.

[4] S. V. Busch, *Establishing Continental Shelf Limits Beyond 200 Nautical Miles by the Coastal State: A Right of Involvement for Other States?*, Brill Nijhoff, 2016.

[5] J. C. Nagle, J. B. Ruhl, K. Robbins, *The Law of Biodiversity and Ecosystem Management*, Foundation press, 2013.

[6] S. Altvater, R. Fletcher, C. Passarello, "The Need for Marine Spatial Planning in Areas Beyond National Jurisdiction", in J. Zaucha, K. Gee, eds., *Maritime Spatial Planning*, Palgrave Macmillan, 2019.

[7] S. Van den Hove, *Deep-Sea Biodiversity and Ecosystems: A Scoping Report on Their Socio-Economy, Management and Governance*, UNEP World Conservation Monitoring Center, 2007.

(二) 论文类

[1] N. D. Higgs, M. Attrill, "Biases in Biodiversity: Wide-Ranging Species are Discovered First in the Deep Sea", *Frontiers in Marine Science*, Vol. 2, 2015.

[2] F. Sinniger, J. Pawlowski, S. Harii, et al., "Worldwide Analysis of Sedimentary DNA Reveals Major Gaps in Taxonomic Knowledge of Deep-Sea Benthos", *Frontiers in Marine Science*, Vol. 3, 2016.

[3] C. N. Shulse, B. Maillot, C. R. Smith, et al., "Polymetallic Nodules, Sediments, and Deep Waters in the Equatorial North Pacific Exhibit Highly Diverse and Distinct Bacterial, Archaeal, and Microeukaryotic Communities", *Microbiology Open*, Vol. 6, 2017.

[4] J. A. Koslow, G. W. Boehlert, J. D. M. Gordon, et al., "Continental Slope and Deep-Sea Fisheries: Implications for A Fragile Ecosystem", *ICES Journal of Marine Science*, Vol. 57, 2000.

[5] E. R. M. Druffel, S. Griffin, A. Witter, et al., "Gerardia: Bristlecone Pine of the Deep-

sea?", *Geochimica et Cosmochimica Acta*, Vol. 59, No. 23. , 1995.

[6] P. V. R. Snelgrove, "Getting to the Bottom of Marine Biodiversity: Sedimentary Habitats", *BioScience*, Vol. 49, No. 2. , 1999.

[7] N. Jobstvogt, N. Hanley, S. Hynes, et al. , "Twenty Thousand Sterling Under the Sea: Estimating the Value of Protecting Deep-Sea Biodiversity", *Ecological Economics*, Vol. 97, 2014.

[8] J. L. Mero, "Potential Economic Value of Ocean-Floor Managanese Nodule Deposits", in D. R. Horn eds. , *Papers from a Conference on Ferromanganese Deposits on the Ocean Floor*, National Science Foundation, 1972.

[9] S. E. Beaulieu, T. E. Graedel, M. D. Hannington, "Should we Mine the Deep Seafloor?", *Earth's Future*, Vol. 5, No. 7. , 2017.

[10] K. A. Miller, K. F. Thompson, P. Johnston, et al. , "An Overview of Seabed Mining Including the Current State of Development, Environmental Impacts, and Knowledge Gaps", *Frontiers in Marine Science*, Vol. 4, 2018.

[11] Z. Duan, Li D. , Y. Chen, et al. , "The Influence of Temperature, Pressure, Salinity and Capillary Force on the Formation of Methane Hydrate", *Geoscience Frontiers*, Vol. 2, 2011.

[12] E. Pñero, M. Marquardt, C. Hensen, et al. , "Estimation of the Global Inventory of Methane Hydrates in Marine Sediments Using Transfer Functions", *Biogeosciences*, Vol. 10, 2013.

[13] K. Kretschmer, A. Biastoch, L. Rüpke, et al. , "Modeling the Fate of Methane Hydrates Under Global Warming", *Global Biogeochemical Cycles*, Vol. 29, 2015.

[14] K. Szamalek, "International Research Project on Gas Hydrates: Hydrates in Oceans — Programme of Exploration (HOPE)", *Przegl ą d geologiczny*, Vol. 52, 2004.

[15] C. H. Allen, "Protecting the Oceanic Gardens of Eden: International Law Issues In Deep-Sea Vent Resource Conservation and Management", *Georgetown International Environmental Law Review*, Vol. 13, 2001.

[16] C. L. Van Dover, J. A. Ardron, E. Escobar, et al. , "Biodiversity Loss from Deep-Sea Mining", *Nature Geoscience*, Vol. 10, No. 7. , 2017.

[17] J. Frakes, "The Common Heritage of Mankind Principle and the Deep Seabed, Outer Space, and Antarctica: Will Developed and Developing Nations Reach A Compromise?", *Wisconsin International Law Journal*, Vol. 21, No. 2. , 2003.

[18] E. B. Barbier, D. Moreno-Mateos, A. D. Rogers, et al. , "Protect the Deep Sea", *Nature*, Vol. 505, Issue number 1484, 2014.

[19] L. M. Wedding, S. M. Reiter, C. R. Smith, et al. , "Managing Mining of the Deep Seabed", *Science*, Vol. 349, 2015.

[20] R. E. Boschen, A. A. Rowden, M. R. Clark, et al. , "Mining of Deep-Sea Seafloor Massive

Sulfides: A Review of the Deposits, Their Benthic Communities, Impacts from Mining, Regulatory Frameworks and Management Strategies", Ocean and Coastal Management, Vol. 84, 2013.

[21] H. J. Niner, J. A. Ardron, E. G. Escobar, et al., "Deep-Sea Mining with No Net Loss of Biodiversity—An Impossible Aim", Frontiers in Marine Science, Vol. 5, 2018.

[22] J. R. Cochran, M. H. Edwards, B. J. Coakley, "Morphology and Structure of the Lomonosov Ridge, Arctic Ocean", Geochemistry, Geophysics, Geosystems, Vol. 7, No. 5., 2006.

[23] B. Baker, C. Danley, "Resource Rights in the Continental Shelf and Beyond: Why the Law of the Sea Convention Matters to Mineral Law", 64th Annual Rocky Mountain Mineral Law Institute, 2018.

[24] K. M. Gjerde, "Challenges to Protecting the Marine Environment Beyond National Jurisdiction", The International Journal of Marine and Coastal Law, Vol. 27, No. 4., 2012.

[25] N. C. Ban, N. J. Bax, K. M. Gjerde, et al., "Systematic Conservation Planning: A Better Recipe for Managing the High Seas for Biodiversity Conservation and Sustainable Use", Conservation Letters, Vol. 7, No. 1., 2014.

[26] G. A. Oanta, "International Organizations and Deep-Sea Fisheries: Current Status and Future Prospects", Marine Policy, Vol. 87, 2018.

[27] P. K. Dunstan, N. J. Bax, J. M. Dambacher, et al., "Using Ecologically or Biologically Significant Marine Areas (EBSAs) to Implement Marine Spatial Planning", Ocean & Coastal Management, Vol. 121, 2016.

[28] G. Notarbartolo-di-Sciara, T. Agardy, D. Hyrenbach, "The Pelagos Sanctuary for Mediterranean Marine Mammals", Aquatic Conservation: Marine and Freshwater Ecosystems, Vol. 18, No. 4., 2008.

[29] G. Wright, K. M. Gjerde, D. E. Johnson, et al., "Marine Spatial Planning in Areas Beyond National Jurisdiction", Marine Policy, Vol. 132, 2021.

[30] D. W. O'Neill, A. L. Fanning, W. F. Lamb, et al., "A Good Life for All within Planetary Boundaries", Nature Sustainability, Vol. 1, No. 2., 2018.

[31] D. O. B. Jones, J. M. Durden, K. Murphy, et al., "Existing Environmental Management Approaches Relevant to Deep-Sea Mining", Marine Policy, Vol. 103, 2019.

[32] L. J. Gerber, R. L. Grogan, "Challenges of Operationalizing Good Industry Practice and Best Environmental Practice in Deep Seabed Mining Regulation", Marine Policy, Vol. 114, 2020.

[33] S. Leech, A. Wiensczyk, J. Turner, "Ecosystem Management: A Practitioners' Guide", BC Journal of Ecosystems and Management, Vol. 10, No. 2., 2009.

[34] J. I. Ellis, M. R. Clark, H. L. Rouse, et al., "Environmental Management Frameworks for

Offshore Mining: the New Zealand Approach", *Marine Policy*, Vol. 84, 2017.

[35] J. M. Durden, L. E. Lallier, K. Murphy, et al. , "Environmental Impact Assessment Process for Deep−Sea Mining in 'the Area' ", *Marine Policy*, Vol. 87, 2018.

[36] H. Thiel, G. Schriever, E. J. Foell, "Polymetallic Nodule Mining, Waste Disposal, and Species Extinction at the Abyssal Seafloor", *Marine Georesources & Geotechnology*, Vol. 23, No. 3. , 2005.

[37] C. Bertram, A. Krätschell, K. O'Brien, et al. , "Metalliferous Sediments in the Atlantis II Deep−Assessing the Geological and Economic Resource Potential and Legal Constraints", *Resources Policy*, Vol. 36, No. 4. , 2011.

[38] C. L. Van Dover, S. Arnaud−Haond, M. Gianni, et al. , "Scientific Rationale and International Obligations for Protection of Active Hydrothermal Vent Ecosystems from Deep−Sea Mining", *Marine Policy*, Vol. 90, 2018.

[39] C. W. Armstrong, N. S. Foley, R. Tinch, et al. , "Services from the Deep: Steps Towards Valuation of Deep Sea Goods and Services", *Ecosyst Services*, Vol. 2, 2012.

[40] M. V. Folkersen, M. F. Christopher, S. Hasan, "Depths of Uncertainty for Deep−Sea Policy and Legislation", *Global Environmental Change*, Vol. 54, 2019.

[41] A. G. Glover, C. R. Smith, "The Deep−Sea Floor Ecosystem: Current Status and Prospects of Anthropogenic Change by the Year 2025", *Environmental Conservation*, Vol. 30, No. 3. , 2003.

[42] E. K. Kim, "Should Deep Seabed Mining be Allowed?", *Marine Policy*, Vol. 82, 2017.

[43] W. A. Qureshi, "Marine Biodiversity Conservation: the International Legal Framework and Challenges", *Houston Journal of International Law*, Vol. 40, No. 3. , 2018.

[44] R. Blasiak, C. Durussel, J. Pittman, et al. , "The Role of NGOs in Negotiating the Use of Biodiversity in Marine Areas Beyond National Jurisdiction", *Marine Policy*, Vol. 81, 2017.

[45] A. Pardo, "Ocean, Space and Mankind", *Third World Quarterly*, Vol. 6, No. 3. , 1984.

[46] R. Rayfuse, R. M. Warner, "Securing a Sustainable Future for the Oceans Beyond National Jurisdiction: the Legal Basis for an Integrated Cross−Sectoral Regime for High Seas Governance for the 21st Century", *The International Journal of Marine and Coastal Law*, Vol. 23, No. 3. , 2008.

[47] M. C. Ribeiro, R. Ferreira, E. Pereira, et al. , "Scientific, Technical and Legal Challenges of Deep Sea Mining: A Vision for Portugal−Conference Report", *Marine Policy*, Vol. 114, 2020.

[48] T. Kantai, A. Appleton, B. Soubry, et al. , "Summary of the Second Session of the Intergovernmental Conference on an International Legally Binding Instrument under the UN

Convention on the Law of the Sea on the Conservation and Sustainable Use of Marine Biodiversity of Areas Beyond National Jurisdiction: 25 March-5 April 2019", *Earth Negotiations Bulletin*, Vol. 25, No. 195. , 2019.

[49] T. Kantai, J. Bansard, T. Goldberg, et al. , "Summary of the Third Session of the Intergovernmental Conference (IGC) on the Conservation and Sustainable Use of Marine Biodiversity of Areas Beyond National Jurisdiction: 19-30 August 2019", *Earth Negotiations Bulletin*, Vol. 25, No. 218. , 2019.

[50] G. Kakhniashvili, "Legal Issues Concerning Conservation and Protection of Marine Genetic Resources of the Deep-Sea Under International Law", *Lund University*, 2012.

(三) 新闻报道类

[1] H. Gazette, "Seabed Mining Project in PNG Appears Dead in the Water", *Papua New Guinea Mine Watch*, 2019-03-28, https://ramumine. wordpress. com/2019 /03/28/seabed-mining-project-in-png-appears-dead-in-the-water/.

[2] IPBES, "Nature's Dangerous Decline 'Unprecedented'; Species Extinction Rates 'Accelerating' ", https://www. ipbes. net/news/Media-Release-Global-Assessment.

[3] Penn State Eberly College of Science, "Tube Worms In Deep Sea Discovered To Have Record Long Life Spans", *ScienceDaily*, 2000 - 02 - 03, www. sciencedaily. com/releases/2000/02/000203075002. htm.

[4] Kyodo, "Japan Successfully Undertakes Large-Scale Deep-Sea Mineral Extraction", *The Japan Times*, 2017-09-26, https://perma. cc/9JRK-EEUZ.

[5] M. Kituyi, P. Thomson, "90% of Fish Stocks Are Used Up-Fisheries Subsidies Must Stop Emptying the Ocean", *World Economic Forum*, 2018-07-13, https://www. weforum. org/agenda/2018/07/fish-stocks-are-used-up-fisheries-subsidies-must-stop.

[6] D. Amon, C. Smith, "How To Protect the Deep Sea", PEW Charitable Trusts (December 28, 2018), https://www. pewtrusts. org/en/research-and-analysis/fact-sheets/2018/12/how-to-protect-the-deep-sea.

[7] D. Dodwell, "As China Leads the Hunt for Deep-Sea Minerals, Environmental and Financial Concerns Come to the Surface", *South China Morning Post*, 2018 - 05 - 07, https://www. cnbc. com/2018/05/07/china-leads-hunt-for-deep-sea-minerals-environmental-concerns-surface. html.

[8] U. Dallman, "The Uncertainty of Deep Sea Mining", *The Student Newspaper*, 2018-03-07, http://www. studentnewspaper. org/the-uncertainty-of-deep-sea-mining/

[9] The Economist, "Race to the Bottom", *The Economist (Technology quarterly)*, March 10,

2018 edition.

（四）网络资料类

[1] Report of the Second Ordinary Meeting of the Conference of the Parties to the Convention on Biological Diversity, Decision Ⅱ/10, "Conservation and Sustainable Use of Marine and Coastal Biological Diversity", https://www. cbd. int/decisions/cop/? m=cop-02.

[2] C. L. Van Dover, C. R. Smith, J. A. Ardron, et al. , "Environmental Management of Deep-Sea Chemosynthetic Ecosystems: Justification of and Considerations for A Spatially-Based Approach (ISA Technical Study No. 9)" 2011, http://www. isa. org. jm/files/documents/EN/Pubs/TS9/index.

[3] FAO, "The State of World Fisheries and Aquaculture", 2019 - 07 - 24. , http://www. fao. org/state-of-fisheries-aquaculture.

[4] IUCN, "Measures Such As Area-Based Management Tools, Including Marine Protected Areas: Suggested Responses to Questions on Area Based Management Tools (ABMTs), Based on the Document Entitled, 'Chair's Indicative Suggestions of Clusters of Issues and Questions to Assist Further Discussions in the Informal Working Groups at the Second Session of the Preparatory Committee", https://www. un. org/depts/los/biodiversity/prepcom _ files/area _ based_ management_ tools. pdf.

[5] T. Greiber, "An International Instrument on Conservation and Sustainable Use of Biodiversity in Marine Areas Beyond National Jurisdiction: Exploring Different Elements to Consider, Paper V: Understanding Area-Based Management Tools and Marine Protected Areas", 2014, https://www. iucn. org/sites/dev/files/import/downloads/paper_ v _ _ _ understanding_ abmt_ and_ mpa. pdf.

[6] Griffith Law School, International Seabed Authority, "Environmental Assessment and Management for Exploitation of Minerals in the Area", International Seabed Authority, 2016, https://ran-s3. s3. amazonaws. com/isa. org. jm/s3fs - public/documents/EN/Pubs/2016/GLS - ISA-Rep. pdf.

[7] A. Jaeckel, "The Implementation of the Precautionary Approach by the International Seabed Authority", ISA Discussion Paper No. 5, 2017, https://www. isa. org. jm/files/documents /EN/Pubs/DPs/DP5. pdf.

[8] FAO Fisheries Department, "The Ecosystem Approach to Fisheries", Food and Agriculture Organization of the United Nations, 2003, http://www. fao. org/documents/card/en/c/6de1 9f1f-6abb-5c87-a091-3cc6e89c3a88.

[9] L. Cuyvers, W. Berry, K. Gjerde, eds. , "Deep Seabed Mining: A Rising Environmental

Challenge", IUCN and Gallifrey Foundation, 2018.

[10] FAO, "Report of the Expert Consultation on International Guidelines for the Management of Deep-Sea Fisheries in the High Seas", 2008, http://www.fao.org/3/i0003e/i0003e00. htm.

[11] S. Cole, M. J. Ortiz, C. Schwarte, "Protecting the Marine Environment in Areas Beyond National Jurisdiction: A Guide to the Legal Framework for Conservation and Management of Biodiversity in Marine Areas Beyond National Jurisdiction", http://www.lighthous-foundation.com/Binaries/Binary 1064/field-mpas-guide-april-2012-2. pdf.

[12] "Marine Sub-Function Profile Report Marine Mineral Resources (3.6)", https://webgate.ec. europa. eu/maritimeforum/system/files/Subfunction%203.6%20Marine%20mineral%20 resource_ Final%20v120813. pdf.

[13] C. Ehler, F. Douvere, "Visions for A Sea Change: Report of the First International Workshop on Marine Spatial Planning", 2007, http://msp.ioc-unesco.org/msp-guides/visions-for-a-sea-change/.

[14] "Managing Impacts of Deep-Sea Resource Exploitation", MIDAS, https://www.eu-midas. net.

[15] E. Solimeo, B. Schwartz, "Mining in the Deep-Sea Bed: Are We Ready?", International Institute for Environment and Development, 2018, https://www.iied.org/mining-deep-sea-bed-are-we-ready.

[16] UNEP, "Gas Hydrates", 2019, https://www.wou.edu/ las/physci/Energy/Gas_ Hydrates. html.

[17] "Environmental impact statement", Nautilus Minerals, 2008, http://www.cares.nautilusminerals. com.

[18] International Seabed Authority, "Comparative Study of the Existing National Legislation on Deep Seabed Mining", https://isa.org.jm/files/files/documents/isba-22c-8_1. pdf.

[19] IUCN, "Matrix of Suggestions: for a Marine Biodiversity Agreement", 2016, http://www.bbnjmatrix. org/b_1_3. html.

[20] S. Groves, "The U. S. Can Mine the Deep Seabed Without Joining the U. N. Convention on the Law of the Sea", The Heritage Foundation, 2012, http://report.heritage.org/report/ the-us-can-mine-the-deep-seabed-without-joining-the-un-convention-the-law-the-sea.

三、国际文件

[1]《根据〈联合国海洋法公约〉的规定就国家管辖范围以外区域海洋生物多样性的养护

和可持续利用问题拟订的协定案文草案》（A/CONF. 232/2019/6）

［2］《"区域"内多金属结核探矿和勘探规章》（ISBA/19/C/WP. 1）

［3］《"区域"内多金属硫化物探矿和勘探规章》（ISBA/16/A/12 REV. 1）

［4］《"区域"内富钴铁锰结壳探矿和勘探规章》（ISBA/18/A/11）

［5］《指导承包者评估"区域"内海洋矿物勘探活动可能对环境造成的影响的建议》（ISBA/19/LTC/8）

［6］《各国现有管辖范围以外公海之海洋底床与下层土壤专供和平用途及其资源用谋人类福利之问题》（A/RES/2574（XXIV）

［7］《关于各国管辖范围以外海洋底床与下层土壤之原则宣言》（A/RES/2749（XXV）

［8］《海洋和沿海生物多样性：具有重要生态或生物意义的海洋区域》（UNEP/CBD/COP/12/DEC/XII/22）

［9］《理事会有关克拉里昂–克利珀顿区环境管理计划的决定》（ISBA/18/C/22）

［10］《审查克拉里昂–克利珀顿断裂区环境管理计划的执行工作》（ISBA/22/LTC/12）

［11］《研究国家管辖范围以外区域海洋生物多样性的养护和可持续利用问题的不限成员名额非正式特设工作组的报告》（A/61/65）

［12］《会议主席在第一届会议闭幕式上的发言》（A/CONF. 232/2018/7）

［13］Oceans and the Law of the Sea, Report of the Secretary General, Sixtieth Session（A/60/63/Add. 1）.

［14］Letter Dated 30 June 2011 from the Co-Chairs of the Ad Hoc Open-Ended Informal Working Group to the President of the General Assembly Sixty-Sixth Session（A/66/119）.

［15］Letter Dated 13 February 2015 from the Co-Chairs of the Ad Hoc Open-Ended Informal Working Group to the President of the General Assembly Sixty-Ninth Session（A/69/780）.

［16］Resolution Adopted by the General Assembly on 8 December 2006 Sixty-First Session（A/RES/61/105）.

［17］Updated Status of Aichi Biodiversity Target 11（CBD/SBSTTA/22/INF/30）.

［18］Progress of Work in the Commission on the Limits of the Continental Shelf: Statement by the Chair Thirty-Fourth Session（CLCS/83）.

［19］UNCTAD, From Development to Differentiation: Just How Much Has the World Changed?（UNCTAD/SER. RP/2019/5）.

［20］Government of the Kingdom of Denmark & Government of the Faroes, Partial Submission of the Government of the Kingdom of Denmark Together with the Government of the Faroes to the Limits of the Continental Shelf—The Continental Shelf North of the Faroe Islands（Apr. 29, 2009）.

［21］Government of Kingdom of Denmark, Partial Submission of the Government of the Kingdom of Denmark Together with the Government of Greenland to the Commission on the Limits of the Continental Shelf—The Southern Continental Shelf of Greenland (June 14, 2012).

[22] Government of Kingdom of Denmark, Partial Submission of the Government of the Kingdom of Denmark Together with the Government of Greenland to the Commission on the Limits of the Continental Shelf—The North-Eastern Continental Shelf of Greenland (Nov. 26, 2013).

[23] Government of Kingdom of Denmark, Partial Submission of the Government of the Kingdom of Denmark Together with the Government of Greenland to the Commission on the Limits of the Continental Shelf—The Northern Continental Shelf of Greenland (Dec. 15, 2014).

[24] Government of the Canada, Canada's Arctic Ocean Continental Shelf Submission (May 23, 2019).

[25] Government of Norway, Somalia Submits Preliminary Information Indicative of the Outer Limits of Its Continental Shelf with Norwegian Assistance (Apr. 17, 2009).

[26] Russian Federation, Partial Revised Submission of the Russian Federation to the Commission on the Limits of the Continental Shelf in Respect of the Continental Shelf of the Russian Federation in the Arctic Ocean—Executive Summary (Aug. 3, 2015).

后 记

　　"人生天地之间，若白驹之过隙，忽然而已。"不经意间已到了提笔写作本书后记的时刻，而这也是我围绕深海生物多样性保护与利用的研究作出的、阶段性的些许成果。回望逝去的时光，一切依然是记忆犹新。一路走来，唯有感恩。

　　这篇书稿的大部分是 2019 年在异国他乡公派访学期间写下的，前后幸蒙复旦大学法学院张梓太教授的关怀、认可和专业上的指点，佐以国外异域人文、自然风情的调适，书稿的总体写作过程才没有如想象中的那般充满痛苦与煎熬。即便如此，在美国的一年时间里我也几乎未曾离开过那个全年有 6 个月都在下雪的南罗亚尔顿镇，而是待在佛蒙特法学院亚美环境法中心 SiuTip Lam 女士提供的办公室中自虐般地执行着"997"工作制，但好在办公室的外国同事和好友不时地"告诫"我，"别老是工作，出去喝一杯"或是"出去爬山吧"。借助这群老司机的指引，我意外地发现我所在的佛蒙特州（Vermont）居然有着上百种口味各异的啤酒和独特风味的自酿烈酒，与佛蒙特法学院环境法专业齐名的 Ben & Jerry's 冰淇淋，以及一众绮丽景致，这也算是本书写作之外的一点乐趣。

　　在此，我衷心感谢张梓太教授对本书写作过程的大力支持，特别是为本书的写就搭建了自由、无忧而且宽广厚实的学术平台，而我也在此书的写作中收获良多。同时，还要感谢复旦大学法学院的两位良师——陶蕾老师和李传轩老师，他们为我的写作工作提供了一切可能的帮助，陶蕾老师的督促和细心指点使我的书稿写作能够有条不紊，传轩老师教授专业知识、诲人不倦，是我前进路上学习的榜样。

　　当然，在写作本书过程中还有许多良师益友是幸得相识的，在此不能一一道谢，但与他们的交会必定成为我一生的财富。

最后，我还想感谢父母、亲友以及陪伴在身旁的人，他们无私的支持和付出让我能够走到今天。"河以逶迤故能远，山以陵迟故能高，道以优游故能化。"正因为有所期待，所以即使长路漫漫，荆棘满布，仍会一直坚定，一直从心！也许不日便可在那山巅看到人间绝美的风景！

吴惟予
2021 年 4 月 29 日

附　录

附录 1　重要英文缩写中文对照表

英文缩写	中文含义
ABMTs	划区管理工具
ABNJ	国家管辖范围外地区
APEIs	具有特别环境意义的区域/特别环境利益区
BBNJ	国家管辖范围外生物多样性
CB&TT	能力建设与海洋技术转让
CBD	生物多样性公约
COP	缔约方会议
EBSAs	具有生态或生物学重要意义的海域
EIA	环境影响评价
FAO	联合国粮农组织
IGC	政府间会议
ILBI	具有法律约束力的国际文书
IMO	国际海事组织
IOC-UNESCO	联合国教育、科学政府间海洋学委员会
ISA	国际海底管理局
IUCN	世界自然保护联盟

英文缩写	中文含义
MGRs	海洋遗传资源
MPAs	海洋保护区
MSP	海洋空间规划
PSSAs	特别敏感海域制度
UNCLOS	联合国海洋法公约
UNDOALOS	联合国海洋事务和海洋法司
UNEP	联合国环境规划署
VMEs	脆弱海洋生态系统

附录2　《关于国家管辖范围以外区域海洋生物多样性的养护和可持续利用问题的协定（建议草案）》[1]

序　言

本协定各缔约国，

回顾《联合国海洋法公约》中的相关条款，包括保护和保全海洋环境的义务，

强调指出，必须尊重《公约》所载之权利、义务和利益的平衡；

强调指出，需要一个全面的全球制度，以更好地处理国家管辖范围以外区域海洋生物多样性的养护和可持续利用问题，

尊重各国主权、领土完整和政治独立，

希望促进可持续发展，

渴望实现普遍参与，

兹商定如下：

---

〔1〕　本草案系作者基于2019年5月17日第一版"根据《联合国海洋法公约》的规定就国家管辖范围以外区域海洋生物多样性的养护和可持续利用问题拟订的协定案文草案"（A/CONF.232/2019/6)，并结合本书主要观点修改而成。

第一部分　一般规定

第 1 条　用语

为本协定的目的：

1. 在海洋遗传资源方面，"获取"指收集海洋遗传资源。

2. "国家管辖或控制下的活动"指一国对其进行有效控制或行使管辖权的活动。

3. "划区管理工具"指为某一划定地理界限、但并非海洋保护区的地区采用的工具，通过这一工具对一个或多个部门或活动进行管理，以达到特定养护和可持续利用目标。

4. "国家管辖范围以外区域"指公海和"区域"。

5. "《公约》"指 1982 年 12 月 10 日《联合国海洋法公约》。

6. "累积影响"指包括过去、目前或可合理预见的活动在内的不同活动或随着时间推移重复类似活动对相同生态系统造成的影响，包括气候变化、海洋酸化和有关影响。

7. "环境影响评价"指评估计划在国家管辖范围以外区域开展的由缔约国管辖或控制的可能严重污染海洋环境或致使海洋环境发生重大有害变化的活动可能造成的影响的过程。

8. "海洋遗传材料"指从国家管辖范围以外区域收集的来自海洋植物、动物、微生物或其他来源的任何含有遗传功能单位的材料；它不包括衍生物等由材料制成的材料。

9. "海洋遗传资源"指具有实际或潜在价值的海洋遗传材料。

10. "海洋保护区"指一个划定地理界限、为达到特定生物多样性养护和可持续利用目标而指定和管理的，并提供比周围地区更高程度保护的海区。

11. "海洋技术"指以方便用户的格式提供的关于海洋科学及有关海上业务和服务的信息和数据；手册、导则、标准、准则、参考材料；取样和方法设备；观测设施和设备（如遥感设备、浮标、验潮仪、船上和其他手段的海洋观测）；原地和实验室观测、分析和实验设备；计算机和计算机软件，包括模型和建模技术；与海洋科学研究和观测有关的专长、知识、技能、技术、科学和法律专门技能和分析方法。

12. （a）"缔约国"指同意受本协定拘束而本协定对其生效的国家。

（b）本协定比照适用于成为本协定缔约方的以下实体：

（一）《公约》第三〇五条第 1 款（c）、（d）和（e）项提到的任何实体，和

（二）被称为《公约》附件九第一条所定义的"国际组织"的任何实体，但须符合第 67 条的规定，在这种程度上，"缔约国"指这些实体。

13. "海洋技术转让"指转让创造和使用知识所需的仪器、设备、船只、程序和方法，以便更好地研究和了解自然和海洋资源。

14. "海洋遗传资源的利用"指进行海洋遗传资源的遗传和（或）生物化学组成的研究和发展，以及开发此种资源。

第 2 条　宗旨

本协定的宗旨是通过有效执行《公约》的相关条款以及进一步的国际合作和协调，确保国家管辖范围以外区域海洋生物多样性的长期养护和可持续利用。

第 3 条　适用

1. 本协定的条款适用于国家管辖范围以外的区域。

2. 本协定不适用于任何军舰、海军辅助船、为国家所拥有或经营并在当时只供政府非商业性服务之用的其他船只或飞机。不过，每个国家应采取不损害由其拥有或经营的此类船只或飞机的操作或操作能力的适当措施，确保这些船只或飞机的活动方式在合理可行范围内符合本协定的规定。

第 4 条　本协定与《公约》和其他相关法律文书和框架以及相关全球、区域和部门机构的关系

1. 本协定的任何规定均不应损害各国按照《公约》享有的权利、管辖权和义务。本协定应参照《公约》的内容并以符合《公约》的方式予以解释和适用。

2. 应根据《公约》尊重沿海国对其国家管辖范围内的所有区域，包括对 200 海里以内和以外的大陆架和专属经济区的权利和管辖权。

3. 在解释和适用本协定时应尊重相关法律文书和框架以及相关全球、区域和部门机构的权限，且不应损害相关法律文书和框架以及相关全球、区域和部门机构，同时促进与这些文书、框架和机构协调一致，但前提条件是这些文书、框架和机构支持、而不是违背《公约》和本协定的宗旨。

第 5 条　一般原则和方法

为实现本协定的宗旨，缔约国应：

（a）适用综合方法/原则；

（b）采用一种建立生态系统抵御气候变化和海洋酸化的不利影响的能力和恢复生态系统完整性的办法；

（c）采取的行动不应直接或间接将损害或危险从一个区域转移到另一个区域，或将一种污染转变成另一种污染；

（d）坚持原则上应由污染者承担治理污染费用的方针，同时适当顾及公众利益和避免使国际贸易和投资发生扭曲，努力促进环境成本内部化和各种经济手段的应用；

（e）遵循不倒退原则；

（g）考虑灵活性、相关性、适宜性、可行性和有效性。

第 6 条　国际合作

1. 各缔约国应合作养护和可持续利用国家管辖范围以外区域的海洋生物多样性，包括为此在实现本协定宗旨的过程中加强和增进现有相关法律文书和框架以及相关全球、区域和部门机构之间的合作。

2. 在实现本协定宗旨的过程中，缔约国应根据《公约》第二四二条至第二四四条的规定促进海洋科学研究方面的国际合作，并根据《公约》第二七〇条至第二七四条的规定促进海洋技术开发和转让方面的国际合作。

第二部分　海洋遗传资源，包括惠益分享问题

第 7 条　目标

本部分的目标是：

（a）培养发展中缔约国，特别是最不发达国家、内陆发展中国家、地理不利国家、小岛屿发展中国家、非洲沿海国家和中等收入发展中国家获取和利用国家管辖范围以外区域海洋遗传资源的能力；

（b）促进知识生成和技术创新，包括根据《公约》促进和便利在国家管辖范围以外区域开展和进行海洋科学研究；

（c）促进公正和公平分享利用国家管辖范围以外区域海洋遗传资源所产生的惠益；

（d）促进海洋技术的开发和转让，前提是保障一切合法利益，除其他外

包括海洋技术拥有者、供应者和接受者的权利和义务;

(e) 推动实现公正和公平的国际经济秩序。

第8条 本协定规定的适用

1. 本协定的规定应适用于源自国家管辖范围以外区域的海洋遗传资源。

2. 本协定的规定不应适用于:

(a) 将鱼类和其他生物资源用作商品。如果一种鱼类或其他生物资源因其遗传材料而被认定具有价值,因其遗传材料而被利用的这种鱼类或这些资源应被当作海洋遗传资源;

(b) 衍生物;

3. 本协定的规定在其生效后应适用于在原地和异地获取的海洋遗传资源,包括在协定生效之前在原地获取、但在协定生效之后在异地获取的海洋遗传资源。

第9条 国家管辖范围以外区域海洋遗传资源方面的活动

1. 与国家管辖范围以外区域海洋遗传资源有关的活动可由所有国家及其自然人或法人根据本协定规定的条件开展,并适当考虑《公约》规定的权利、义务和利益。

2. 如果在国家管辖范围以内也发现了国家管辖范围以外区域海洋遗传资源,关于上述资源的活动应适当顾及在其管辖范围内发现此类资源的任何沿海国的权利及合法利益。

3. 与国家管辖范围以外区域海洋遗传资源有关的活动应完全出于和平目的进行。

第10条 获取国家管辖范围以外区域海洋遗传资源

1. 原地获取属于本部分范围内的海洋遗传资源须向秘书处发出事先通知,通知中应说明获取地点和日期、将要获取的资源、资源将用于哪些目的以及哪个实体将获取资源,并在事后补充说明其在国家管辖范围以外区域海洋遗传资源的实际获取情况。

2. 缔约国应酌情采取必要的立法、行政或政策措施,确保原地获取属于本部分范围内的海洋遗传资源须:

(a) 标明海洋遗传资源获取地点的地理坐标;

(b) 开展能力建设;

(c) 转让海洋技术;

（d）在数据库、储存库或基因库等开放源码平台中交存样本、数据和相关信息；

（e）进行环境影响评价；

（f）遵守缔约方会议可能确定的其他相关条款和条件，包括关于获取具有重要生态和生物意义区域、脆弱海洋生态系统和其他特别保护区的海洋遗传资源，以确保养护和可持续利用这些区域的资源的条款和条件。

3. 缔约国应酌情采取必要的立法、行政或政策措施，确保异地获取属于本部分范围内的海洋遗传资源是自由、开放的，且须遵循第 11 条和第 13 条。

4. 缔约国应酌情采取必要的立法、行政或政策措施，确保可能导致利用在国家管辖范围以内和以外区域发现的海洋遗传资源、且与国家管辖范围以外区域海洋遗传资源有关的活动应事先通知有关沿海国，并与这些国家进行协商，以避免侵犯上述国家的权利和合法利益。

6. 缔约国应酌情采取必要的立法、行政或政策措施，以确保在获取有助于发掘国家管辖范围之外区域海洋遗传资源价值的土著人民和当地社区的传统知识时，获得这些土著人民和当地社区的事先知情同意或批准以及参与，并确保订立共同商定的条件。

7. 缔约国应酌情采取必要的立法、行政或政策措施，确保在其管辖范围内利用的国家管辖范围以外区域海洋遗传资源是根据本部分的规定获取的。

第 11 条　公正和公平的分享惠益

1. 已利用国家管辖范围以外区域海洋遗传资源的缔约国，包括其国民，应根据本部分的规定以及缔约方会议将确定的方式公正和公平地与其他缔约国分享由此产生的惠益，同时考虑到发展中缔约国，特别是最不发达国家、内陆发展中国家、地理不利国家、小岛屿发展中国家、非洲沿海国家和中等收入发展中国家的特殊需求。

2. 惠益可包括货币和非货币惠益。

3. 国家管辖范围以外区域海洋遗传资源的利用所产生的惠益应根据下列规定在不同阶段分享：

（a）货币惠益可在禁运期分享，或在将基于国家管辖范围以外区域海洋遗传资源的产品进行商业化时以重要阶段式付费形式分享。货币惠益的付款率应由缔约方会议确定，并应向特别基金付款；

（b）非货币惠益，例如样本获取和样本收集、分享信息，如出海考察前或研究前信息、出海考察后或研究后通知、技术转让和能力建设，应在获取、研究和利用国家管辖范围以外区域海洋遗传资源时分享。应在 5 年之后，通过信息交换机制以开放使用方式提供样本、数据和相关信息。在公布和利用与国家管辖范围以外区域海洋遗传资源有关的遗传序列数据和信息时，应考虑到该领域的现有国际惯例。

4. 按照本部分的规定分享的惠益应以缔约方会议确定的方式利用，其中可包括将惠益用于以下目的：

（a）促进国家管辖范围以外区域海洋生物多样性的养护和可持续利用；

（b）促进国家管辖范围以外区域海洋遗传资源的科学研究和为获取此类资源提供便利；

（c）建设获取和利用国家管辖范围以外区域海洋遗传资源的能力，包括共同供资或集合供资出海考察研究，并在可邀请毗邻沿海国参与的样本收集和数据获取方面开展协作，同时考虑到有意参加国的不同经济情况；

（d）建立和加强缔约国的能力，以养护和可持续利用国家管辖范围以外区域海洋生物多样性，重点关注小岛屿发展中国家；

（e）支持海洋技术转让；

（f）协助发展中缔约国出席缔约方会议的会议。

5. 缔约国应酌情采取必要的立法、行政或政策措施，以确保其管辖范围内的自然人或法人获取和利用国家管辖范围以外区域海洋遗传资源所产生的惠益能够根据本协定的规定得到分享。

6. 缔约国应酌情采取必要的立法、行政或政策措施，以便公正和公平地与掌握此类知识的土著人民和当地社区分享利用第 10 条第 6 款所述传统知识所产生的惠益。

第 12 条　知识产权

1. 缔约国应以符合在世界知识产权组织和世界贸易组织主持下达成的相关协定所规定的各国权利和义务的方式执行本协定。

2. 缔约国应进行合作，以确保知识产权支持而不是违背本协定的各项目标，并确保在知识产权方面不采取会损害国家管辖范围以外区域海洋遗传资源的惠益分享和可追踪性的行动。

3. 根据本协定获取的海洋遗传资源不应属于专利的范围，但此类资源经人为干预修改后形成能够进行工业应用的产品除外。除非专利申请或其他正式文件或确认的公共登记册另有说明，专利申请所用的海洋遗传资源产地应被推定为国家管辖范围以外区域。

4. 缔约国应酌情采取必要的立法、行政或政策措施，确保：

（a）国家管辖范围以外区域海洋遗传资源的利用或曾经利用国家管辖范围以外区域海洋遗传资源的发明专利申请人披露其利用的海洋遗传资源的产地；

（b）在提出利用或曾经利用国家管辖范围以外区域海洋遗传资源的发明专利申请时，申请人向科学和技术机构提出咨询，并根据本部分的规定提出惠益分享协定作出的惠益分享决定；

（c）不符合本部分规定的与利用国家管辖范围以外区域海洋遗传资源有关的知识产权申请不应予以批准。

第 13 条　监测

1. 缔约方会议应通过关于利用国家管辖范围以外区域海洋遗传资源的适当规则、准则或行为守则。

2. 对国家管辖范围以外区域海洋遗传资源利用情况的监测应通过信息交换机制进行。

3. 缔约国应酌情采取必要的立法、行政或政策措施，确保：

（a）向原地收集的海洋遗传资源分配一个标识符。如果是异地获取的海洋遗传资源序列数据和信息，应当在数据库、储存库和基因库向信息交换机制提交第 51 条第 3 款（b）项提及的清单时分配此类标识符；

（b）在获取国家管辖范围以外区域海洋遗传资源，包括衍生物时，应要求其管辖范围内的数据库、储存库和基因库通知；

（c）国家管辖范围以外区域海洋科学研究的提议者向信息交换机制提交定期状况报告，以及研究结果，包括收集的数据和所有相关文件。

4. 缔约国应向信息交换机制提供关于根据本部分规定采取的立法、行政和政策措施的信息。

5. 缔约国应向缔约方会议提交报告，说明它们利用国家管辖范围以外区域海洋遗传资源的情况。缔约方会议应审查此类报告，并提出建议。

第三部分　包括海洋保护区在内的划区管理工具等措施

第 14 条　目标

1. 按照工具类型，包括海洋保护区在内的划区管理工具的具体目标可酌情包括：

（a）在使用包括海洋保护区在内的划区管理工具方面加强各国、相关法律文书和框架以及相关全球、区域和部门机构间的合作与协调；

（b）切实履行《公约》规定的义务以及其他现有国际义务和承诺；

（c）促进全面和跨部门的海洋管理办法；

（d）养护和可持续利用相关法律文书和框架以及相关全球、区域和部门机构规定的需要保护的区域；

（e）建立一个相互连通且得到有效公平管理的具有生态代表性的海洋保护区系统；

（f）修复和恢复生物多样性和生态系统，目的包括增强其生产力和健康，建立抵御压力的能力，包括抵御与气候变化、海洋酸化和海洋污染有关的压力；

（g）支持粮食安全和其他社会经济目标，包括保护文化、自然、美学和荒野价值；

（h）为基线研究建立科学参照区；

（i）建立包括海洋保护区在内的划区管理工具综合系统；

（j）促进一致性和互补性；

（k）促进根据《公约》开展合作。

2. 第 1 款所述目标应由科学和技术机构进一步拟订，供缔约方会议审议。

第 15 条　国际合作与协调

1. 为推动国家管辖范围以外区域海洋生物多样性养护和可持续利用方面的国际合作与协调，缔约国应在指定包括海洋保护区在内的划区管理工具时通过以下途径促进一致性和互补性：

（a）相关法律文书和框架以及相关全球、区域和部门机构，但不妨碍其根据本部分承担的各自任务；

（b）与本部分所列包括海洋保护区在内的划区管理工具有关的程序，包括：

（一）采取养护和管理措施，以补充在相关法律文书和框架以及相关全球、区域或部门机构下指定的措施；

（二）指定包括海洋保护区在内的划区管理工具，并在没有相关法律文书或框架或相关全球、区域或部门机构的情况下采取养护和管理措施。

2. 第 1 款（b）项第（二）目的备选案文：如果没有相关法律文书或框架或相关全球、区域或部门机构来指定包括海洋保护区在内的划区管理工具，缔约国应合作制定此类文书和框架或设立此种机构，并应参与其工作，以确保养护和可持续利用国家管辖范围以外区域的海洋生物多样性。

3. 缔约国应在全球和区域一级建立协商进程，以加强相关法律文书和框架以及相关全球、区域和部门机构在包括海洋保护区在内的划区管理工具方面的合作与协调，并加强在此类文书和框架下以及由此类机构所采取的相关养护和管理措施之间的协调。

4. 在根据本条促进合作与协作时，缔约国不应损害相关法律文书和框架以及相关全球、区域和部门机构。

5. 根据本部分所采取的措施不应损害沿海国在本国管辖范围以内毗邻区所采取措施的效力，并应适当顾及《公约》相关条款所反映的所有国家的权利、义务和合法利益。为此，应按照本部分规定开展协商。

6. 根据本部分规定指定的包括海洋保护区在内的划区管理工具，若后来全部或部分归属某沿海国的国家管辖范围，则该划区管理工具或海洋保护区应予以修订以涵盖国家管辖范围以外的任何其余区域，或停止生效。

第 16 条　确定需要保护的区域

1. 应根据现有最佳科学资料、预防性原则和生态系统方法，确定需要通过指定包括海洋保护区在内的划区管理工具加以保护的区域，并考虑到土著人民和当地社区的相关传统知识。

2. 要确定需要通过根据本部分规定指定包括海洋保护区在内的划区管理工具加以保护的区域，其标准可包括：

（a）独特性；

（b）稀有性；

（c）对物种生命史各阶段的特殊重要性；

（d）在该区域内所发现物种的特殊重要性；

（e）对受威胁物种、濒危物种或数量不断减少的物种或生境的重要性；

（f）易受影响性；

（g）脆弱性；

（h）敏感性；

（i）生物生产力；

（j）生物多样性；

（k）代表性；

（l）依赖性；

（m）高度自然性；

（n）生态连通性和（或）一致性；

（o）正在该区域发生的重要生态进程；

（p）经济和社会因素；

（q）气候变化和海洋酸化的不利影响；

（r）累积和跨界影响；

（s）恢复是否缓慢；

（t）适当性和生存能力；

（u）可复制性；

（v）可行性。

3. 第 2 款所述标准应由科学和技术机构视需要进一步制定和修订，供缔约方会议审议。

4. 科学和技术机构在确定需要根据本部分规定指定包括海洋保护区在内的划区管理工具加以保护的区域时，应适用第 2 款所述标准以及可能根据第 3 款进一步制定和修订的任何标准。缔约国在相关法律文书和框架以及相关全球、区域和部门机构下指定包括海洋保护区在内的划区管理工具时，也应考虑到此类标准。

第 17 条　提案

1. 关于根据本部分规定指定包括海洋保护区在内的划区管理工具的提案，应由缔约国单独或集体提交秘书处。

2. 缔约国可与相关利益攸关方协作拟订提案。

3. 提案应以现有最佳科学资料为依据，采用预防性原则和生态系统方法，并考虑到土著人民和当地社区的相关传统知识。

4. 提案应包括下列内容：

（a）对提案所涉区域的地理或空间说明；

（b）用于确定区域的准则和标准的相关信息；

（c）区域内的具体人类活动情况，包括毗邻沿海国当地社区的利用情况；

（d）与所确定区域内海洋环境和生物多样性状况有关的内容；

（e）对第 14 条第 1 款所列、即将在区域适用的养护和可持续利用目标的说明；

（f）对为实现具体目标拟采取的养护和管理措施的说明；

（g）监测、研究和审查计划，包括优先要点；

（h）与毗邻沿海国和（或）相关全球、区域和部门机构开展的任何协商的相关信息。

5. 有关提案内容的更多要求，应由科学和技术机构视需要拟订，供缔约方会议审议。

第 18 条　就提案进行协商和评估

1. 就根据第 17 条规定提交的提案所进行的协商应包容各方、透明并对所有相关利益攸关方开放。

2. 秘书处在收到提案后应予以公布，并应通过下列方式推动就该提案开展协商：

（a）应请各国，特别是毗邻沿海国提出意见，包括：

（一）关于提案优点的意见；

（二）任何相关的其他科学意见；

（三）关于国家管辖范围以内毗邻区内任何现有措施的资料；

（四）关于提案对沿海国对其国家管辖范围以内区域，包括对 200 海里以内和以外的大陆架和专属经济区的主权权利的影响的意见；

（五）任何其他相关信息；

（b）应请相关法律文书和框架以及相关全球、区域和部门机构提出意见，包括：

（一）关于提案优点的意见；

（二）任何相关的其他科学意见；

（三）该文书、框架或机构为有关区域或毗邻区采取的任何现有措施的相关资料；

（四）关于提案确定的属于该机构职权范围的养护和管理措施任何方面的

意见；

（五）关于属于该文书、框架或机构职权范围的任何相关补充措施的意见；

（六）任何其他相关信息；

（c）应请具备相关传统知识的土著人民和当地社区、科学界、民间社会以及其他相关利益攸关方提出意见，包括：

（一）关于提案优点的意见；

（二）任何相关的其他科学意见；

（三）任何相关传统知识；

（四）任何其他相关信息。

3. 根据第 2 款收到的一切意见应由秘书处公布。

4. 提议者应审议协商期间收到的意见，并应对提案作相应修改或继续开展协商进程。

5. 协商期间应有时限。

6. 经修订的提案应提交科学和技术机构，由后者进行评估并向缔约方会议提出建议。

7. 协商和评估进程的方式应由缔约方会议视需要进一步拟订，并应考虑到小岛屿发展中国家的特殊境况。

第 19 条　决策

1. 缔约方会议在指定包括海洋保护区在内的划区管理工具时应尊重相关法律文书和框架以及相关全球、区域和部门机构，同时应就与包括海洋保护区在内的划区管理工具有关的事项作出以下方面的决定：

（a）第 14、16、17 和 18 条规定的目标、标准、方式和要求；

（b）与确定包括海洋保护区在内的可能的划区管理工具有关的事项；

（c）与实施有关管理措施有关的建议，同时确认在相关法律文书和框架以及相关全球、区域和部门机构各自任务范围内采取此类措施的主要权限；

2. 作为一般规则，第 1 款所述缔约方会议的决定，应以协商一致方式作出。在穷尽所有努力但仍未达成共识的情况下，应适用缔约方会议通过的议事规则所确立的程序。

3. 缔约方会议的决定应由秘书处公布，并应特别转递给毗邻沿海国和相关法律文书和框架以及相关全球、区域和部门机构。

第 20 条　执行

1. 缔约国应确保在其管辖或控制下在国家管辖范围以外区域开展的活动符合根据本部分规定所通过的决定。

2. 本协定中的任何规定不应妨碍缔约国根据国际法，针对本国船只或本国管辖或控制下的活动采取根据本部分规定所采取措施以外的更为严格的措施。

3. 落实根据本部分规定采取的措施不应给小岛屿发展中缔约国造成过多负担。

4. 缔约国应促进在其加入的相关法律文书和框架以及相关全球、区域和部门机构内部采取措施，以支持落实根据本部分规定采取的各项措施的养护和管理目标。

5. 缔约国应鼓励有权成为本协定缔约国的国家，特别是其活动、船只或国民在包括海洋保护区在内的指定的划区管理工具所涉区域内运作的国家，采取措施，支持根据本部分规定采取的各项措施以及指定的划区管理工具的养护和管理目标。

6. 相关法律文书和框架以及相关全球、区域和部门机构负责实施和执行这些机构制定的与包括海洋保护区在内的划区管理工具有关的养护和管理措施。

7. 未参加相关法律文书或框架或未加入相关全球、区域或部门机构、且未以其他方式同意适用在此类文书、框架或机构下制定的养护和管理措施的缔约国，并不免除其根据《公约》和本协定在国家管辖范围以外区域海洋生物多样性的养护和可持续利用方面的合作义务。此类缔约国应确保其管辖或控制下的活动的开展符合在相关框架、文书和机构下制定的包括海洋保护区在内的划区管理工具相关措施。

第 21 条　监测和审查

1. 缔约国应个别或集体向缔约方会议报告根据本部分规定指定的包括海洋保护区在内的划区管理工具的执行情况。此类报告应由秘书处公布。

2. 相关法律文书和框架以及相关全球、区域和部门机构负责监测和审查这些机构制定的措施，并应受邀向缔约方会议报告此类措施的执行情况。

3. 在审查结束后，缔约方会议应视需要，根据适应性管理办法，同时考虑到包括传统知识在内的现有最佳科学资料和知识、预防性原则以及生态系统方法，就包括海洋保护区在内的划区管理工具，包括任何相关的养护和管理措施的修订或撤销，作出决定。

第四部分　环境影响评价

第22条　进行环境影响评价的义务

1. 缔约国应根据《公约》第二〇四条至第二〇六条规定的义务，评价在其管辖或控制下计划开展的活动对海洋环境的可能影响。

2. 根据《公约》第二〇四条至第二〇六条，缔约国应酌情采取必要的法律、行政或政策措施，以执行本部分的规定以及缔约方会议决定的关于进行环境影响评价的任何进一步措施，包括但不限于，如果在其管辖或控制下计划开展的活动达到本部分规定的环境影响评价的最低要求，则要求该活动的提议方对活动进行环境影响评价。

3. 本部分中关于进行环境影响评价的要求仅适用于在国家管辖范围以外区域开展的活动。

第23条　本协定与其他相关法律文书和框架以及相关全球、区域和部门机构的环境影响评价进程之间的关系

1. 根据本协定规定进行的环境影响评价应符合《公约》规定的义务。

2. 本协定规定的环境影响评价进程不应损害现有相关法律文书和框架以及相关全球、区域和部门机构。为此，在解释本协定的各项规定时，应尊重其他相关法律文书和框架以及相关全球、区域和部门机构规定的义务，各项规定应相互支持，以便为国家管辖范围以外区域的活动提供协调一致的环境影响评价框架。

3. 各国应开展合作，推动将相关法律文书和框架以及相关全球、区域和部门机构的环境影响评价用于计划开展的达到或超过本协定所规定门槛的活动。

4. 本部分的各项规定构成国家管辖范围以外区域环境影响评价的全球最低标准，但应以附件形式定期更新。

5. 如果现有的环境影响评价义务和协定已经涵盖在国家管辖范围以外区域计划开展的活动，则没有必要根据本协定的规定对该活动再进行一次环境影响评价，条件是对该计划活动有管辖权或控制权的国家在查阅相关法律文书和框架并与相关全球、区域和部门机构进行协商后确定：

（a）根据这些义务或协定进行的环境影响评价的结果得到了有效落实；

（b）已进行的环境影响评价在功能上等同于本部分规定的评价，包括在累积影响评价等要素方面比较全面；

（c）进行环境影响评价的门槛达到或超过本部分规定的门槛。

第 24 条　环境影响评价的门槛和标准

各国如有合理根据认为在其管辖或控制下计划开展的活动可能对国家管辖范围以外区域的海洋环境造成重大污染或使之发生重大和有害的变化，则应在切实可行的范围内确保对此类活动对海洋环境的可能影响进行评价。

第 25 条　累积影响

1. 在进行环境影响评价时，应尽可能考虑到累积影响。

2. 在确定累积影响时，应结合过去、目前和今后可合理预见的活动的影响审查某项计划开展的活动的渐进影响，而不论缔约国是否对这些其他活动行使管辖权或控制权。

第 26 条　跨界影响

1. 在环境影响评价中应考虑到可能的跨界影响。

2. 对于适用的情况，环境影响评价进程还应考虑到在毗邻包括 200 海里以外大陆架在内的国家管辖范围内的区域可能产生的影响。

第 27 条　被确定为具有重要生态或生物意义的区域或脆弱区域

1. 第［……］条所述的较低的门槛应适用于为在被确定为具有重要生态或生物意义的区域或脆弱区域开展的活动进行的环境影响评价。

2. 关于在被确定为具有重要生态或生物意义的区域或脆弱区域进行环境影响评价的准则应由缔约方会议拟订。

第 28 条　战略环境评价

1. 缔约国应单独或与其他缔约国合作，确保对达到第 24 条规定的门槛/标准、在国家管辖范围以外区域在其管辖或控制下的活动的相关计划和方案进行战略环境评价。

2. 作为环境评估的一种类型，战略环境评价应比照遵循本部分规定的程序。

第 29 条　不需要进行环境影响评价的活动清单

1. 通常不需要进行环境影响评价的不完全指示性活动清单载于附件［……］，应由缔约方会议根据科学和技术机构的建议编制，作为自愿准则。

2. 该清单应由缔约方会议定期更新。

第 30 条　筛选

1. 缔约国应负责确定是否需要对在其管辖或控制下计划开展的活动进行环境影响评价。

2. 对活动的初步筛选应考虑到计划开展活动的区域的特点，以及将感受到可能影响的区域的特点。如果计划开展的活动位于或毗邻因其重要意义或脆弱性而被确定的区域，不论预计影响是否极小，都应进行环境影响评价。

3. 如果缔约国确定不需要对在其管辖或控制下计划开展的活动进行环境影响评价，则必须提供资料以支持这一结论。科学和技术机构应核实缔约国提供的资料是否符合本部分的要求。

第 31 条　确定范围

1. 缔约国应制定程序，确定根据本部分的规定应进行的环境影响评价的范围。

2. 这一范围应包括利用现有最佳科学资料和传统知识及替代分析的方法，确定主要的环境影响，包括确定的累积影响，并确定计划开展的活动的可能影响，包括详细说明可能造成的环境后果。

第 32 条　影响评估和评价

1. 缔约国如确定在其管辖或控制下计划开展的活动需要根据本协定进行环境影响评价，则应确保根据本部分，利用现有最佳科学资料和传统知识，并研究替代方法，进行此类评价中的影响预测和评价工作。

2. 本部分任何内容都不妨碍缔约国，特别是小岛屿发展中国家进行联合环境影响评价。

3. 缔约国可指定第三方进行本协定规定的环境影响评价。此类第三方进行的环境影响评价必须提交国家，供其审查和作出决策。

4. 应在科学和技术机构下设立一个专家库。能力有限的缔约国可委托这些专家对计划开展的活动进行环境影响评价并对结果进行评价。

第 33 条　减轻、预防和管理可能的不利影响

缔约国应制定程序，预防、减轻和管理在其管辖或控制下的已获授权的活动可能造成的不利影响。这些程序应包括确定计划开展的活动的替代方案。

第 34 条　公告和协商

1. 缔约国应确保在就是否开展活动作出决定之前，在整个环境影响评价进程中尽早向各利益攸关方通报在其管辖或控制下计划开展的活动和在一定

期限内为利益攸关方提供的切实参与的机会，包括提交评论意见。

2. 这一进程中的利益攸关方包括：可以确定的可能受影响的国家，特别是毗邻的沿海国、在毗邻沿海国具有相关传统知识的土著人民和当地社区，以及目前在区域内具有利益的各方面。

3. 公告和协商应该透明且包容各方，在涉及毗邻的小岛屿发展中国家时，应有针对性且积极主动。

4. 缔约国应考虑并答复在协商过程中收到的实质性评论意见。缔约国应特别关注有关可能产生的跨界影响的评论意见。缔约国应公开所收到的评论意见和对如何处理这些意见的说明。

5. 根据本协定进行环境影响评价的缔约国应制定程序，允许获取根据本协定进行的环境影响评估进程的相关信息。尽管如此，缔约国无需披露非公开信息或会损害知识产权或其他利益的信息。

6. 在国家管辖范围以外区域的活动的监测、报告和审查进程中，应随时通报所有国家，特别是毗邻沿海国的意见。

7. 缔约方会议可制定程序，以促进国际一级的协商。

第 35 条　环境影响评价报告的编写工作和内容

1. 缔约国应负责为根据本部分进行的任何环境影响评价编写环境影响评价报告。

2. 如果需要根据本部分进行环境影响评价，则环境影响评价报告应包括至少下列资料：

（a）说明计划开展的活动及其目的，包括说明计划开展活动的地点；

（b）说明范围界定工作的结果；

（c）说明可能受到影响的海洋环境；

（d）说明计划开展的活动可能对海洋环境造成的影响和可合理预见的潜在直接、间接、累积和跨界影响，以及对其严重程度进行估计，包括说明所评估的活动对国家管辖范围以外区域的海洋环境及其生物多样性造成重大污染或其他重大和有害变化的可能性；

（e）说明可合理替代计划开展的活动的方案，包括不采取行动的方案；

（f）说明由于计划开展的活动而预计可能发生的最坏情况；

（g）说明为避免、预防和减轻影响而采取的任何措施，以及在必要和可能情况下，为处理海洋环境的任何重大污染或重大和有害变化而采取的任何措施；

（h）说明任何后续行动，包括任何监测和管理方案，在科学上合理的情况下进行项目后分析的任何计划，以及补救计划；

（i）不确定性和知识缺口；

（j）非技术性摘要和技术性摘要；

（k）确定报告所载资料的来源；

（l）明确说明预测方法和基本假设，以及所使用的相关环境数据；

（m）为确定环境影响而采用的方法；

（n）环境管理计划，包括应对影响海洋环境的事件的应急计划；

（o）提议方的环境记录；

（p）审查计划开展的活动的业务计划；

（q）说明在环境影响评价进程中进行的协商，包括与相关全球、区域和部门机构进行的协商。

3. 关于环境影响评价报告所要求内容的更多指导意见可由缔约方会议拟订，作为本协定的附件，并应以现有最佳科学资料和包括传统知识在内的知识为基础。应定期审查这一指导意见。

第 36 条　发表评价报告

缔约国应根据《公约》第二〇四条至第二〇六条，包括通过信息交换机制，公布和转递评价结果报告。

第 37 条　审议和审查评价报告

根据本协定编写的环境影响评价报告应由科学和技术机构根据核准的科学方法加以审议和审查。

第 38 条　决策

1. 缔约方会议可根据将由其确立的条件和要求，将其决策职能下放给相关区域机构。

2. 如环境影响评估表明计划开展的活动将对环境产生严重的不利影响，则不应作出允许计划开展的活动进行的决定。

3. 应公布与决策有关的文件，包括通过信息交换机制公布。

第 39 条　监测

根据《公约》第二〇四条至第二〇六条，缔约国应持续监测所授权活动的影响。

第 40 条 报告

1. 缔约国和相关法律文书和框架以及相关全球、区域或部门机构应定期报告第 39 条和第 41 条所要求的监测和审查的结果。

2. 报告应提交科学和技术机构、相关法律文书或框架或相关全球、区域和部门机构及其他国家。

（a）科学和技术机构可请独立咨询人或专家小组对向其提交的报告进行进一步审查；

（b）相关法律文书和框架以及相关全球、区域和部门机构及其他国家可就环境评估和审查提出建议。

第 41 条 审查

1. 缔约国应确保所授权活动对环境的影响得到审查。

（a）如果第 39 条所要求的监测的结果发现环境影响评价中未预见的不利影响，对该活动具有管辖权或控制权的国家应：

（一）通知缔约方会议；

（二）停止活动；

（三）要求提议方提出减轻和（或）预防这些影响的措施；

（四）评估根据第［……］条提出的措施并决定活动是否应继续；

（b）缔约方会议应制定准则，说明需进行补充性环境影响评估的影响的性质和严重程度。

2. 应建立非对抗性协商程序，以便在不诉诸司法或非司法机构的情况下，解决监测方面的争议。

第五部分 能力建设和海洋技术转让

第 42 条 目标

能力建设和海洋技术转让应着眼于：

（a）帮助各缔约国特别是发展中缔约国落实本协定的规定，以实现其各项目标；

（b）促进包容和有效地参与根据本协定开展的各项活动；

（c）促进和鼓励为和平之目的向发展中国家提供技术和向其转让海洋技术或为此提供便利，以实现本协定的各项目标；

（d）增加、传播和分享关于国家管辖范围以外区域海洋生物多样性的养护和可持续利用的知识；

（e）发展各缔约国在养护和可持续利用国家管辖范围以外区域海洋生物多样性方面的海洋科学和技术能力；

（f）确保发展中国家：

（一）获得因获取国家管辖范围以外区域的资源特别是海洋遗传资源而产生的科学资料并从中受益；

（二）获取海洋遗传资源，并确保在分享由此产生的惠益和海洋科学研究过程中考虑到发展中国家的特殊需求；

（三）获取原地和异地海洋遗传资源以及遗传序列数据和信息；

（四）拥有与海洋遗传资源和产品、流程和其他工具有关的内在研究能力；

（五）有能力制定、实施、监测和管理、包括执行任何划区管理工具，含海洋保护区；

（六）有能力开展和评估环境影响评价［和战略环境评价］。

第 43 条　能力建设和海洋技术转让方面的合作

1. 缔约国应按照本协定，根据自身能力，直接或通过相关法律文书和框架以及相关全球、区域和部门机构，促进开展能力建设和海洋技术转让方面的合作，协助有需要并提出了请求的缔约国，特别是发展中缔约国实现本协定的各项目标。

2. 应通过以下方式，促进本协定规定的能力建设和海洋技术转让：优化合作，包括南北合作、南南合作和三方合作、与包括业界和私营部门在内的其他相关利益攸关方开展的合作；强化相关法律文书和框架以及相关全球、区域和部门机构之间的合作、协调与协同作用。

3. 各国在履行本条规定的合作的义务时，应充分认识到发展中缔约国，特别是最不发达国家、内陆发展中国家、地理不利国家、小岛屿发展中国家、非洲沿海国家和中等收入发展中国家的特殊需求。

第 44 条　能力建设和海洋技术转让的模式

1. 能力建设和海洋技术转让可在双边、区域和多边基础上进行。

2. 能力建设和海洋技术转让应透明、以国家为导向，还应尽量避免与现有方案重复。能力建设和海洋技术转让应以经验教训为指导，包括以那些从现有相关法律文书和框架以及相关全球、区域和部门机构的能力建设和海洋技术转让活动中吸取的经验教训为指导，还应是一个参与型、贯穿各领域和注重性别问题的有效和迭加的进程。

3. 能力建设和海洋技术转让应植根于并照顾到通过需求评估所了解的发展中缔约国的需求和优先事项。对于此类需求和优先事项，既可自行评估，也可借助缔约方会议可能设立的机制增进认识。

4. 能力建设和海洋技术转让的详细模式、程序和准则应由缔约方会议制定和通过。

第 45 条　海洋技术转让的其他模式

1. 缔约国认识到海洋技术包括生物技术，缔约国获得和相互转让海洋技术是实现本协定各项目标的基本要素，因此应促进向发展中缔约国提供和转让与养护和可持续利用国家管辖范围以外区域的海洋生物多样性相关、并且适当、可靠、负担得起的、现代环境友好型海洋技术。

2. 应在以下基础上，促进海洋技术的开发和转让：

（a）自愿和强制；

（b）公平和最有利的条款，包括减让和优惠条款。

3. 在进行海洋技术转让时，应适当顾及一切合法利益，包括海洋技术拥有者、供应者和接受者的权利和义务。

4. 缔约国应促进以便易的形式将海洋技术转让给发展中缔约国，特别是最不发达国家、内陆发展中国家、地理不利国家、小岛屿发展中国家、非洲沿海国家和中等收入发展中国家。

第 46 条　能力建设和海洋技术转让的类型

1. 为配合第 42 条规定的目标，能力建设和海洋技术转让的类型可包括但不限于：

（a）分享相关数据、信息、知识和研究；

（b）传播信息，提高认识，包括在传统知识方面；

（c）发展和加强相关基础设施，包括设备；

（d）发展和加强机构能力和国家监管框架或机制；

（e）通过交流、研究合作、技术支持、教育、培训以及技术转让，发展和加强人力资源与技术专长；

（f）制定和分享手册、准则和标准；

（g）制定技术、科学以及研发方案，包括生物技术研究活动。

第47条　监测和审查

1. 应定期监测和审查根据本协定开展的能力建设和海洋技术转让活动。

2. 第1款所述监测和审查应着眼于：

（a）审查发展中缔约国在能力建设和海洋技术转让方面的需求和优先事项，包括所需要、已提供和已调动的支助，以及在满足发展中缔约国的需求方面存在的差距；

（b）根据客观指标衡量绩效，审查成果分析，包括能力建设和海洋技术转让活动的产出、进展和实效，取得的成功和面临的挑战；

（c）针对提出的前进道路和后续活动给出建议，包括如何进一步加强能力建设和海洋技术转让，以使发展中国家缔约国，特别是最不发达国家、内陆发展中国家、地理不利国家、小岛屿发展中国家、非洲沿海国家和中等收入发展中国家充分履行本协定规定的义务、行使本协定规定的权利。

3. 监测和审查应由缔约方会议进行；此类审查和监测的细节和模式，包括欲就此设立的任何附属机构，应由缔约方会议决定。

4. 监测和审查本协定规定的能力建设和海洋技术转让活动时，应纳入参与这一进程的所有相关行为体，包括在区域一级。

5. 为配合对于能力建设和海洋技术转让的监测和审查，缔约国可在自愿的基础上，提交报告说明提供和收到的能力建设和海洋技术转让情况，此类报告可予公开。缔约国应确保对发展中缔约国，特别是最不发达国家、内陆发展中国家、地理不利国家、小岛屿发展中国家、非洲沿海国家和中等收入发展中国家提出的报告要求简洁、不繁琐。

第六部分　体制安排

第48条　缔约方会议

1. 兹设立缔约方会议。

2. 缔约方会议的第一次会议应于本协定生效后一年内召开。其后的缔约方会议常会应按照缔约方会议第一次会议所确定的时间间隔定期举行。

3. 缔约方会议应为自身及其可能设立的任何附属机构商定和通过议事规则。

4. 缔约方会议应监测并不断审查本协定的执行情况，为此目的，还应：

（a）在任务授权范围内，就本协定的执行作出决定并提出建议；

（b）交流与本协定的执行相关的信息；

（c）促进与相关法律文书和框架以及相关全球、区域和部门机构之间的合作与协调以及这些文书、框架和机构间的合作与协调，争取促进为养护和可持续利用国家管辖范围以外区域海洋生物多样性所作的各种努力协调一致，促进养护和可持续利用国家管辖范围以外区域海洋生物多样性的相关政策和措施的统一，包括为此邀请其他全球、区域和部门机构制定合作流程；

（d）设立履行本协定所必需的附属机构，其中可包括：

（一）获取和惠益分享机制；

（二）能力建设和海洋技术转让委员会；

（三）执行与遵约委员会；

（四）财务委员会；

（e）每一次常会通过至下一次常会之前的财政期间的预算；

（f）履行本协定中确定的或执行本协定可能需要的其他职能。

5. 缔约方会议应按其确定的时间间隔，评估和审查本协定各项规定的充分性和有效性，在必要时，提出加强这些规定的实质内容和执行方法的途径，从而更好地处理国家管辖范围以外区域海洋生物多样性的养护和可持续利用事务。

第 49 条　科学和技术机构

1. 兹设立一个科学和技术机构。

2. 机构应由专家组成，同时考虑到需要多学科专长，包括传统知识方面的专长、性别均衡和公平地域代表性。

3. 机构也可视需要，向海洋环境保护的科学方面联合专家组等现有安排及其他科学家和专家，寻求适当的咨询意见。

4. 机构应在缔约方会议的授权和指导下，应缔约方惠益要求：

（a）为缔约方会议提供科学和技术咨询意见；

（b）承担就海洋遗传资源、包括就惠益分享问题提供咨询的职能；

（c）拟订惠益分享机制；

（d）监测国家管辖范围以外区域海洋遗传资源的利用；

（e）承担就包括海洋保护区在内的划区管理工具等措施提出建议的职能，包括在以下方面：

（一）制定标准和审查；

（二）评估提案；

（三）监测和审查各种措施；

（f）制定环境影响评估准则；

（g）就环境影响评估向缔约方会议提出建议；

（h）审议环境影响评估标准，以确保与本协定的要求一致；

（i）确定与养护和可持续利用海洋生物多样性有关的创新型、高效率和最新工艺水平技术和专门技能；

（j）就如何促进海洋技术的发展和转让提供咨询意见；

（k）评估能力建设和海洋技术转让措施和或方案的实施成效，包括为此评估能力差距是否正在减少；

（l）与区域能力建设和海洋技术转让委员会或区域需求评估机制合作；

（m）拟订能力建设和海洋技术转让方案；

（n）视需要设立附属机构；

（o）履行缔约方会议可能确定的或本协定可能指派给它的其他职能。

第 50 条　秘书处

1. 缔约方会议应在其第一次常会上从已经表示愿意履行本协定规定的秘书处职能的现有合格国际组织之中指定某一组织作为秘书处。

2. 秘书处应：

（a）提供行政和后勤支助；

（b）召开缔约方会议以及缔约方会议可能设立的任何其他机构的会议并为会议提供服务；

（c）分发关于本协定执行情况的资料；

（d）方便与其他有关国际机构的秘书处进行必要协调；

（e）按照缔约方会议授予的任务，协助执行本协定；

（f）编写报告说明其履行本协定所规定各项职能的情况，并将报告提交缔约方会议；

（g）履行缔约方会议可能确定的或本协定可能指派给它的其他职能。

第 51 条　信息交换机制

1. 兹设立一个信息交换机制。

2. 信息交换机制应主要包括一个开放使用的网上平台。这一机制还应包括相关领域的专家和从业人员网络。信息交换机制的具体运作模式应由缔约方会议确定。

3. 信息交换机制应充当中央平台，以使缔约国能够获取、评价、发布和传播以下方面的信息：

（a）与国家管辖范围以外区域海洋遗传资源有关的活动，包括关于即将原地采集海洋遗传资源的通知、研究小组、海洋遗传资源采集地的生态系统、海洋遗传资源的遗传特性、生化成分、遗传序列数据和信息以及海洋遗传资源的利用；

（b）关于国家管辖范围以外区域海洋遗传资源的数据和科学信息，以及与国家管辖范围以外区域海洋遗传资源有关的传统知识，包括经由目前保存国家管辖范围以外区域海洋遗传资源的数据库、储存库或基因库清单、此类资源的登记处、国家管辖范围以外区域海洋遗传资源及其利用情况跟踪和追踪机制了解的内容；

（c）惠益分享情况，包括通过公布缔约方会议各次会议的记录报告已分享的货币惠益情况和利用情况；

（d）环境影响评估，包括：

（一）环境影响评估报告；

（二）对作出与环境影响评估有关的决定的原因以及如何已经考虑到环境问题的说明；

（三）缔约国的环境影响评估政策、准则和技术方法；

（四）环境影响评估准则和技术方法；

（五）环境影响评估方面的最佳做法；

（六）说明计划开展的活动将在哪些区域进行；

（e）能力建设和海洋技术转让机会，比如正在国家管辖范围以外区域开展的活动、方案和项目，包括与本协定所涵盖活动中为发展技能而进行的能力建设相关的活动、方案和项目；

（f）逐案提出的能力建设和海洋技术转让请求，包括专利监测服务及其他相关法律服务；

（g）研究合作与培训机会，包括提供海洋科学领域助学金和设施的大学和其他组织、提供实验室设施、设备以及研究和培训机会的海洋研究所名录，以及全球、区域和次区域级别的海上研究机会；

（h）以下方面的信息：用于海洋技术转让的技术资料和数据的来源和可

取得性，以及方便地获得海洋技术的机会。

4. 信息交换机制应：

（a）将能力建设需求与现有支持、海洋技术转让提供者，包括有意以捐助者身份参与海洋技术转让的政府、非政府或私营实体进行匹配，为获取相关专门技能和专长提供便利；

（b）促进与现有相关全球、区域、次区域、国家和部门信息交换机制、其他数据库、储存库和基因库，包括传统知识方面的专家建立联系；

（c）与私营和非政府信息交流平台建立联系；

（d）在全球机制下设立区域和次区域机制时，酌情利用现有区域和次区域信息交换机构；

（e）促进提高透明度，包括为此提供基准数据和信息；

（f）促进国际合作与协作，包括科学技术合作与协作。

5. 信息交换机制应认识到小岛屿发展中国家和群岛发展中国家的特殊境况，方便其利用机制，使这些国家能够在不面临过多障碍或行政负担的情况下利用机制，介绍在这些国家内部和与这些国家一起为促进信息共享、提高认识、传播而开展的活动，并为这些国家提供具体方案。

6. 信息交换机制应由秘书处，联合国教育、科学及文化组织政府间海洋学委员会与包括国际海底管理局和国际海事组织在内的相关机构联合管理，并应参考政府间海洋学委员会的《海洋技术转让标准和准则》。

7. 应适当顾及根据本协定提供的信息的保密性。

第七部分　财政资源和财务机制

第 52 条　供资

1. 支持执行本协定，特别是本协定规定的能力建设和海洋技术转让的资金，旨在力求充足、便利、透明，并且既包括自愿性资金，也包括强制性资金。

2. 资金可通过以下来源提供：国家和国际两级的公共和私人来源，包括但不限于国家、国际金融机构、全球和区域文书规定的现有供资机制、捐助机构、政府间组织、非政府组织以及自然人和法人的捐助；公私合作伙伴关系。

3. 缔约国应确保，为了养护和可持续利用国家管辖范围以外区域海洋生物多样性的目的，发展中国家在下列事项上获得各国际组织的优惠待遇：有关款项和技术援助的分配；对各组织专门服务的利用。

4. 缔约方会议应设立一项自愿信托基金，以便利发展中缔约国代表参加本协定下各机构的会议。该基金应由自愿捐款供资。

5. 除自愿信托基金外，缔约方会议可设立一项特别基金，以便：

（a）资助能力建设项目，包括养护和可持续利用海洋生物多样性的有效项目；

（b）资助技术转让相关活动和方案，包括培训；

（c）协助发展中缔约国执行本协定；

（d）资助国家管辖范围以外区域海洋生物多样性的恢复和生态恢复；

（e）支持传统知识拥有者在当地社区开展的养护和可持续利用方案；

（f）支持国家和区域两级的公开协商；

（g）履行缔约国商定的任何其他职能。

5. 之二，特别基金应由以下来源供资：

（a）自愿捐助；

（b）强制性来源，包括：

（一）缔约国的缴款以及为利用海洋遗传资源而支付的特许权使用费和分阶段支付的款项；

（二）作为获取和利用海洋遗传资源的条件而支付的款项，在环境影响评估的核准过程中支付的保险费，此外还包括费用回收、各种收费和罚款以及其他强制性付款途径；

（c）缔约国捐赠；

（d）全球环境基金和绿色气候基金等现有融资机制；

（e）希望参与勘探和开发国家管辖范围以外区域海洋生物多样性的私营实体。

6. 根据本协定设立的供资机制应旨在通过精简审批程序和提供强化准备活动支持，确保发展中缔约国，尤其是最不发达国家、内陆发展中国家、地理不利国家、小岛屿发展中国家、非洲沿海国家和中等收入发展中国家，有效地获得资金。

7. 根据本协定规定提供的资金应根据需要面向发展中缔约国和其他利益攸关方，同时考虑到有特殊需要的国家，特别是最不发达国家、内陆发展中国家、地理不利国家、小岛屿发展中国家、非洲沿海国家和中等收入发展中国家对援助的需求。

第八部分 执行和遵守

第 53 条 执行和遵守

1. 缔约国应酌情采取必要的立法、行政或政策措施，确保本协定得到执行。

2. 每一缔约国应对本协定为其规定的各项义务的履行情况进行监测，并应按将由缔约方会议所确定的时间间隔和格式，就其为执行本协定所采取的措施向缔约方会议提出报告。

3. 缔约方会议应审议并核准旨在促进对本协定各项规定的遵守并对不遵守情事予以处理的合作程序和体制机制。

第九部分 争端的解决

第 54 条 用和平方法解决争端的义务

各国有义务通过谈判、调查、调解、和解、仲裁、司法解决、诉诸区域机构或安排或自行选择的其他和平方法来解决争端。

第 55 条 解决争端的程序

1.《公约》第十五部分所载关于解决争端的规定，比照适用于本协定缔约国之间有关本协定解释或适用的任何争端，无论其是否也是《公约》缔约国。

2. 本协定和《公约》缔约国根据《公约》第二八七条接受的任何程序，适用于本部分所述争端的解决，除非该缔约国在签署、批准或加入本协定时，或在其后任何时间，已根据第二八七条接受另一项程序，以解决本部分所述争端。

3. 非《公约》缔约国的本协定缔约国，在签署、批准或加入本协定时，或在其后任何时间，应有自由用书面声明的方式选择《公约》第二八七条第一款所载一个或一个以上方法，以解决本部分所述争端。第二八七条应适用于此种声明，并适用于该国为其一方、且有效声明所未包括的任何争端。为根据《公约》附件五、七和八进行调解和仲裁的目的，该国应有权提名将列入附件五第二条、附件七第二条和附件八第二条所述名单的调解员、仲裁员和专家，以解决本部分所述争端。

第十部分　本协定之非缔约方

第 56 条　本协定之非缔约方

缔约国应鼓励本协定之非缔约方成为缔约方并通过与本协定条款相一致的法律和规章。

第十一部分　诚意和滥用权利

第 57 条　诚意和滥用权利

缔约国应诚意履行根据本协定承担的义务并应以不致构成滥用权利的方式，行使本协定所承认的权利。

第十二部分　最后条款

第 58 条　签字

本协定应自［插入日期］起开放供所有国家和第 1 条第 12 款（b）项所述其他实体签字，并将在联合国总部持续开放供签字，直至［插入日期］为止。

第 59 条　批准、核准、接受和正式确认

本协定须经各国批准、核准或接受，并须经第 1 条第 12 款（b）项所述其他实体正式确认。批准书、核准书、接受书和正式确认书应交存于联合国秘书长。

第 60 条　加入

本协定自签署截止日之次日起开放供各国和［第 1 条第 12 款（b）项］所述其他实体加入。加入书应交存于联合国秘书长。

第 61 条　生效

1. 本协定应在第［……］份批准书、核准书、接受书或加入书交存后三十天生效。

2. 对于在第［……］份批准书、核准书、接受书或加入书交存以后批准、核准、接受或加入本协定的每一国家或实体，本协定应自该国或该实体交存其批准书、核准书、接受书或加入书之后第三十天起生效。

第 62 条　暂时适用

1. 在签署或交存其批准书、接受书、核准书、正式确认书或加入书时书面通知保存人同意暂时适用本协定的国家或实体应暂时适用本协定。暂时适用自秘书长收到通知之日起生效。

2. 一国或实体的暂时适用应在本协定对该国或实体生效之日终止或在该国或实体书面通知保存人其有意终止暂时适用时终止。

第 63 条　保留和例外

对本协定不得作出保留或例外。

第 64 条　与其他协定的关系

1. 本协定两个或两个以上缔约国可订立仅在它们的相互关系上适用的、修改或暂停适用本协定规定的协定，但须这种协定不涉及本协定中某项规定，如对该规定予以减损就与协定目的及宗旨的有效执行不相符合，而且这种协定不应影响本协定所载各项基本原则的适用，同时这种协定的规定不影响其他缔约国根据本协定享有其权利或履行其义务。

2. 有意订立第 1 款所指协定的缔约国，应通过第 50 条所述秘书处将其订立协定的意图及该协定所规定对本协定的修改或暂停适用通知其他缔约国。

第 65 条　修正

1. 任何缔约国均可书面通知第 50 条所述秘书处，对本协定提出修正。秘书处应将这种通知分送所有缔约国。如果在分送通知之日起六个月以内，有不少于半数的缔约国作出答复赞成这一要求，则应在缔约方会议的下一次会议上审议该拟议修正案。

2. 缔约方会议应尽一切努力就以协商一致方式通过任何拟议修正案达成一致意见。若已用尽所有努力但仍未达成共识，则应适用缔约方会议通过的议事规则中规定的程序。

3. 根据本条第 2 款通过的修正应由保存人通知所有缔约国，供其批准、核准或接受。

4. 本协定的修正案，应自在修正案获得通过时在批准、核准或接受修正案时的三分之二缔约国交存批准书、核准书或接受书之后第三十天起对批准、核准或接受修正案的缔约国生效。此后，对于在规定数目的批准书、核准书或接受书交存之后交存其对一项修正案的批准书、核准书或接受书的每一缔约国，该项修正案应自其批准书、核准书或接受书交存之后第三十天起生效。

5. 一项修正案可规定需要有比本条规定者更少或更多的批准书或加入书才能生效。

第 66 条　退出

1. 缔约国可书面通知联合国秘书长退出本协定，并可说明其理由。未说明理由应不影响退出的效力。退出应自接到通知之日后［一年］生效，除非通知中指明一个较后的日期。

2. 退出决不影响任何缔约国按照国际法而无须基于本协定即应担负的履行本协定所载任何义务的责任。

第 67 条　国际组织的参加

1. 若《公约》附件九第一条所指国际组织对本协定所规定的一切事项不具权限，则《公约》附件九应比照适用于该国际组织对本协定的参加，但该附件的下列规定不予适用：

（a）第二条第一句；

（b）第三条第 1 款。

2. 若《公约》附件九第一条所指国际组织对本协定所规定的一切事项具有权限，则以下条款应适用于这一国际组织对本协定的参加：

（a）这一国际组织应在签署、正式确认或加入时发表一份声明，指出：

（一）其对本协定所规定的一切事项具有权限；

（二）因此，其成员国不会成为缔约国，但不在该国际组织责任范围内的成员国领土不在此列；

（三）其接受本协定规定的国家的权利和义务；

（b）这一国际组织的参加在任何情形下均不得将本协定所规定的任何权利授予该国际组织的成员国；

（c）遇有某一国际组织根据本协定的义务同根据成立该组织的协定或与其有关的任何文件所规定的义务发生冲突时，本协定所规定的义务应居优先。

第 68 条　各附件

1. 各附件为本协定的组成部分，除另有明文规定外，凡提到本协定或其一个部分也就包括提到与其有关的各附件。

2. 各附件可由缔约国不时加以修订。尽管有第 65 条的规定，如果缔约方会议的会议以协商一致方式通过对某附件的修订，则该修订应纳入本协定，并应自其通过之日或修订中可能指定的另一日起生效。经修订的附件一经通过，即应提交保存人，以供分发给所有国家。若在该次会议上未以协商一致方式通过对附件的修订，则应适用第 65 条规定的修正程序。

第 69 条　保存人

联合国秘书长应为本协定及其任何修正案或修订的保存人。

第 70 条　作准文本

本协定的阿拉伯文、中文、英文、法文、俄文和西班牙文文本同等作准。

附　件

能力建设和海洋技术转让的类型

根据本协定，能力建设和海洋技术转让举措可包括但不限于：

（a）以方便用户的格式分享相关数据、资料、知识和研究，包括：

（一）分享海洋科学和技术知识；

（二）交流关于养护和可持续利用国家管辖范围以外区域海洋生物多样性的资料；

（三）分享研发成果；

（b）信息传播和提高认识，所涉方面包括：

（一）海洋科学研究、海洋科学及相关海上业务和服务；

（二）在国家管辖范围以外区域所开展研究中收集的环境和生物信息；

（三）相关传统知识；

（四）海洋所面临的影响到国家管辖范围以外区域海洋生物多样性的各种压力因素，包括气候变化和海洋酸化的不利影响；

（五）包括海洋保护区在内的划区管理工具等措施；

（六）环境影响评估；

（c）发展和加强相关基础设施，包括设备，例如：

（一）发展和建立必要的基础设施；

（二）提供包括取样和方法设备（例如用于水、地质、生物或化学样本）在内的技术；

（三）结合海洋遗传资源的获取和利用、包括海洋保护区在内的划区管理工具等措施以及环境影响评估的进行，购置必要设备，以维持并进一步发展研发能力，包括数据管理能力；

（d）发展和加强机构能力和国家监管框架或机制，包括：

（一）治理、政策和法律框架和机制；

（二）协助制定、实施和执行国家立法、行政或政策措施，包括国家或区域一级的相关监管、科学和技术要求；

（三）为执行本协定的各项规定提供技术支持，包括为数据监测和报告提供技术支持；

（四）将数据和信息转化为切实有效政策的能力，包括为此促进获得和获取必要知识，以供发展中缔约国的决策者参考；

（五）建立或加强相关的国家和区域组织及机构的机构能力；

（六）建立国家和区域科学中心，包括作为数据储存库的中心；

（七）建立区域英才中心；

（八）建立区域技能发展中心；

（九）增进各区域机构之间的合作关系，例如南北和南南合作，以及区域海洋组织和区域渔业管理组织之间的合作；

（e）通过交流、研究协作、技术支持、教育、培训以及技术转让，开发并加强人力资源与技术专长，例如：

（一）在海洋科学方面的协作与合作，包括利用数据收集、技术交流、科学研究项目和方案，以及与发展中国家的机构合作建立科学研究联合项目；

（二）以下方面的教育和培训：

①自然和社会科学（基础和应用科学），以培养科学和研究能力；

②技术以及海洋科学和技术的应用，以培养科学和研究能力；

③政策和治理；

④传统知识的相关性及其应用；

（三）专家交流，包括传统知识专家的交流；

（四）为开发人力资源和技术专长提供资金，包括通过以下方式：

①为小岛屿发展中缔约国代表参加讲习班、方案或其他相关培训方案提供奖学金或其他补助金，以培养其具体能力；

②在环境影响评估方面提供财政和技术专长及资源，尤其是为小岛屿发展中国家提供此种专长及资源；

（五）建立训练有素的人力资源网络机制；

（f）制定和分享手册、准则和标准，其中包括：

（一）标准和参考材料；

（二）技术标准和规则；

（三）手册和相关信息的储存库，以分享关于如何进行环境影响评估的知识和能力、经验教训和最佳做法；

（g）发展技术、科学和研发方案，包括生物技术研究活动。